|이형봉 지음|

마이크로프로세서 실습 I (개정판)

GEMS-CRC 모트 (ATmega2560)

도서출판 홍릉

저자소개

이형봉 (hblee@gwnu.ac.kr)

1984년 서울대학교 계산통계학과 학사
1986년 서울대학교 계산통계학(전산과학)과 석사
2002년 강원대학교 컴퓨터과학과 박사
1986년~1994년 LG전자 컴퓨터연구소, 선임연구원(유닉스 시스템 개발)
1994년~1999년 한국디지탈㈜, 책임 컨설턴트(유닉스 부문)
1997년~1999년 전자계산조직응용, 전자계산기, 정보관리, 정보통신 기술사
2004년~현재 강릉원주대학교 컴퓨터공학과 교수

마이크로프로세서 실습 I (개정판)

GEMS-CRC 모트 (ATmega2560)

2018년 12월 28일 초판 발행
2023년 8월 28일 개정판 발행

저 자: 이형봉
발행인: 송 준
발행처: 도서출판 홍릉
주 소: 01093 서울시 강북구 인수봉로 50길 10
등 록: 1976년 10월 21일 제5-66호

전 화: 02-999-2274~5, 903-7037
팩 스: 02-905-6729
e-mail: hongpub@hongpub.co.kr
http://www.hongpub.co.kr
ISBN: 979-11-5600-122-5(93000)

정 가: 15,000원

머 리 말

2020년대 가장 뜨거운 화두 중의 하나는 4차 산업혁명이고, 4차 산업혁명의 핵심으로 인공지능(AI)과 빅데이터를 들 수 있다. 인공지능은 인류의 삶 과정에서 발생하는 방대하고 다양한 데이터로부터 숨어있는 유익한 정보를 발굴하여 인간을 대신하여 판단하고 대응한다. 그러나 인공지능의 한계는 "유익한가"에 대한 기준을 제시하지 못한다. 따라서 인간의 새로운 산업 활동은 인류의 풍요로운 삶을 위해 인공지능을 활용하는 것이고, 이와 더불어 인공지능의 올바른 작동에 필수적인 충분한 데이터를 확보하는 것이다. 이 중 충분한 데이터(big data)의 확보는 데이터가 발생하는 원천과 수집 센터와의 연결(connection)이 중요하다. 오늘날 인간의 활동과 관련된 데이터 발생은 대부분 단말기와 유사한 기기(사물)에서 발생하므로, 이로부터 사물 인터넷(IoT: Internet of Things)이라는 개념이 출발한다. 사물 인터넷을 구성하는 인터넷과 사물(기기) 중 인간의 활동이나 환경의 상태를 감지하는 사물은 마이크로 프로세서에 의해서 작동한다. 마이크로 프로세서는 CPU, 메모리, 입・출력 포트 등을 하나의 칩으로 구성한 하나의 완성된 컴퓨터 플랫폼으로서, 개발자는 사용 목적에 따라 소프트웨어를 제작・탑재하여 즉시 활용이 가능하다.

이 책에서는 시스템 프로그래밍과 운영체제 교과를 충실히 이수한 학생들을 대상으로 ATmega2560 마이크로 프로세서 활용 방법을 다룬다. 주요 내용으로 전원 및 직렬 통신 케이블 연결, 소프트웨어 개발 도구(AVR Studio), UART 장치 구동기, 소프트웨어 타이머, 운영체제 타스크, 센서 인터페이스 표준(ADC, SPI, I2C, TWI)들을 위한 구동기, 부트 로더, 컴파일러 최적화 이슈 등을 포함하고, 특히 이번 개성판에서는 IOT 모델을 완성하는 인터넷과의 연결 방법을 추가함으로써 현장 적용 실무성을 강화하였다.

2023년 7월 저자 씀

목 차

제 1 장 실습 도구 환경

1.1 마이크로 프로세서란?

일반적인 마이크로 프로세서는 중앙처리장치 즉, CPU의 기능을 한 개 또는 몇 개 이내의 칩으로 집약한 처리기로서, 전원 공급, 발진기, 어드레스 버스, 데이터 버스 등 메모리나 주변 장치와의 외부 연결을 위한 핀을 가지고 있다. 컴퓨터 시스템 설계자는 독립된 마이크로 프로세서를 구입하여 완성된 시스템으로 제조할 수 있다(A microprocessor is a computer processor which incorporates the functions of a computer's central processing unit (CPU) on a single integrated circuit (IC), or at most a few integrated circuits). [그림 1-1]에 마이크로 프로세서들의 모습을 보였다.

[그림 1-1] 마이크로 프로세서 예

마이크로 프로세서는 보통 아래 열거된 항목들로 성능이나 규모가 분류된다.

■ 데이터 버스 크기

데이터 버스는 CPU와 메모리 사이에서 읽기나 쓰기 작업이 일어날 때 정보를 전달하는 선으로, 1 바이트 당 0/1을 표시할 수 있는 8 개의 선 즉, 8 비트가 필요하다. 만약 한 번에 최대 2 바이트 값을 전달할 수 있다면 데이터 버스는 16 비트가 되어야 한다. 데이터 버스가 클 수록 데이터 처리 속도가 높을 것이라는 점은 당연한다. 그러나, 마이크로 프로세서의 물리적 크기로 인하여 데이터 버스의 핀 수를 마냥 크게 할 수는 없고, 대부분의 마이크로 프로세서들은 8 ~ 64 비드 데이터 버스를 지원한다. 상용 마이크로 프로세서 중 최고 성능에 해당되는 인텔 PC 용 CPU의 경우 64 비트를 지원한다.

■ 어드레스 버스 크기

어드레스 버스는 메모리 접근 시 읽기나 쓰기가 이루어질 장소의 위치를 전달하는 선이고, 이는 마이크로 프로세서가 지원할 수 있는 주소 공간의 범위에 따라 그 크기가 결정된다. 만약 1K 바이트 공간이라면 0~1023의 값을 표시할 수 있어야 하므로 10 비트가 필요하다. 대부분의 마이크로 프로세서들은 16 ~ 64 비트 어드레스 버스를 지원하는데, 그 중 인텔 PC용 CPU는 64 비트를 지원한다.

■ 연산 레지스터 크기

모든 마이크로 프로세서는 덧셈이나 뺄셈 등 산술 연산이나, AND나 OR 등 논리 연산이 이루어지는 연산 레지스터를 가지고 있다. 계산 결과가 그 레지스터에 보관되므로 누산기(accumulator)라 부르기도 한다. 이를테면 “ADD AC,100”의 기계 명령어는 연산 레지스터 AC를 기준으로 “AC=AC+100번지 내용”의 연산을 수행한다. 만약 연산 레지스터가 8 비트라면 2 바이트 정수 계산을 위해서는 두 번의 연산이 필요하다. 따라서, 연산 레지스터의 크기가 크면 연산 처리량도 크고, 그 크기는 보통 데이터 버스의 크기와 동일하다.

■ 범용 레지스터 수

연산 레지스터와 달리 단순히 값을 저장하고, 다른 연산의 피연산자로 사용될 수 있는 레지스터를 범용 레지스터(general purpose register)라 부른다. 예를들어, “LD R0,100”, “ADD AC,R0” 두 명령어는 메모리 100 번지의 내용을 레지스터 R0에 저장하고, 그 레지스 값을 AC에 더한다. “ADD AC,100”과 같이 곧바로 한 번에 연산하지 않고 굳이 메모리 값을 레지스터에 저장한 후, 그 레지스터를 연산에 참조하는 이유는 동일한 값이 이후에 여러 번 참조될 예정이기 때문이다. 피연산자가 레지스터인 경우의 연산 속도는 메모리를 참조하는 경우보다 보통 10~10,000배, 고성능 CPU는 그 이상 빠르므로, 자주 참조되는 변수(메모리)는 범용 레지스터에 적재한 후 계속해서 재참조하면 그 횟수에 비례하여 성능 이득을 얻을 수 있다. 프로그래머 입장에서 보면 이런 범용 레지스터는 많을수록 좋지만, 이 역시 집적도와 비용 때문에 보통 4 ~ 32개 정도 지원한다.

■ 클록 스피드

CPU 내 모든 행위는 외부에서 공급되는 발진 파형, 즉 클록에 동기를 맞추어 진행된다. 따라서 이 발진 주파수가 높을수록 기계 명령어 처리 속도가 빠르다. 보통 소형 마이크로 프로세서는 1 ~ 8MHz 클록 스피드로 동작하고 1~2 클록 당 기계 명령어 하나의 실행이 완료된다. 이를테면 2 MHz의 경우 1초에 약 백만 개의 기계 명령어를 실행한다. 그러나, 인텔 PC 용 CPU는 4GHz 클록 스피드를 지원하기 때문에 소형 마이크로 프로세서 대비 약 1000 배 이상의 성능을 발휘한다.

1.2 마이크로 프로세서 아케텍처(기본 구조) 종류

마이크로 프로세서는 제조 업체나 적용 기술에 따라 별명을 붙여 식별한다. 대 분류는 계열 또는 시리즈 개념에 해당되고, 소 분류는 특정 마이크로 프로세서 고유명에 해당된다.

대 분류로는 Intel, 6502, 6800, 8051, ARM, AVR, C166, RF-V, PIC, RISC-V, RX, TriCore 등이 있고, 이들을 소분류하면 [표 1-1]의 예를 들 수 있다.

[표 1-1] 마이크로 프로세서 종류

연산 비트	마이크로프로세서
4	MCS-4(4004), MCS-40(4040), Am2900, MARC4, S1C6x, TLCS-47, TMS1000, μCOM-4
8	8008, 8080, 8048, MCS-51(8051), 68HC08/11, 740 (6502), 740, AVR, COP8, H8, PIC10/12/16/17/18, ST6/ST7, STM8, Rabbit 2000, S08/RS08, TLCS-870, XC800, Z8, eZ80(Z80)
16	8088, MCS-86(8086), 80186, 80286, 68HC12/16, C166, CR16/C, H8S, MELPS7700, MSP430, PIC24/dsPIC, R8C, RL78, TLCS-900
32	80386, 80486, Pentium(I~III), Am29000, ARM(Cortex-M), AVR32, ColdFire, CRX, FR, FR-V, H8SX, M32R, MIPS, MPC5xx, PIC32, , PowerPC64, Propeller, TLCS-900, TriCore, V850
64	Pentium(IV), IA-64, ARM64, MIPS64, PowerPC64

1.3 MPU(Micro Processor Unit)와 MCU(Micro Controller Unit)

마이크로 프로세서는 전원 장치, 메모리, 그리고 입·출력 장치 등 최소한의 기본적인 주변 장치가 없기 때문에 그 자체로만은 동작할 수 없다. 즉, 마이크로 프로세서가 동작하기 위해서는 하드웨어 설계자에 의해 하나의 시스템으로 제조되어야 한다. 이와 같이 마이크로 프로세서를 이용하여 제조된 시스템은 MPU와 MCU 등 두 가지 유형으로 분류된다.

■ MPU

독립된 마이크로 프로세서에 메모리와 주변장치 등 개별적인 컴퓨터 구성 요소를 따로 연결하여 제작된 형태로 넓은 의미에서 PC가 이 형태에 속한다. MPU의 전형적인 형태는 마더 보드(mother board)라 부르는 기판에 독립적인 구성 요소들을 부착한 모양인데, 대체적인 크기는 5Cm x 5Cm 정도0이다.

■ MCU

마이크로 프로세서, 메모리, 주변장치 등 컴퓨터 시스템의 기본적인 구성 요소를 SoC (System on Chip) 형태로 집적하여 프로그램만 저장하면 바로 동작 가능한 형태를 MCU라 부른다. 사용자는 하드웨어 설계 관련 작업 없이 외부에 개방된 입·출력 포트(핀)에 필요한 장치만 부착하여 바로 활용이 가능하다. 이와 같이 집적된 MCU 크기는 개략 1.5Cm x 1.5Cm 이내이다. MCU의 메모리는 프로그램을 저장하는 플래시(flash), 실행 시 스택(변수)로 사용되는 SRAM, 소량의 데이터 및 설정 정보를 저장하는 EEPROM 등이 사용된다. 대표적인 MCU로 AVR 마이크로 프로세서 아키텍처를 가진 ATmega 시리즈를 들 수 있다.

1.4 AVR(Alf-Egil Bogen, Vergard Wollen, RISC) MCU

AVR 아키텍처는 1984년 설립된 미국 Atmel사의 Alf-Egil Bogen, Vergard Wollen 등 두 명의 노르웨이 학생 연구원에 의해 1996년 개발되었고, 주용 특징은 아래와 같다.

- 2 바이트 기계 명령어 포맷을 가진 RISC 타입 마이크로 프로세서 탑재
- 프로그램 목적 코드를 플래시(flash) 메모리에 저장
- 프로세서의 PC(Program Counter)는 플래시에 2 바이트 단위의 주소 지정(0x0000~)을 통하여 기계 명령어 인출
- SRAM을 플래시와 독립된 주소 공간(0x0000~)에 탑재하고 변수와 스택을 SRAM에 배치. 프로그램 실행 시 시작 루틴(CRT: C RunTime routine)에 의해 전역 변수의 초기 값을 플래시로부터 SRAM으로 복사
- 플래시, EEPROM과 독립된 주소 공간(0x0000~)에 소량의 데이터나 설정 정보 저장을 위한 EEPROM 탑재
- 외부 장치와의 인터페이스를 위한 GPIO Pin(General Purpose IO Pin)에 대한 메모리 대응 입·출력과 격리된 입·출력 제공
- UART(시리얼 통신), 타이머, ADC(Analog Digiatl Convert) 등 기본 필요 장치 내장

[표 1-1[에 AVR MCU의 대표적인 ATmega 시리즈 모델 및 사양을 보였다.

[표 1-1] AVR MCU 시리즈

AVR MCU	FLASH	EEPROM	RAM	GPIO Pins	USARTs	ADC channels
ATmega640	64KB	4KB	8KB	86	4	16
ATmega1280	128KB	4KB	8KB	86	4	16
ATmega1281	128KB	4KB	8KB	54	2	8
ATmega2560	256KB	4KB	8KB	86	4	16
ATmega2561	256KB	4KB	8KB	54	2	8

1.5 MCU 개발 환경

MCU를 활용하기 위해서는 플래시에 프로그램의 목적 코드를 써넣어야 한다. 아직 부트 로더 프로그램이 저장되어 있지 않는 초기 상태에는 반드시 JTAG ICE 등 MCU 쓰기 도구를 이용해야만 프로그램을 저장할 수 있다. 또한 MCU 자체에는 프로그램을 편집하거나 컴파일할 수 있는 개발 도구들이 설치되어있지 않기 때문에, 프로그램 개발을 위한 모든 과정을 PC(Window, Linux, MAC) 등 호스트 컴퓨터에서 진행하고, 그 결과로 생성된 목적 코드를 MCU 플래시에 저장하는 과정을 거쳐야 한다.

개략적인 MCU 프로그램 개발 절차는 아래와 같다.

(MCU 프로그램 개발 절차)

① 호스트 컴퓨터(PC)에 개발 대상 MCU를 위한 프로그램 개발 도구(컴파일러 등)를 설치한다(Cross Compiler, 크로스 컴파일러).
② 개발 대상 MCU와 PC를 통신 케이블로 연결한다(연결 수단으로 대부분 UART(RS232C 시리얼 통신)을 사용함).
③ 개발 대상 MCU와 통신하여 목적 코드를 내려보낼 쓰기 도구를 설치한다.
④ 개발 대상 MCU를 위한 프로그램을 편집하고 ①의 크로스 컴파일러를 이용하여 목적 코드를 생성한다.
⑤ 목적 코드에 대한 hex 포맷 파일을 생성한다.
⑥ 생성된 hex 파일을 ②의 쓰기 도구를 이용하여 개발 대상 MCU에 내려보낸다(플래시를 탑재한 MCU의 경우 목적 코드가 플래시에 저장됨).
⑦ 개발 대상 MCU에서 프로그램의 실행 상태를 체크한다.
⑧ 프로그램이 완벽하게 동작할 때까지 ④~⑦의 과정을 반복한다.

1.6 ATmega2560(GEMS-CRC 모트) 개발 환경 구축

여기서는 호스트 컴퓨터로 Window7,8 운영체제를 탑재한 PC를 사용하고, 개발 도구는 제공된 자료 집의 Toos 폴더 내용을 기본으로 한다.

■ 크로스 컴파일러 도구 설치(WinAVR gcc Compiler)

"Avr-toolchain-installer-3.4.1.1195-win32.x86.exe" 파일을 클릭하여 크로스 커파일 환경을 설치한다. 여기에는 AVR MCU 시리즈 모두를 위한 컴파일 환경(크로스 컴파일러, 헤더파일, 라이브러리 등)이 모두 포함되어 있다. 이 때, 설치 폴더 경로명에 한글이 포함되지 않도록 유의해야 한다. 이를 테면 바탕화면을 선택하면 한글이 포함될 가능성이 큼으로 피하는 것이 좋다.

크로스 컴파일러로는 WinAVR gcc 컴파일러가 사용되므로, 이를 설치해도 좋으나, 버전 간 차이로 오동작하는 경우가 있으므로 tool chain으로 설치하는 것이 좋다

■ 프로그램 개발 도구 설치(AVR Studio)

소스 코드를 편집하고 관리하는 도구로 AVR Studio를 사용한다. 이는 "AvrStudio419Setup_2010.exe" 파일을 클릭하여 설치할 수 있다. 설치가 완료되면 딱정벌레 모양( ) 의 아이콘을 사용한다. AVR Studio 에는 MCU 타입 선택, 소스 코드 삽입·삭제·변경, 컴파일러 호출 등의 기능이 있고, 컴파일 결과인 목적 코드에 대한 hex 포맷 파일을 생성할 수 있다.

■ 부트 로더 서버 설치(MegaLoad)

ATmega2560 플래시에 미리 저장된 부트 로더와 통신하여 hex 파일을 읽어 내려 보내는 부트 로더 서버로 MegaLoad를 활용한다. 이는 "MegaLoadSeup. msi" 파일을 클릭하여 설치한다. MegaLoad는 양방향 화살표 모양( )의 아이콘을 사용한다.

■ UART 케이블 드라이버 실지(CP210x)

일반적인 PC에 COM(시리얼) 포트가 없는 경우가 많으므로 USB 포트를 이용해 COM 포트 기능을 제공하는 USB-to-Serial 케이블을 사용하고, 이를

위해서는 해당 드라이버를 설치해야 한다. 여기서는 "CP210x_VCP_Win2K_XP_S2K3.exe" 파일을 클리하여 CP210x 케이블을 위한 드라이버를 설치한다. CP210x는 PC(TIA232, 6.5V)와 모트(TTL 3.3V)간 신호수준도 변환한다.

■ GEMS-CRC 모트와 PC 연결

GMES-CRC 모트는 [그림 1-1]과 같이 ATmega2560 MCU를 중심으로 전원 스위치, 리셋 버튼, UART 소켓, GPIO 핀, JTAG 핀 등을 7Cm x 4Cm 기판 위에 장착한 센서 노드의 일종으로 ATmega2560 내부 장치 실험은 물론 GPIO를 통한 다양한 센서 구동 실험이 가능하도록 제작된 하나의 마이크로 컴퓨터이다. GEMS-CRC 모트는 무엇보다도 UART 케이블로부터 전원을 공급받을 수 있도록 설계되었다는 점에서 편리하고, 첫 실습에 곧바로 진입할 수 있도록 Atmel JTAGICE mkII를 이용해 MegaLoad 프로토콜을 따르는 부트 로더를 저장해놓았다.

[그림 1-1] ATmega2560 기반 GEMC-CRC 모트

GEMS-CRC 모트와 PC의 연결은 [그림 1-2]와 같이 CP210x USB-to-Serial 컨버터와 USB OTG 케이블을 이용한다. CP210x 드라이버 설치가 잘 되었다면 PC 장치 관리자에서 [그림 1-3]과 같이 가상 COM 포트의 생성을 확인할 수 있다.

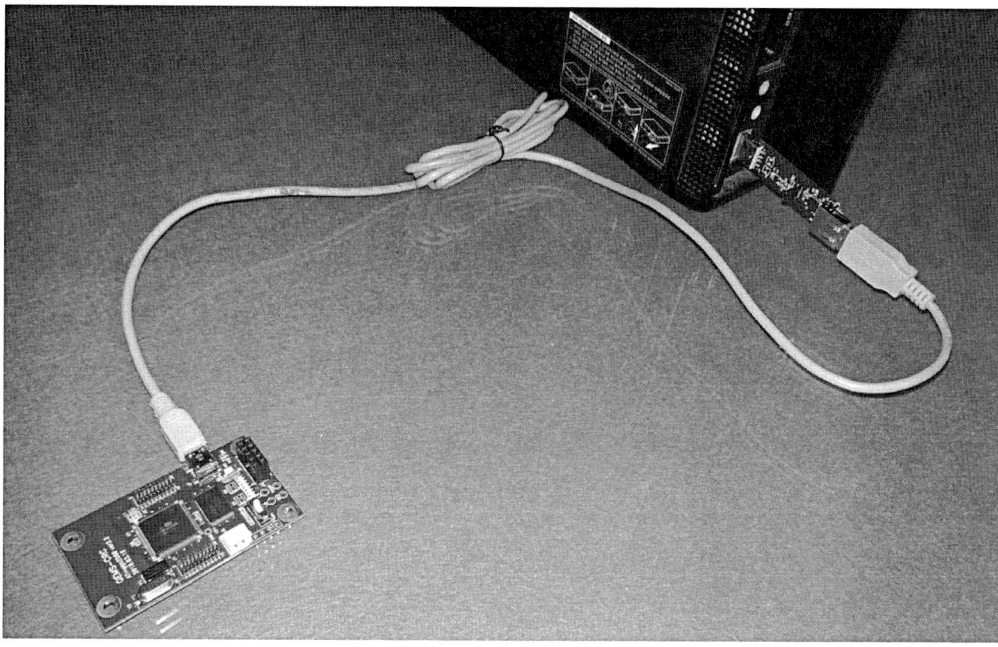

[그림 1-2] GEMC-CRC 모트와 PC의 연결

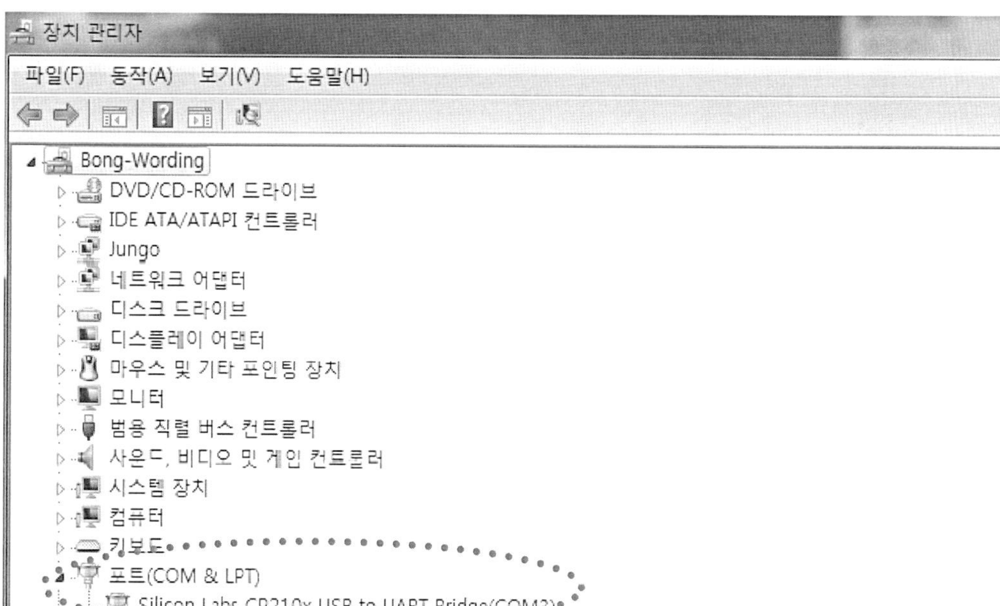

[그림 1-3] CP210x USB-to-Serial 케이블 연결 상태 확인

1.7 Hello 프로젝트

ATmega2560 MCU를 위한 소프트웨어 개발 과정은 아래와 같다.

- AVR Studio에서 소스 코드를 편집하고 컴파일하여 hex 파일을 생성한다.
- MegaLoad에 hex 파일 경로명과 COM 포트를 설정한다.
- GEMS-CRC 모트의 리셋 버튼을 누른다.

■ AVR Studio 새 프로젝트 만들기

AVR 사용법을 익히기 위해 주어진 프로그램을 AVR Studio에서 구현하도록 한다. 이를 위해 새 프로젝트 Hello를 만들기로 한다. Hello 프로젝트는 [코드 1-1] ~ [코드 1-2]의 세 파일로 구성된다. 이 프로그램은 MCU의 8개 LED를 1.5초 간격으로 점등과 소등을 반복한다.

```
/*   main.c   */
#include <avr/io.h>
#include <util/delay.h>

#include "led.h"

int main()
{
        led_init();

        while(1) {
                led_on_all();
                _delay_ms(1500);
                led_off_all();
                _delay_ms(1500);
        }
        return 0;
}
```

[코드 1-1] Hello 프로젝트 소스코드(main.c)

```c
/*      led.h     */
void    led_init(void);
void    led_on_all(void);
void    led_off_all(void);
void    led_on(uint8_t led_no);
void    led_off(uint8_t led_no);
void    led_set(uint8_t led_mask);
```

```c
/*  led.c    */
#include <avr/io.h>
#include "led.h"
static uint8_t Leds;
void  led_init()
{
        DDRL = PORTL = 0xff;
}
void  led_on_all(void)
{
        Leds = PORTL = 0x00;
}
void  led_off_all(void)
{
        Leds = PORTL = 0xff;
}
void  led_on(uint8_t led_no)
{
        Leds &= ~(1 << led_no);
        PORTL = Leds;
}
void  led_off(uint8_t led_no)
{
        Leds |= (1 << led_no);
        PORTL = Leds;
}
void  led_set(uint8_t led_mask)
{
        Leds = ~led_mask;
        PORTL = Leds;
}
```

[코드 1-2] Hello 프로젝트 소스코드(led.h, led.c)

◦ 프로그래밍 언어, 프로젝트 이름, 프로젝트 소스 폴더 위치 설정

AVR Studio의 첫 실행화면 [그림 1-4]에서 “New Project”나 “Project” 탭 밑의 “New Project”를 클릭하고, [그림 1-5]에서 새 프로젝트에서 사용할 프로그래밍 언어, 프로젝트 이름, 폴성 생성여부, 폴더 위치를 설정한다.

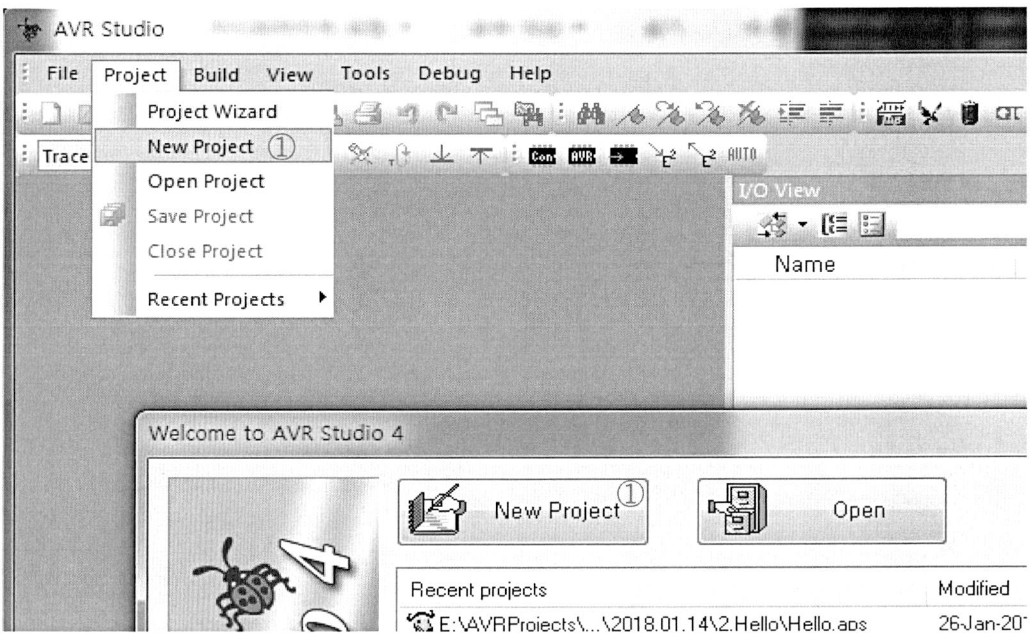

[그림 1-4] AVR Studio 첫 실행 화면(프로젝트 만들기 시작)

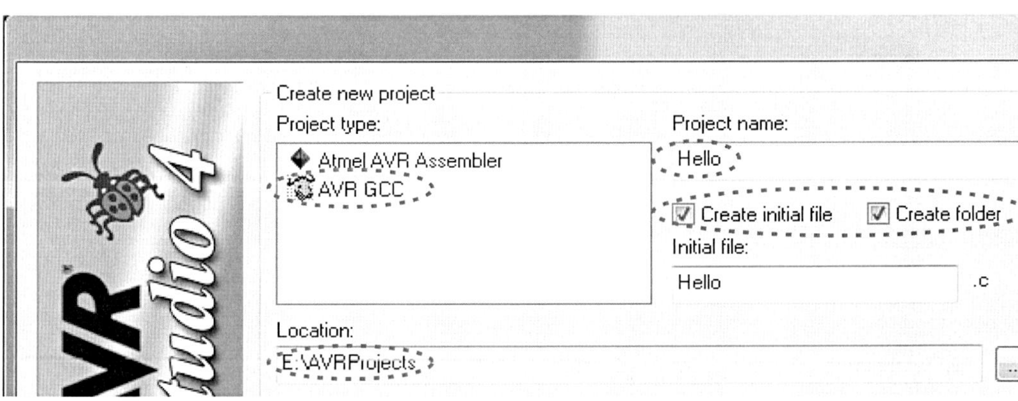

[그림 1-5] 새 프로젝트 언어, 이름, 폴더 생성 여부, 저장 위치 설정

◦ 디바이스 설정 및 MCU 클록 스피드(F_CPU) 설정

다음 화면 [그림 1-6]에서 MCU 쓰기 도구와 타입 설정으로 프로젝트 생성하기를 마친 후, [그림 1-7]과 같이 "Project"탭 밑의 "Configuration Options"에서 MCU 타입 atmega2560을 확인하고, MCU 클록 스피드를 7372800Hz로 설정한다.

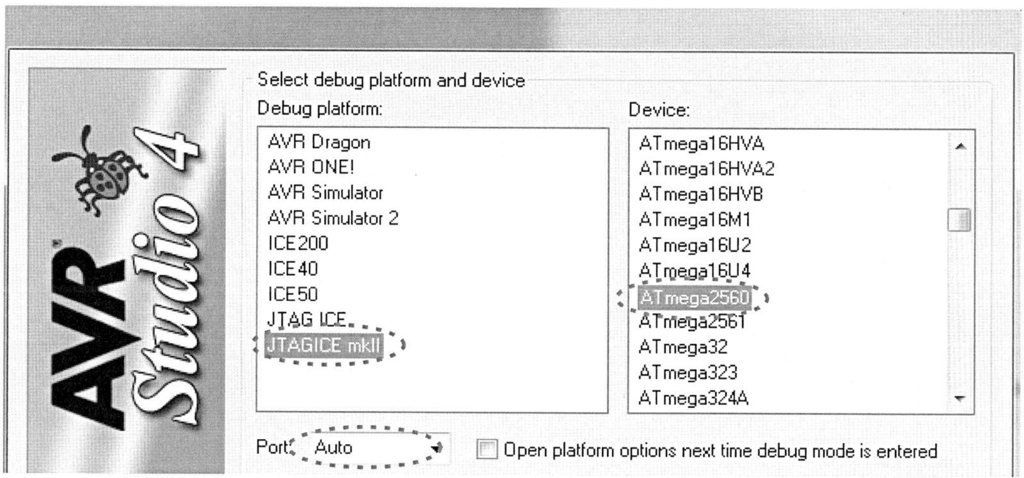

[그림 1-6] MCU 쓰기 도구(JTAGICE mkII) 및 타입(ATmega2560) 선택

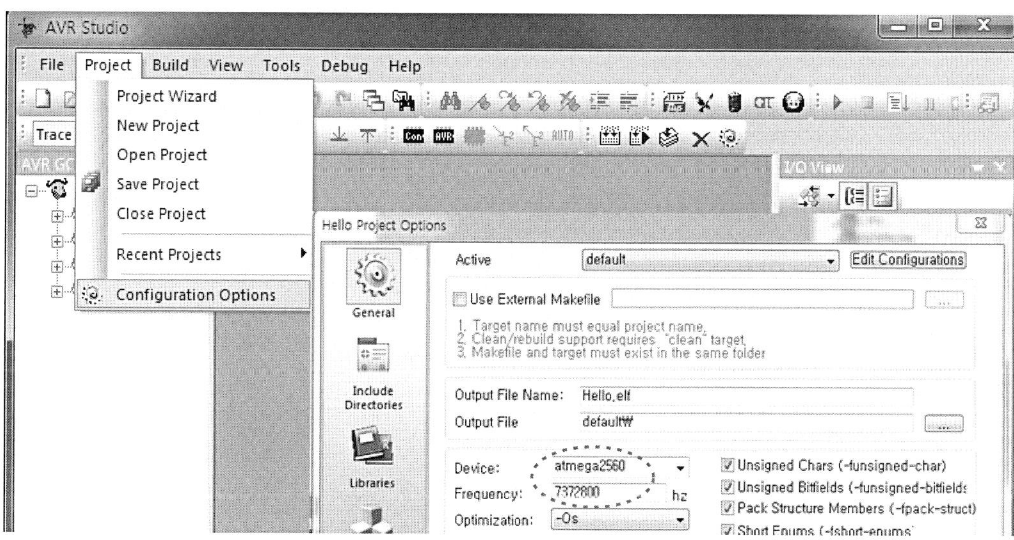

[그림 1-7] MCU 타입(atmega2560) 확인 및 클록 스피드(7372800Hz) 설정

프로젝트 만들기가 완료되면 프로젝트 폴더 밑에 "프로젝트.aps" 형태인 "Hello.aps"의 프로젝트 설정 파일이 생성되고, 이 후에 다시 프로젝트를 개방할 때는 이 파일을 더블 클릭하거나 AVR Studio의 "Project" 탭의 "Open Project"로 선택할 수 있다.

■ 소스 코드 파일 관리 및 편집하기

프로젝트 만들기가 끝나면 소스 코드 편집화면으로 진행한다. 이 화면에서 소스 코드를 편집하기 전에 우선 소스 파일들을 다음과 같이 정리한다.

- 왼쪽 폴더 리스트바를 펼친 후, 파일 "hello.c"에 우클릭하여 파일 이름을 main.c로 변경한다[그림 1-8].
- 왼쪽 폴더 리스트바의 "Source Files"에 우클릭하여 소스 파일 "led.c"를 생성한다[그림 1-9].
- 왼쪽 폴더 리스트바의 "Header Files"에 우클릭하여 헤더 파일 "led.h"를 생성한다.
- 왼쪽 폴더 리스트바에서 편집 대상 파일을 더블 클릭하여 해당 파일을 편집한다[그림 1-10].

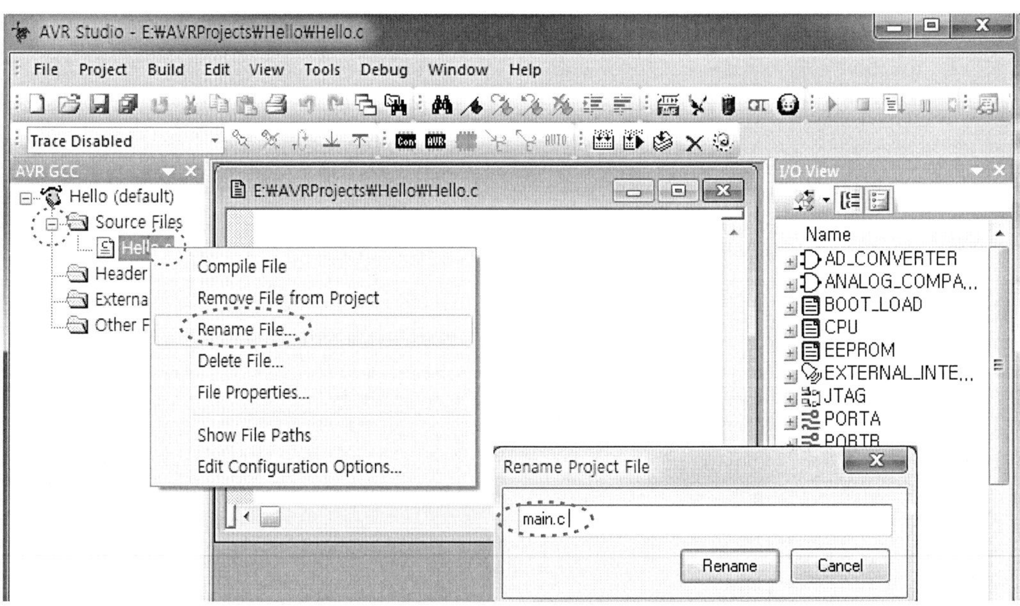

[그림 1-8] AVR Studio 소스 파일 이름 변경하기

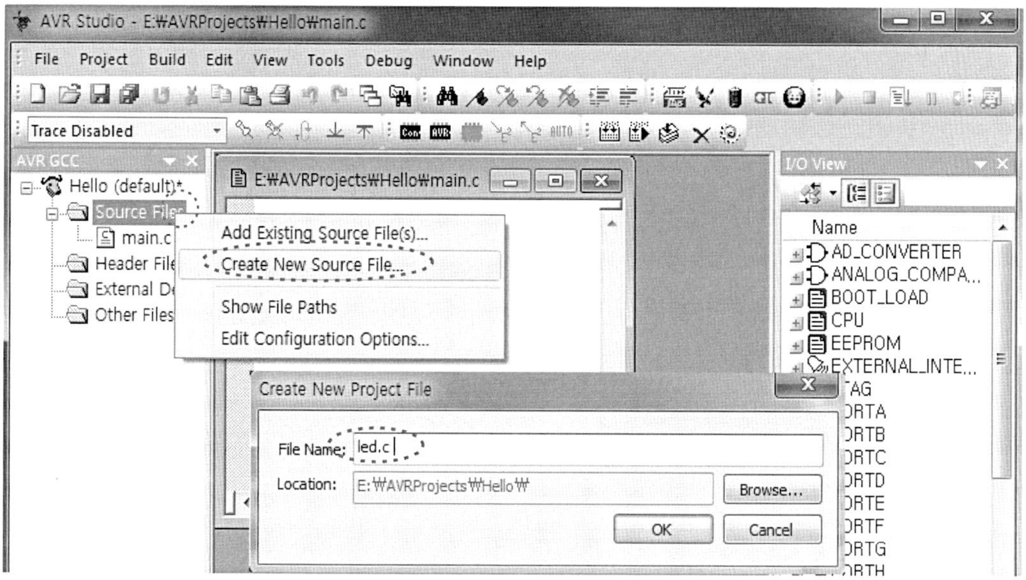

[그림 1-9] AVR Studio 소스 파일 생성 · 삽입하기

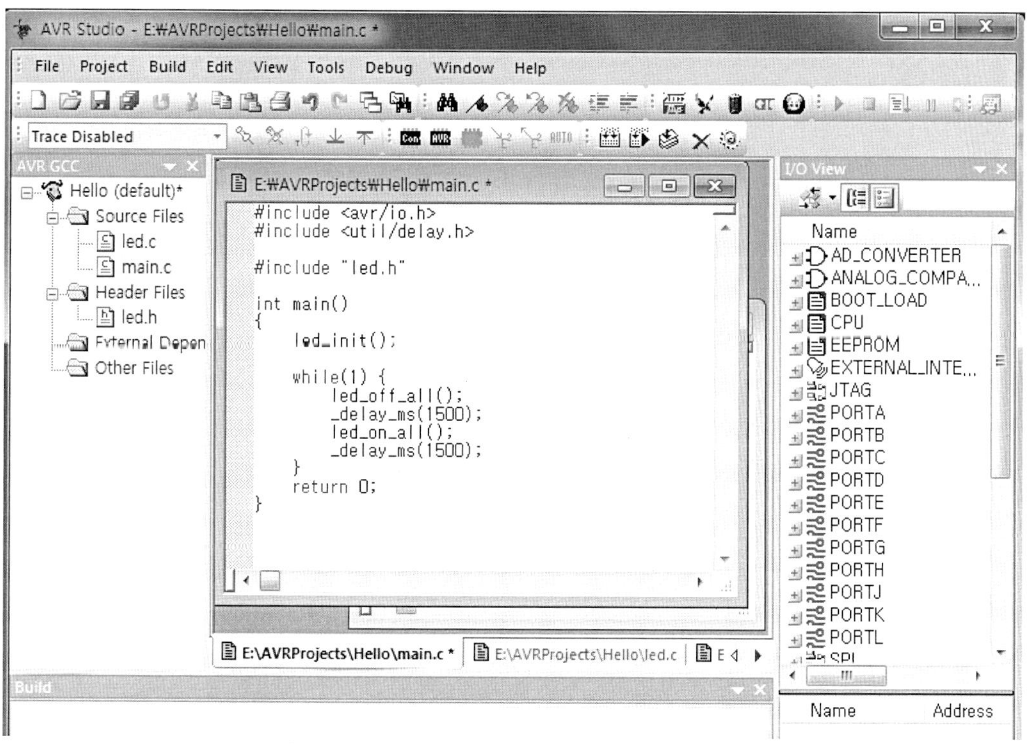

[그림 1-10] AVR Studio 소스 파일 편집하기

■ 컴파일하고 hex 파일 생성하기

"Build" 탭 밑의 "Build"를 클리하면 새롭게 변경된 소스 코드만 골라 컴파일을 진행하고, 진행 메시지를 아래 콘솔 창에 디스플레이 한다([그림 1-11] 참조). 개발 과정이 길어지면 소스들 사이의 불일치가 있을 수 있으므로 가끔 "Rebuild All"을 선택하여 소스 코드 전체를 새로 컴파일하는 것이 좋다. 또한 컴파일 결과 Warning error도 치명적일 수 있으므로 수정하는 것이 안전한다. 컴파일 결과는 프로젝트 폴더 밑 "default" 폴더에 "프로젝트.hex" 형태로 생성된다.

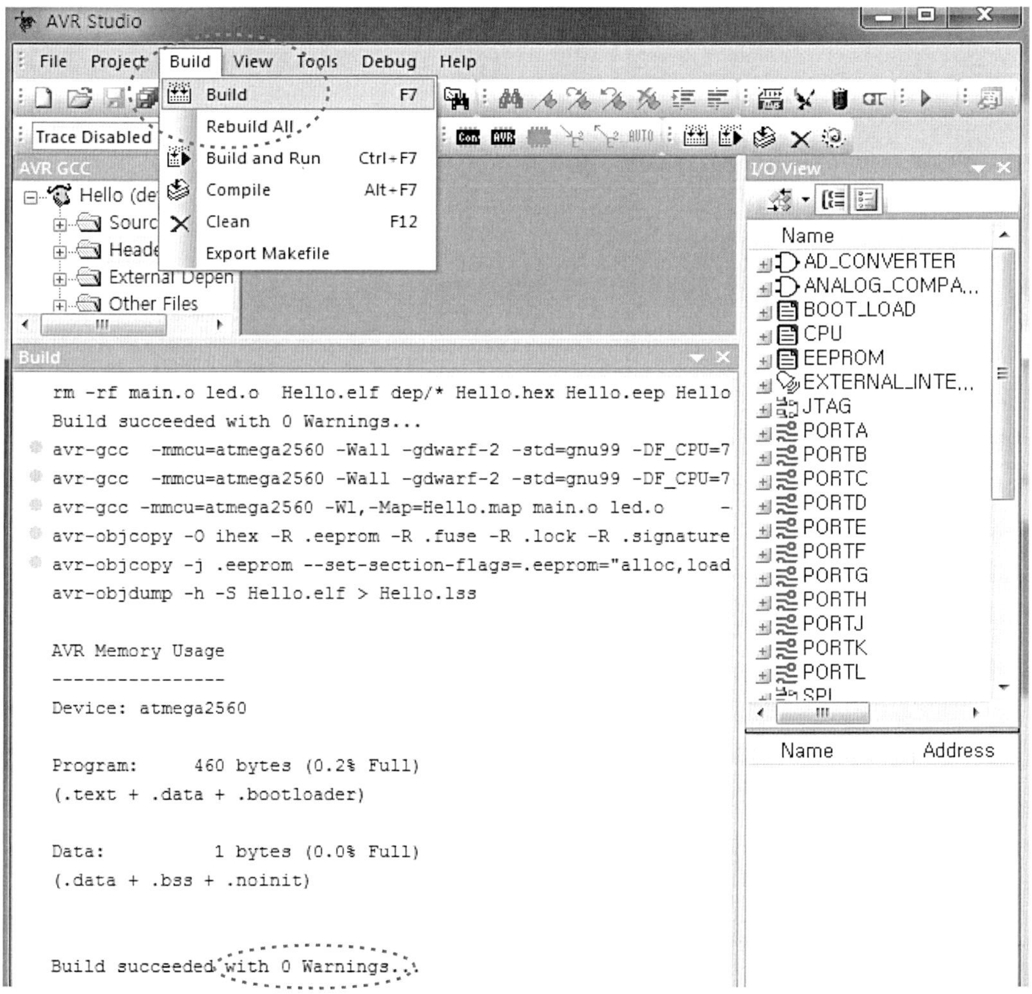

[그림 1-11] AVR Studio 프로젝트 컴파일하기

■ MegaLoad를 이용하여 hex 파일 다운로드하기

MegaLoad의 설정이 끝날 때까지 통신 연결을 방지하기 위해 [그림 1-12]와 같이 GEMS-CRC 모트의 전원을 끈다(스위치 탭을 아래쪽으로 밀어내림).

[그림 1-12] GEMC-CRC 모트 전원 스위치

[그림 1-13]과 같이 MegaLoad를 실행하여 필요 항목들을 설정한다.

- Hello 프로젝트의 hex 파일을 설정한다(①).
- GEMS-CRC 모트와 연결된 시리얼 케이블의 가상 COM 포트를 선택하고, GEMS-CRC 모트의 부트 로더에 설정된 UART 속도와 동일한 9600bps를 선택한다(②).
- 시리얼 포트를 개방하여 부트 로더의 다운로드 요청을 기다린다(③).

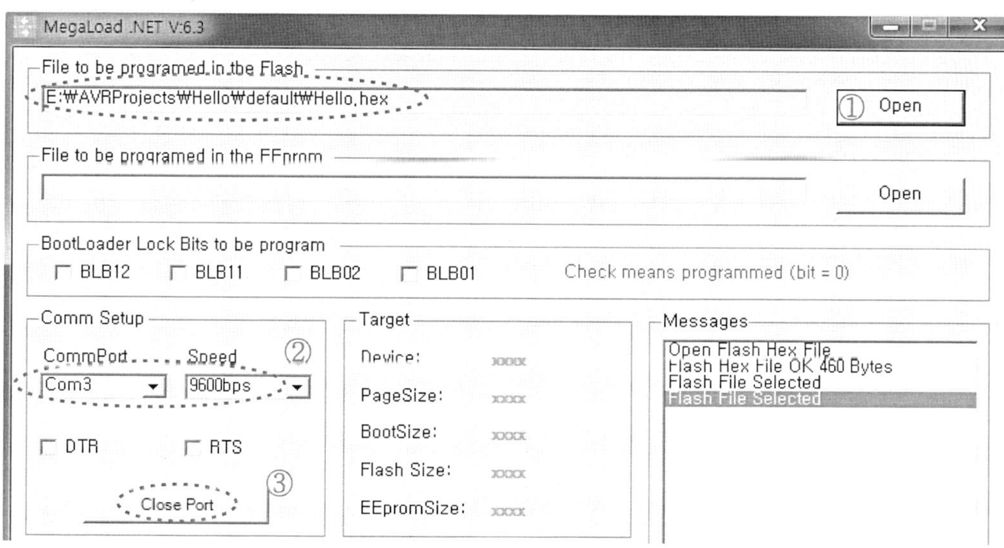

[그림 1-13] MegaLoad 실행

MegaLoad의 준비가 끝나면 [그림 1-14]와 같이 GEMS-CRC 모트의 전원 스위치를 올리고 리셋 버튼을 누른다. GEMS-CRC 모트의 부트 로더는 리셋 버튼이 눌렸을 때 PC의 MegaLoad와 통신하여 새로운 응용 프로그램을 내려받아 플래시에 저장해준다.

[그림 1-14] GEMC-CRC 모트 리셋 버튼

GEMS-CRC 모트의 부트 로더와 PC의 MegaLoad의 통신이 성공하면 MegaLoad에 [그림 1-15]와 같이 MCU 정보(①)와 다운로드 과정(②)이 나타나고, GEMS-CRC 모트에서는 프로그램의 실행(LED 점등) 모습이 보인다.

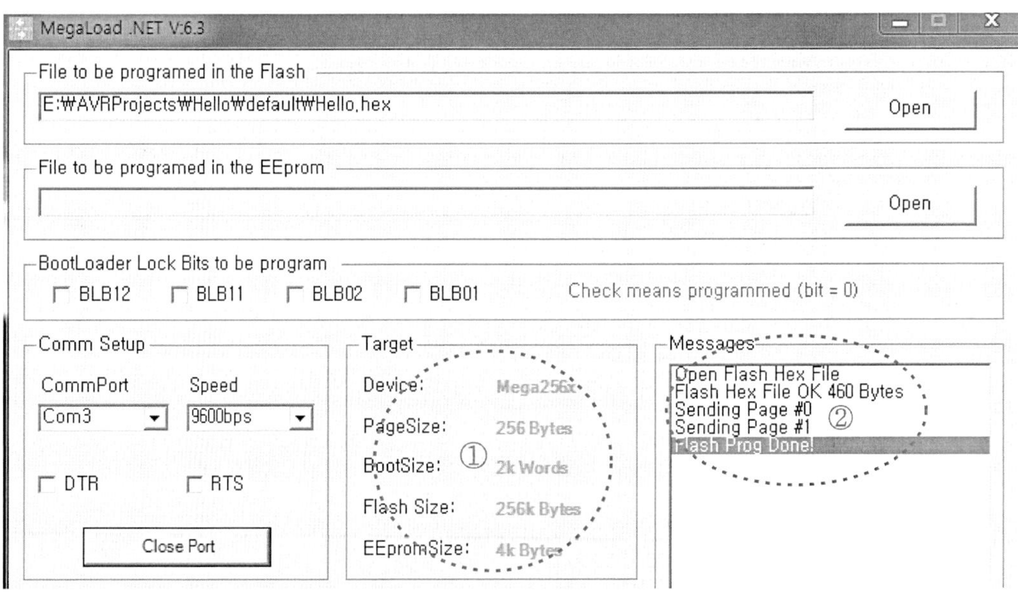

[그림 1-15] MegaLoad의 목적 코드 다운로드 과정

1.8 ATmega2560 내부 구조와 코딩 환경

ATmega2560 등 임베디드 시스템 소프트웨어를 개발하기 위해서는 MCU의 레지스터 집합과 접근 방법에 대한 정보이다. ATmega2560 MCU는 32개의 범용 레지스터, 33개의 범용 입·출력 포트 레지스터, 150 개의 특수용도 레지스터를 가지고 있다.

■ 레지스터 접근 방법

C 언어 등 고급 프로그래밍 언어의 변수는 메모리에 할당되어 주소값으로 접근한다는 점은 다 아는 사실이다. [코드 1-3]의 예에서 C 언어의 변수 즉, 메모리 읽기는 AVR MCU 환경에서 LDS(Load SRAM), 쓰기는 STS(Store SRAM) 기계 명령어로 번역된다. 다시 말하면 AVR 시리즈 MCU에서는 SRAM 메모리에 할당된 변수에 접근하기 위해서는 반드시 LDS와 STS 기계 명령어를 사용해야 한다.

이와 같이 load/store/add/sub 등 기본 연산 기계 명령어에 피연산자로 사용될 수 있는 레지스터들을 범용 레지스터라 부른다. 이런 범용 레지스터는 그 수가 많아지면 기계 명령어 포맷에서 이들을 식별할 수 있는 비트 수가 늘어나기 때문에 제한이 불가피하다. 이를테면 범용 레지스터 수가 4 개라면 2 비트로 식별이 가능하지만 128 개라면 7 비트가 필요해서 기계 명령어가 그만큼 길어질 수 밖에 없다.

```
int main()
{
        char  a, b, c;
        :
        c = a + b;

        return 0;
}
```

```
:
CLR  R0
LDS  R1,100  ; R1←(100)
ADD  R0,R1   ; R0←R0+R1
LDS  R1,101  ; R1←(101)
ADD  R0,R1   ; R0←R0+R1
STS  102,R0  ; (102)←R0
:
```

[코드 1-3] 메모리 접근 예

그렇다면 범용 레지메모리가 아닌 다른 레지스터는 어떤 방법으로 식별하여 접근할 수 있을까? 앞에서 언급한 바와 같이 기계 명려어 길이에 제한이 없다면 이들도 범용 레지스터와 동일한 방법으로 접근할 수 있겠지만 이는 불가능하다. 이를 해결하기 위한 방법으로 메모리 맵 읽기·쓰기와 격리된 읽기·쓰기 등 두 가지가 있다.

■ 메모리 맵 읽기·쓰기(Memory Mapped IO)

레지스터를 메모리 주소 공간의 일부에 대응시켜, 일반 메모리 접근과 동일한 방법으로 접근하는 경우를 메모리 맵 메모리 맵 읽기·쓰기 혹은 메모리 맵 입·출력이라 부른다. 이 경우, 레지스터들이 대응된 주소 영역은 메모리를 배치할 수 없다.

ATmega2560 MCU의 경우 SRAM 메모리 주소 0x000~0x1ff의 512 바이트 구간을 레지스터 접근을 위한 메모리 맵 영역으로 사용한다. 이를테면 "LDS R0,0x123"은 0x123번지에 대응되어 있는 레지스터의 값을 읽는 것이고, "LDS R0,0x234"는 SRAM의 0x234 번지의 내용을 읽는다.

메모리 맵으로 접근하는 레지스터들은 C 언어에서도 아주 편리하게 참조할 수 있다. 아래 [코드 1-4]의 왼쪽 C 코드는 MCUCR 레지스터를 변수와 동일한 방법으로 접근하는 예이고, 오른 쪽 어셈블리 코드는 0x55 번지의 MCUCR 레지스터를 주소 대신 이름을 부여하여 마치 범용 레지스터인것처럼 접근하는 예이다.

범용 레지스터를 포함하여 AVR MCU 시리즈의 모든 레지스터는 메모리 맵 방법으로 참조할 수 있다.

```
#define MCUCR (*((uint8_t *)0x55))
void main()
{
        :
        v = MCUCR;
        :
        MCUCR = 0x09;
        :
}
```

```
MCUCR = 0x55
:
LDS  R0,MCUCR
:
LDI  R0,0x09
STS  MCUCR,R0
:
```

[코드 1-4] 레지스터에 대한 메모리 맵 읽기·쓰기 예

■ 격리된 읽기 · 쓰기(Isolated IO)

격리된 읽기 · 쓰기는 레지스들을 메모리 주소 공간과는 독립적으로 레지스터들만을 위한 별도 주소 공간(포트 번호)을 사용해서 식별하는 방법이다. 이 방법을 사용하면 레지스터 접근을 위해 더이상 "LDS"나 "STS" 기계 명령어를 사용할 수 없다. 왜냐하면 양쪽 모두 동일한 번지가 존재하여 이들 기계 명령어는 메모리 주소로 해석할 뿐, 레지스터 주소로는 인식하지 않기 때문이다.

위 문제를 해결하기 위해서는 메모리 접근 기계 명령어와 레지스터 접근 기계 명령어를 분리하는 방법 외는 없다. 이를 위해 AVR MCU 시리즈는 "IN"과 "OUT" 두 명령어를 제공하고 있는데, 이 방법에 의한 레지스터 접근을 위한 C 언어 문장은 존재하지 않는다. 즉, 격리된 읽기 · 쓰기로 접근해야 하는 레지스터는 C 언어 등 고급 언어에서 직접 참조할 수 없다.

[코드 1-5]에 ATmega2560의 "IN", "OUT" 기계 명령어 사용 예를 보였다. 이 코드의 오른쪽은 레지스터 주소 0x35에 이름을 부여하여 가독성을 높이고 있다.

```
:
IN   R0,0x35
:
LDI  R0,0x09
OUT  0x35,R0
:
```

```
MCUCR = 0x35
:
IN   R0,MCUCR
:
LDI  R0,0x09
OUT  MCUCR,R0
:
```

[코드 1-5] 레지스터에 대한 격리된 읽기 · 쓰기 예

ATmega2560에서는 범용 레지스터를 포함하여 일부 레지스터를 제외하고 격리된 읽기 · 쓰기 접근을 허용한다. 즉, 격리된 읽기 · 쓰기 접근이 가능한 일부 레지스터들은 매모리 맵 주소에서 0x20을 빼면 격리된 레지스터 주소가 된다. 이를테면 MCUCR 레지스터는 "LDS"나 "STS" 기계 명령어로 접근할 수 있는 메모리 맵 주소는 0x55이고, "IN"이나 "OUT" 기계 명령어로 접근할 수 있는 격리된 주소는 0x35이다. 이 경우, 어느 쪽을 선택하더라도 결과는 동일하다.

격리된 주소를 가지는 레지스터의 경우 특정 비트에 대한 연산을 직접 적용

할 수 있다는 장점이 있다. 아래에 그 예를 보였다. 그러나 C 언어 문장으로는 불가능하므로 그 장점에 한계가 있다.

- SBI 0x35,1 ⇨ 0x35 번지 레지스터의 1 번 비트를 1로 수정
- CBI 0x35,1 ⇨ 0x35 번지 레지스터의 1 번 비트를 0으로 수정
- SBIS 0x35,1 ⇨ 0x35 번지 레지스터의 1 번 비트가 0이면 바로 다음 기계 명령어를 건너 뜀
- SBIC 0x35,1 ⇨ 0x35 번지 레지스터의 1 번 비트가 1이면 바로 다음 기계 명령어를 건너 뜀

■ 범용 레지스터(Genaral Purpose Register)

범용 레지스터는 CPU 내에 존재하면서 변수 값을 임시 저장하여 반복사용함으로써 연산 속도를 높이거나, 배열과 같이 메모리 위치의 규칙적 증·감을 위한 인덱스(포인터)로 사용하거나, 함수 호출 시 매개 변수 및 린턴 값 전달용으로 사용된다. ATmega2560의 범용 레지스터 특징은 아래와 같다.

- R0 ~ R31의 32개의 8비트 레지스터로, 모두 연산 레지스터로 사용 가능(다만 레지스터↔ 메모리 간 연산은 불가)

  예) <u>ADD R0,R1</u>(R0+=R1) <u>SUBI R2,34</u>(R2-=34) <u>INC R3</u>(R3++)
- 일부 연산은 연속되는 두 레지스터에 대하여 일부 16비트 연산가능

  예) <u>ADDIW R4,175</u>(R4:R5+=175) <u>SUBIW R7,200</u>(R7:R8-=200)
- R26:R27, R28:R29, R30:31은 각각 16 비트 인덱스 레지스터 X, Y, Z로 사용 가능

  예) <u>LD R3,X</u>(R3=(X)) <u>ST Y+,R4</u>((Y++)=R4) <u>LD R5,-Z</u>(R5=(--Z))

■ 범용 입·출력 포트 레지스터(Genaral Purpose IO Port Register)

범용 입·출력 레지스터는 MCU 외부에 노출된 범용 입·출력 핀(GPIO Pin: General Purpose IO Pin)을 통한 입·출력을 지원한다. 핀이란 전압을 측정할 수 있는 단자로 0(low voltage)/1(high voltage)을 식별할 수 있는 신호의 패턴이면 디지털 입·출력, 전압 그 자체를 신호로 삼는다면 아날로그

입・출력이 이루어지고, 어느 쪽 신호를 사용할 것인가는 순전히 그 핀을 활용하는 응용 프로그램에 의해 결정된다. ATmega2560의 범용 입・출력 레지스터 구성은 아래와 같다.

- GPIO Pin 8개를 모아 하나의 입・출력 레지스터의 8비트에 대응시키고, 일단 바이트 단위 접근 후, 비트 연산으로 특정 핀 값에 접근한다.
- 입・출력 레지스터는 하드웨어 특성 상 아래와 같이 세 개의 레지스터 쌍으로 이루어진다.
  - DDR : 데이터 방향 지정 레지스터(Data Direction Register)로 8개 각 핀에 대하여 입력(=0)으로 사용할 지 출력(=1)으로 사용할 지를 설정한다. 이를테면 DDR이 0x01이라면 8 개 핀 중 7개는 입력, 나머지 한 개는 출력 용으로 설정한다.
  - PORT: 출력 용으로 설정된 핀에 대하여 데이터를 써넣는 레지스터로, 입력 용으로 설정된 핀에 대하여는 영향이 없다.
  - PIN : 입력 용으로 설정된 핀에 대하여 데이터를 읽는 레지스터로, 출력 용으로 설정된 핀에 대한 값은 의미가 없다.
- 입・출력 레지스터는 A ~ L(I는 제외)의 11 개(88 핀)가 있고, 각각 DDRA, PORTA, PINA 형태의 명칭을 사용한다(<avr/io.h>에 정의).
- 외부에 노출된 핀이 어느 레지스터의 몇 번째 핀에 해당되는지는 해당 시스템(GEMS-CRC 모트)의 회로도를 보고 알 수 있다.
- 특정 핀 접근을 위한 연산 예는 아래와 같다.
  - PORTF = 0xff ⇨ 8개 핀 모두의 출력 값을 1로 설정한다.
  - PORTF = PORTF | 0x01 ⇨ 8개 핀 중 맨 첫 핀의 출력 값만 1로 설정하고, 나머지 핀의 출력 값은 원래 그대로 둔다.
  - PORTF = PORTF & 0xfe ⇨ 8개 핀 중 맨 첫 핀의 출력 값만 0으로 설정하고, 나머지 핀의 출력 값은 원래 그대로 둔다.
  - v = PINF & 0x01 ⇨ 8개 핀 중 맨 첫 핀의 입력 값만 필터링해낸다.
- GPIO Pin 중 일부는 다른 설정에 따라 ADC(Analog Digital Converter) 등 MCU 내부 장치의 입・출력 핀으로 사용된다.

■ 특수 기능 레지스터(SFR: Special Function Register)

범용 레지스터나 범용 입·출력 레지스터의 주 목적은 값(데이터)을 보관하거나 전달하는 데 있다. 이에 반해 특수 기능 레지스터는 MCU 주요 장치들의 동작 방식이나 주요 부위의 구성 요소 형태를 조정하기 위한 설정 지정을 위한 통로 역할을 한다. 대 부분의 특수 기능 레지스터는 다른 레지스터와 마찬가지로 바이트 단위로 이루어져 있지만, 설정 기능은 비트 단위로 대응된다. 따라서, 특수 기능 레지스터에 대해서는 주로 비트 연산이 이루어진다. 또한, 앞에서 언급한 바와 같이 AVR MCU 시리즈의 모든 레지스터는 메모리 맵 읽기·쓰기 방식으로 접근이 가능하고, 그 중 일부는 격리된 읽기·쓰기 방식으로도 접근이 가능하다.

ATmega2560 MCU의 특수 기능 레지스터 예는 다음과 같다.

- SREG(AVR Status Register: 0x5f)의 7 번 비트(I)가 0이면 MCU 내 모든 인터럽트가 마스킹된다.
- MCUCR(MCU Control Register: 0x55)의 1 번 비트(IVSEL)가 0이면 인터럽트 벡터가 응용 프로그램 영역에, 1이면 부트 로더 영역에 배치되어 있는 것으로 동작한다.
- TIMSK0(Timer 0 Interrupt Mask: 0x6e)의 0 번 비트(TOIE0)가 0이면 타이머 0의 시간 종료 인터럽트를 마스킹하고, 1이면 마스킹을 해제한다.
- UBRR0L,UBRR0H(UART 0 Baudrate Register Lo/Hi: 0xc4, 0xc5)는 UART0(시리얼 통신 0)의 통신 속도를 지정한다.
- UCSR0B(UART 0 Control and Status Register 0)의 3 번 비트(TXEN0)와 4 번 비트(RXEN0)는 각각 UART0의 전송과 수신 기능을 활성화시킨다.
- ADCSRA(ADC Contol and Status Register A: 0x7a)의 6 번 비트(ADSC)는 ADC의 변환 작업 시작을 지시(1)하고, 7 번 비트(ADEN)는 변환이 끝났을 때 인터럽트 마스킹 여부(0/1)을 결정한다.
- EECR(EEPROM Control Register: 0x3f)의 3 번 비트(EERIE)는 EEPROM에 대한 쓰기 작업이 끝났을 때 발생하는 인터럽트에 대한 마스킹 여부를 결정한다.

■ 레지스터 접근을 위한 메모리 맵

ATmega2560 MCU는 레지스터 접근을 위한 메모리 맵을 [그림 1-16]과 같이 SRAM 영역에 제공한다. 이 그림에서 입·출력 레지스터란 용도(기능)에 의한 명명보다는 범용 레지스터 외 기타 레지스터 의미로 해석해야 한다. 아래의 메모리 맵 내용을 요약하면 아래와 같다.

- 0x0000~0xffff의 모든 영역을 "LDS/STS" 기계 명령어로 접근할 수 있고, 이 중 0x0000~0x1ff의 512 바이트는 레지스터 접근을 위한 주소 영역 즉, 메모리 맵 읽기·쓰기 영역이다.
- 0x0020~0x005f 영역의 레지스터는 메모리 맵에 의한 접근 뿐만 아니라 "IN/OUT"에 의한 격리된 읽기·쓰기 접근도 가능하되, 이 때의 포트 번호는 "메모리 맵 주소 - 0x20"를 사용한다.
- 입·출력 레지스터 영역의 일부는 사용되지 않는다.

범용 레지스터 (32 byte)	0x0000 - 0x001f
입·출력 레지스터 (64 byte)	0x0020 - 0x005f
확장 입·출력 레지스터 (416 byte)	0x0060 - 0x01ff
내부(기본) SRAM (8 Kbyte)	0x0200 - 0x21ff
외부(추가) SRAM (0 ~ 64 Kbyte)	0x2200 - 0xffff

[그림 1-16] ATmega2560 데이터 메모리 맵

■ 레지스터 별명(매크로)

ATmega2560 MCU의 모든 레지스터는 메모리 맵 읽기·쓰기 접근이 가능하므로 아래 [코드 1-5]의 왼쪽에 보인 바와 같이 주소 상수를 정의하야 참조할 수 있다. 그러나, 모든 레지스터를 이와 같이 개발자가 직접 정의해야 한다면 번거로울 뿐 아니라 각 레지스터의 주소 지정에 오류가 있을 가능성도 크다. 또한, AVR MCU 시리즈마다 약간의 차이가 있기 때문에 그 때마다 해당 MCU에 맞도록 수정해주어야 한다.

위 문제는 WinAVR gcc 컴파일러 환경에서 제공하는 헤더 파일에 의해 쉽게 해결된다. 즉, [코드 1-6]의 오른 쪽 코드와 같이 헤더 파일 "avr/io.h"를 참조하면 모든 레지스터 별명을 착오없이 사용할 수 있다. 이 헤더 파일에는 MCU별 레지스터 이름이 정의되어 있는데, AVR Studio 개발 도구에서 프로젝트 생성 시 설정했던 MCU 타입에 의해 선택된다([그림 1-6], [그림 1-7] 참조). ATmega2560의 경우 "__AVR_ATmega2560__" 매크로가 정의되고, #if~#elif~#endif 전처리 구문에 의해 대응되는 레지스터 별명이 적합하게 설정된다. 이를테면 PORTL이 정의되는 과정은 아래와 같다.

- /toolchain/avr/include/avr/sfr_defs.h
```
#define _SFR_MEM8(addr)      _MMIO_BYTE(addr)
#define _MMIO_BYTE(addr)     (*(volatile uint8_t *)(addr))
```
- /toolchain/avr/include/avr/io.h ⇨ /toolchain/avr/include/avr/iomxx0_1.h
```
#define  PORTL               _SFR_MEM8(0x10B)
```

이들 별명들은 AVR Studio의 맨 오른쪽 윈도우에서도 확인할 수 있다([그림 1-11] 참조).

```
#define MCUCR (*((uint8_t *)0x55))
void main()
{
        :
        v = MCUCR;
        :
        MCUCR = 0x09;
        :
}
```

```
#include <avr/io.h>
void main()
{
        :
        v = MCUCR;
        :
        MCUCR = 0x09;
        :
}
```

[코드 1-6] 레지스터 별명에 의한 메모리 맵 읽기·쓰기 예

제 2 장 주제별 프로젝트

2.1 Pjt01_led

Project #1(Pjt01_led)

- GPIO PIN interface(LED control)
- Memory Map of Atmega2560
- Memory Mapped I/O, Isolated I/O
  - I/O Macros(Header Files)

Project #1(Pjt01_led)

- Memory Map of Atmega2560

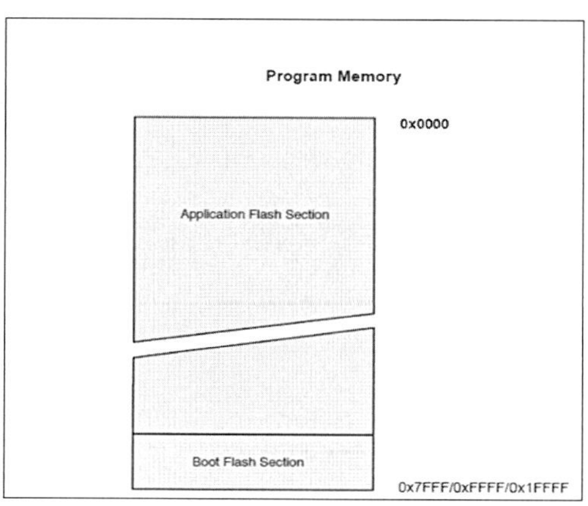

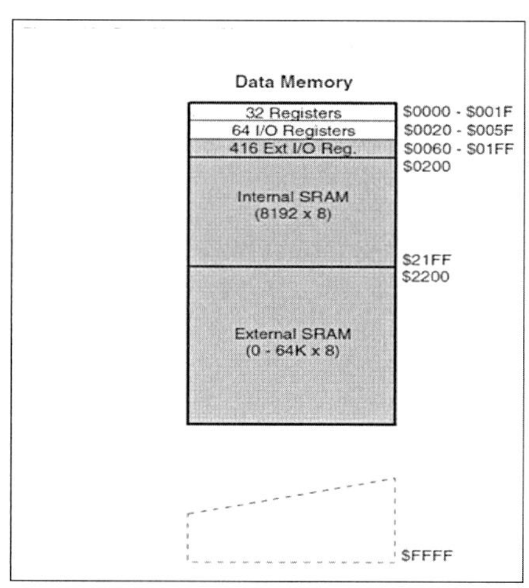

Project #1(Pjt01_led)

◈ Memory Mapped I/O, Isolated I/O

PORTL ?

★ /usr/local/avr/include/sfr_defs.h

```
#define _SFR_MEM8(addr)    _MMIO_BYTE(addr)
#define _MMIO_BYTE(addr)   (*(volatile uint8_t *)(addr))
```

★ /usr/local/avr/include/iomxx0_1.h

```
#define  PORTL  _SFR_MEM8(0x10B)
```

```
PORTL = 0xff; ➔ (*(volatile uint8_t *)(0x10B)) = 0xff;
```

Project #1(Pjt01_led)

◈ GPIO PIN interface (LED control)

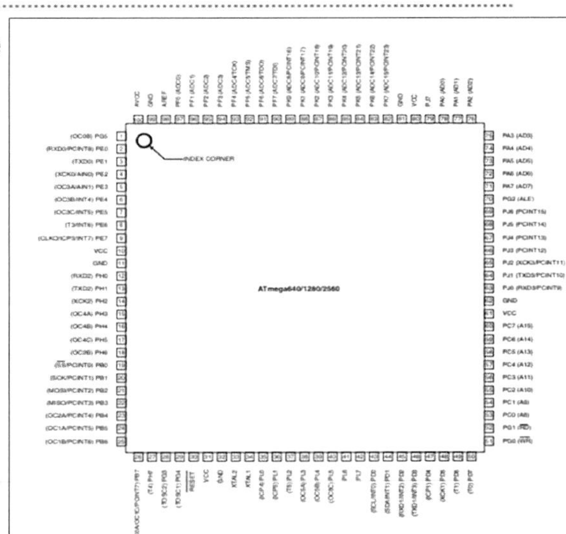

Project #1(Pjt01_led) step_1

```
#include <avr/io.h>

int  main()
{
   DDRL = 0xff;

   PORTL = 0x00;

   while(1)
       ;    // must not return

   return 0;
}
```

main.c

NOTE

% 임베디드 프로그램의 실행은 어떤 경우에도 어플리케이션의 범위를 벗어나서는 안됨.

Project #1(Pjt01_led) step_2

```c
extern void  led();

int  main()
{
    led();

    while(1)
        ;
    return 0;
}
```

main.c

```c
#include <avr/io.h>

void  led()
{
    DDRL = 0xff;

    PORTL = 0x00;
}
```

led.c

NOTE

% 함수 선언(연결)은 헤더 파일을 이용함.

Project #1(Pjt01_led) step_3

```c
#include  "led.h"

int  main()
{
    led();

    while(1)
        ;
    return 0;
}
```

main.c

```c
void   led();
```

led.h

```c
#include <avr/io.h>
#include  "led.h"

void  led()
{
    DDRL  =  0xff;

    PORTL  =  0x00;
}
```

led.c

NOTE

% 소스 코드는 가급적 기능(함수) 단위로 작게 나누고, 파일명에 기능의 의미를 부여함.

% 독립된 파일간의 함수 호출 시 함수 선언에 유의해야 함.

Project #1(Pjt01_led) step_4

```
#include <avr/io.h>
#include <util/delay.h>
#include "led.h"

int main()
{
    led_init();
    while(1) {
        led_on_all();
        _delay_ms(1500);
        led_off_all();
        _delay_ms(1500);
    }
    return 0;
}
```

main.c

```
void led_init(void);
void led_on_all(void);
void led_off_all(void);
void led_on(uint8_t led_no);
void led_off(uint8_t led_no);
void led_set(uint8_t led_mask);
```

led.h

```
#include <avr/io.h>
#include "led.h"
static uint8_t Leds;
void led_init(void) {
    DDRL = PORTL = 0xff;
}
void led_on_all(void) {
    Leds = PORTL = 0x00;
}
void led_off_all(void) {
    Leds = PORTL = 0xff;
}
void led_on(uint8_t led_no) {
    Leds &= ~(1 << led_no);
    PORTL = Leds;
}
void led_off(uint8_t led_no) {
    Leds |= (1 << led_no);
    PORTL = Leds;
}
void led_set(uint8_t led_mask) {
    Leds = ~led_mask;
    PORTL = Leds;
}
```

led.c

NOTE

% 자주 사용될 것으로 예상되는 LED 기능을 완성함.

MEMO

2.2 Pjt02_uart_busy

Project #2(Pjt02_uart_busy)

◈ USART(Universal Synchronous and Asynchronous serial Receiver and Transmitter) registers

- UDRn : USART Data Register of the nth device
  - 하나의 8비트 레지스터를 읽기와 쓰기용으로 공유
  - 읽기와 쓰기 동작에 따라 내부적으로 분리하여 인식
  - 상대방에서 보내온 데이터가 저장되었다가 읽은 순간 소멸
  - 보낼 데이터를 쓰는 순간 전송이 시작됨
  - 읽기(수신) 예: x = UDR0;
  - 쓰기(송신) 예: UDR0 = y;
  - 위의 동작이 이루어지기 위해서는 장치(디바이스) 초기화가 필요함

Bit	7	6	5	4	3	2	1	0	
	RXB[7:0]								UDRn (Read)
	TXB[7:0]								UDRn (Write)
Read/Write	R/W	R/W	R/W	R/W	R/W	R/W	R/W	R/W	
Initial Value	0	0	0	0	0	0	0	0	

Page 125 of the manual

Project #2(Pjt02_uart_busy)

◈ USART registers

- UBRRnL,UBRRnH : USART Baud Rate Registers of the nth device
  - 16비트 통신 속도(bps: bit per second)를 지시
  - Low와 High 바이트로 나누어 설정
  - 9600 bps 예) UBRR0H = 0; UBRR0L = 47;
  - 115.2K bps 예) UBRR0H = 0; UBRR0L = 3;

Bit	15	14	13	12	11	10	9	8	
	–	–	–	–	UBRR[11:8]				UBRRHn
	UBRR[7:0]								UBRRLn
	7	6	5	4	3	2	1	0	
Read/Write	R	R	R	R	R/W	R/W	R/W	R/W	
	R/W	R/W	R/W	R/W	R/W	R/W	R/W	R/W	
Initial Value	0	0	0	0	0	0	0	0	
	0	0	0	0	0	0	0	0	

Page 219 of the manual

Baud Rate (bps)	f_{osc} = 7.3728 MHz			
	U2Xn = 0		U2Xn = 1	
	UBRR	Error	UBRR	Error
2400	191	0.0%	383	0.0%
4800	95	0.0%	191	0.0%
9600	47	0.0%	95	0.0%
14.4k	31	0.0%	63	0.0%
19.2k	23	0.0%	47	0.0%
28.8k	15	0.0%	31	0.0%
38.4k	11	0.0%	23	0.0%
57.6k	7	0.0%	15	0.0%
76.8k	5	0.0%	11	0.0%
115.2k	3	0.0%	7	0.0%
230.4k	1	0.0%	3	0.0%
250k	1	-7.8%	3	-7.8%
0.5M	0	-7.8%	1	-7.8%
1M	–	–	0	-7.8%
Max. (1)	460.8 kbps		921.6 kbps	

Page 221 of the manual

Project #2(Pjt02_uart_busy)

◈ USART registers

- UCSRnA : USART Control and Status Register A of the nth device
  - Bit 1: U2Xn(Double the Transmission Speed of the nth device)
    - ° 설정된 통신 속도의 2배로 송•수신할 것을 지시

Bit	7	6	5	4	3	2	1	0	
	RXCn	TXCn	UDREn	FEn	DORn	UPEn	U2Xn	MPCMn	UCSRnA
Read/Write	R	R/W	R	R	R	R	R/W	R/W	
Initial Value	0	0	1	0	0	0	0	0	

Page 216 of the manual

- UCSRnB : USART Control and Status Register B of the nth device
  - Bit 3: TXENn(Transmitter Enable of the nth device)
    - ° 송신 기능을 활성화할 것을 지시

Bit	7	6	5	4	3	2	1	0	
	RXCIEn	TXCIEn	UDRIEn	RXENn	TXENn	UCSZn2	RXB8n	TXB8n	UCSRnB
Read/Write	R/W	R/W	R/W	R/W	R/W	R/W	R	R/W	
Initial Value	0	0	0	0	0	0	0	0	

Page 217 of the manual

NOTE

% IO 장치 레지스터의 각 비트는 on/off 하여 동작 방식을 지시하거나, on/off 여부를 읽어서 현재 상태를 파악하는데 사용됨.

Project #2(Pjt02_uart_busy)

◈ Bit 연산(bit on/off) 매크로

- sbi(byte b, int n) : Set Bit
  - 8bit 변수(레지스터) b의 n 번 비트를 1로 변경함(on)
  - 예) sbi(UCSR0A, U2X0);

    ➔ UCSR0A 레지스터의 U2XN(==1) 번 비트를 1로 변경
- cbi(byte b, int n) : Clear Bit
  - 8bit 변수(레지스터) b의 n 번 비트를 0으로 변경함(off)
  - 예) cbi(UCSR0B, TXEN0);

    ➔ UCSR0B 레지스터의 TXEN0(==3) 번 비트를 0으로 변경

NOTE

% x = x | (1 << 3); ➡ **변수 x의 3번 비트를 1로 변경함.**

% y = y & ~(1 << 3); ➡ **변수 y의 3번 비트를 0으로 변경함.**

Project #2(Pjt02_uart_busy) step_1

- Simple Output through UART0 device
  - UART0 device driver with **No Waiting**

```
#include <avr/io.h>
#include <compat/deprecated.h>

void  uart_init()
{
     UBRR0H = 0x00; UBRR0L = 0x07; // 115.2Kbps
     sbi(UCSR0A, U2X0);            // 115.2Kbps
     sbi(UCSR0B, TXEN0);           // TX enable
}

void  uart_putchar(char ch)
{
     if (ch == '₩n' )
         uart_putchar( '₩r' );

     UDR0 = ch;
}
```

```
int main()
{
    char  c;
    uart_init();
    while(1) {
       for (c = 'A'; c <= 'Z'; c++)
          uart_putchar(c);
       uart_putchar( '₩n' );
    }
    return 0;
}
```

NOTE

% 한 문자씩 출력하는 드라이버를 작성함(문자단위 입·출력 장치).

% '₩n'은 항상 '₩r'을 동반하도록 함.

% CPU 연산 속도는 IO 장치의 입·출력 속도보다 훨씬 빠름.

% UDR0의 데이터에 대한 전송이 완료되기 전에 CPU가 새로운 데이터를 덮어쓰면 UART 장치의 내부는 혼란에 빠짐.

Project #2(Pjt02_uart_busy) step_2

- Simple Output through UART0 device
  - UART0 device driver with **Dumb Waiting**

```
#include <avr/io.h>
#include <compat/deprecated.h>
#include <util/delay.h>

void  uart_init()
{
     UBRR0H = 0x00; UBRR0L = 0x07; // 115.2Kbps
     sbi(UCSR0A, U2X0);            // 115.2Kbps
     sbi(UCSR0B, TXEN0);           // TX enable
}

void  uart_putchar(char ch)
{

     if (ch == '₩n' )
         uart_putchar( '₩r' );
     _delay_ms(100);
     UDR0 = ch;
}
```

```
int main()
{
    char  c;
    uart_init();
    while(1) {
       for (c = 'A'; c <= 'Z'; c++)
          uart_putchar(c);
       uart_putchar( '₩n' );
    }
    return 0;
}
```

NOTE

% CPU가 UDR0에 새로운 데이터를 쓰기 전에 무조건 적당한(충분한, 그냥 대충, 분간 없는, dumb) 시간동안 기다리도록 함.

Project #2(Pjt02_uart_busy) step_3

- Simple Output through UART0 device
  - UART0 device driver with **Dumb Waiting(string)**

```
#include <avr/io.h>
#include <compat/deprecated.h>
#include <util/delay.h>

void  uart_init()
{
     UBRR0H = 0x00; UBRR0L = 0x07; // 115.2Kbps
     sbi(UCSR0A, U2X0);            // 115.2Kbps
     sbi(UCSR0B, TXEN0);           // TX enable
}

void  uart_putchar(char ch)
{

     if (ch ==  '₩n' )
         uart_putchar( '₩r' );
     _delay_ms(100);
     UDR0 = ch;
}
```

```
void uart_putstr(char *sp)
{
      for ( ; *sp; sp++)
            uart_putchar(*sp);
}
```

```
int main()
{
    char  c;
    uart_init();
    while(1) {
       for (c = 'A'; c <= 'Z'; c++)
          uart_putchar(c);
       uart_putchar( '₩n' );

       uart_putstr( "ABCD₩n" );
    }
    return 0;
}
```

NOTE

% 문자단위 입·출력 기능을 이용하여 문자열을 출력할 수 있는 기능을 추가함.

2.3 Pjt03_uart_stdout

Project #3(Pjt03_uart_stdout) step_1

- Setup Standard Output Environment in AVR-GCC Lib
  - printf(…), fprintf(stderr, …) 등 C 표준 출력 함수 사용 가능 환경

```
#include <stdio.h>
#include <avr/io.h>
#include <compat/deprecated.h>
#include <util/delay.h>
int uart_putchar_1(char ch, FILE *stream);
FILE Mystdout = FDEV_SETUP_STREAM (uart_putchar_1, NULL,_FDEV_SETUP_WRITE);
void  uart_init()
{
      stdout = &Mystdout;
      UBRR0H = 0x00; UBRR0L = 0x07; // 115.2Kbps
      sbi(UCSR0A, U2X0);            // 115.2Kbps
      sbi(UCSR0B, TXEN0);           // TX enable
}
int uart_putchar_1(char ch, FILE *stream)
{
       ... return(1);
}
```

Project #3(Pjt03_uart_stdout) step_1

- UART0 device driver with Busy(Dumb) Waiting for standard output environment

```
int uart_putchar_1(char ch, FILE *stream)
{
        if (ch ==  '₩n' )
            uart_putchar_1( '₩r' , stream);
        _delay_ms(100);
        UDR0 = ch
        return(1);
}
```

Project #3(Pjt03_uart_stdout) step_1

- Sample Application to Test UART0 driver
  - Prime number searching algorithm(task)

```
int is_prime(int  n) {
     int  i;
     for (i = 2; i <= n/2; i++)
          if ((n % i) == 0) return(0); /* FALSE */
     return(1);                          /* TRUE  */
}
```

```
int main() {
     int     i;
     uart_init();
     for (i = 3; i <= 2000; i++) {
        if  (is_prime(i))  printf( "%d is a prime number !!!₩n" , i);
        else               printf( "%d is not a prime number !!!₩n" , i);
     }
     printf( "The end !!!₩n" );
     while(1);  // must not return !!!
     return 0;
}
```

NOTE

% UDR0에 새로운 데이터를 덮어쓰기 전에 기다리는 __delay__ms(100) 함수의 지연 시간 변화에 따른 어플리케이션의 종료 시간 추이를 관찰함.

Project #3(Pjt03_uart_stdout) step_2

◈ USART device register

- UCSRnA : USART Control and Status Register A of nth device
  - Bit 5: UDREn(UDR Empty of the nth device)
    - ° UDR이 비어 있어서 다음 데이터를 송신할 수 있음을 표시
    - ° 이를 이용하여 기다리는 시간을 최소화할 수 있음
    - ° 예)

```
while (1)  {
        if ( ( UCSR0A & (1 << UDRE0) ) == 1)
                break;
}
```

Bit	7	6	5	4	3	2	1	0	
	RXCn	TXCn	UDREn	FEn	DORn	UPEn	U2Xn	MPCMn	UCSRnA
Read/Write	R	R/W	R	R	R	R	R/W	R/W	
Initial Value	0	0	1	0	0	0	0	0	

Page 126 of the manual

Project #3(Pjt03_uart_stdout) step_2

◈ Setup Standard Output Environment in AVR-GCC Lib

```
#include <stdio.h>
#include <avr/io.h>
#include <compat/deprecated.h>
#include <util/delay.h>

int uart_putchar_2(char ch, FILE *stream);

FILE Mystdout = FDEV_SETUP_STREAM (uart_putchar_2, NULL,_FDEV_SETUP_WRITE);

void  uart_init()
{
      stdout = &Mystdout;
      UBRR0H = 0x00; UBRR0L = 0x07; // 115.2Kbps
      sbi(UCSR0A, U2X0);            // 115.2Kbps
      sbi(UCSR0B, TXEN0);           // TX enable
}

int uart_putchar_2(char ch, FILE *stream)
{
     ... return(1);
}
```

Project #3(Pjt03_uart_stdout) step_2

◈ UART0 device driver with Busy Waiting(Status Checking)

```
int uart_putchar_2(char ch, FILE *stream)
{

      if (ch == '₩n' )
            uart_putchar_2( '₩r' , stream);
      while( !(UCSR0A & (1 << UDRE0)) )
            ;
      UDR0 = ch
      return(1);
}
```

```
int uart_putchar_1(char ch, FILE *stream)
{
      if (c == '₩n' )
            uart_putchar_1( '₩r' , stream);
      _delay_ms(100);
      UDR0 = ch
      return(1);
}
```

NOTE

% UDR0에 새로운 데이터를 덮어쓰기 전에 기다리기 위한 지연 함수 __delay__ms(100) 대신, UDR0가 비워질 때까지(busy인 동안, 전송이 완료될 때까지)만 기다리도록 함.

% UDR0가 idle인 경우에는 기다림 없이 즉시 새로운 데이터를 쓸 수 있음.

2.4 Pjt04_uart_intr_volatile

Project #4(Pjt04_uart_intr_volatile)

◈ USART registers

- UCSRnB : USART Control and Status Register B of the nth device
  - Bit 6: TXCIEn(Transmission Complete Interrupt Enable of the nth device)
    - ° UDRn의 데이터 송신이 완료되었을 때 즉시 인터럽트를 발생시킬 것을 지시

Bit	7	6	5	4	3	2	1	0	
	RXCIEn	TXCIEn	UDRIEn	RXENn	TXENn	UCSZn2	RXB8n	TXB8n	UCSRnB
Read/Write	R/W	R/W	R/W	R/W	R/W	R/W	R	R/W	
Initial Value	0	0	0	0	0	0	0	0	

Page 217 of the manual

Project #4(Pjt04_uart_intr_volatile)

Step_1

◈ UART0 interrupt based device driver

- 'volatile' 미적용(txend)

```
void  uart_init()
{
    UBRR0H = 0x00; UBRR0L = 0x07;// 115.2K
    UCSR0A |= (1 << U2X0);
    UCSR0B |= (1 << TXEN0);
    UCSR0B |= (1 << TXCIE0); // TX complete
}                            // interrupt enable
char  buf[64];
int   bufi, txend;
void uart_putstart(char str[])
{
    char ch;
    strcpy(buf, str);  bufi = 0;
    ch = buf[bufi++];
    while( !(UCSR0A & (1 << UDRE0)) ) ;
    UDR0 = ch;
}
```

```
int main()            #include <avr/interrupt.h>
{
    int   i;
    uart_init();
    sei();
    txend = 0;
    for (i = 0; i < 10; i++) {
        uart_putstart( "I love you.₩n" );
          while(!txend); txend = 0;
        uart_putstart( "You love me.₩n" );
          while(!txend); txend = 0;
        uart_putstart( "He loves her.₩n" );
          while(!txend);
    }
    uart_putstart( "End !!!₩n" );
    while(1); return 0;
}
```

```
#include <avr/interrupt.h>
ISR(USART0_TX_vect)
{
   char  ch = buf[bufi];
   if (!ch) {
       txend = 1; return;
   }
   if (ch == '₩n' ) buf[bufi] = '₩r' ;
   else             bufi++;
   UDR0 = ch;
}
```

Project #4(Pjt04_uart_intr_volatile)

Step_2

◈ UART0 interrupt based device driver
- 'volatile' 적용(txend)

```
void  uart_init()
{
    UBRR0H = 0x00; UBRR0L = 0x07;// 115.2K
    UCSR0A |= (1 << U2X0);
    UCSR0B |= (1 << TXEN0);
    UCSR0B |= (1 << TXCIE0); // TX complete
}                            // interrupt enable
char  buf[64];
int   volatile  bufi, txend;
void uart_putstart(char str[])
{
    char ch;
    strcpy(buf, str); bufi = 0;
    ch = buf[bufi++];
    while( !(UCSR0A & (1 << UDRE0)) ) ;
    UDR0 = ch;
}
```

```
int main()
{
    int   i;
    uart_init();
    sei();
    txend = 0;
    for (i = 0; i < 10; i++) {
        uart_putstart( "I love you.\n" );
          while(!txend); txend = 0;
        uart_putstart( "You love me.\n" );
          while(!txend); txend = 0;
        uart_putstart( "He loves her.\n" );
          while(!txend);
    }
    uart_putstart( "End !!!\n" );
    while(1); return 0;
}
```

```
#include <avr/interrupt.h>
ISR(USART0_TX_vect)
{
   char  ch = buf[bufi];
   if (!ch) {
      txend = 1; return;
   }
   if (ch == '\n' ) buf[bufi] = '\r' ;
   else             bufi++;
   UDR0 = ch;
}
```

NOTE

% 전송 완료 인터럽트가 발생했다는 것은 다음 데이터를 전송할 수 있다는 점을 의미하기 때문에, 이 시점에 다음 데이터를 즉시 전송하면 가장 효과적임.

% 컴파일러는 해당 파일 범주 내에서 논리적 영향이 없는 범위 내에서 최적화를 적용함.

% 상수 전파 최적화는 변수에 대한 변화가 없다는 판단하에 변수를 상수로 대치하여 처리함.
예) a = 0; if (a) x = 10; else x = 20; ➡ x = 20; 으로 축약

% 상수 전파 최적화를 예방하기 위해 'volatile' 키워드를 사용함.

Project #4(Pjt04_uart_intr_volatile)

Step_3

- UART0 interrupt based device driver
  - 드라이버 독립(txend)

```
void uart_init()
{
    UBRR0H = 0x00; UBRR0L = 0x07;// 115.2K
    UCSR0A |= (1 << U2X0);
    UCSR0B |= (1 << TXEN0);
    UCSR0B |= (1 << TXCIE0);      // TX complete i
}
char  buf[64];
int   volatile  bufi, txend = 1;
void uart_putstart(char str[])
{
    char ch;

    while(!txend); txend = 0;

    strcpy(buf, str); bufi = 0;
    ch = buf[bufi++];

    UDR0 = ch;
}
```

```
int main()
{
    int  i;
    uart_init();
    sei();
    ~~txend = 0;~~
    for (i = 0; i < 10; i++) {
        uart_putstart( "I love you.₩n" );
        ~~while(!txend); txend = 0;~~
        uart_putstart( "You love me.₩n" );
        ~~while(!txend); txend = 0;~~
        uart_putstart( "He loves her.₩n" );
        ~~while(!txend);~~
    }
    uart_putstart( "End !!!₩n" );
    while(1); return 0;
}
```

```
#include <avr/interrupt.h>
ISR(USART0_TX_vect)
{
   char  ch = buf[bufi];
   if (!ch) {
       txend = 1; return;
   }
   if (ch ==  '₩n' ) buf[bufi] =  '₩r' ;
   else                 bufi++;
   UDR0 = ch;
}
```

NOTE

% 어플리케이션은 드라이버 인터페이스(함수)만 호출할 뿐, 가급적 드라이버 내부 변수에 대한 접근을 지양해야 함.

2.5 Pjt05_uart_intr_race

Project #5(Pjt05_uart_intr_race)

Step_1

- UART0 interrupt based device driver
  - 버퍼 활용 및 경쟁상황(race condition)

```
void uart_init() {
    UBRR0H = 0x00; UBRR0L = 0x07;// 115.2K
    UCSR0A |= (1 << U2X0);
    UCSR0B |= (1 << TXEN0);
    UCSR0B |= (1 << TXCIE0);      // TX complete interru
}
char  buf[64];
int   volatile  bufi, txend = 1;
void uart_putstart(char str[])
{
    char ch; int  n = strlen(str);
    while(sizeof(buf) - strlen(buf +bufi) -1 < n);
    strcpy(buf, buf + bufi); strcat(buf, str);
    bufi = 0;
    if (txend) {
          txend = 0;  ch = buf[bufi++];
          UDR0 = ch;
    }
}
```

```
int main()
{
    int   i;
    uart_init();
    sei();
    for (i = 0; i < 10; i++) {
      uart_putstart( "I love you.₩n" );
      uart_putstart( "You love me.₩n" );
      uart_putstart( "He loves her.₩n" );
    }
    uart_putstart( "End !!!₩n" );
    while(1); return 0;
}
```

```
#include <avr/interrupt.h>
ISR(USART0_TX_vect)
{
    char  ch = buf[bufi];

    if (!ch) {
        bufi = buf[0] = 0, txend = 1;
        return;
    }
    if (ch == '₩n' ) buf[bufi] = '₩r' ;
    else              bufi++;
    UDR0 = ch;
}
```

NOTE

% 이전에 저장된 버퍼 데이터가 모두 소진될 때까지 기다리는 대신, 버퍼의 전체적인 여유 공간이 충분하다면, 현재 남아있는 데이터를 앞쪽으로 이동시키고, 뒷 부분에 데이터를 삽입함.

% 버퍼 데이터를 이동시키고 삽입하려는 어플리케이션 연산과, 버퍼 데이터를 하나 꺼내어 송신하려는 ISR의 연산 사이에 경쟁상황이 발생함.

Project #5(Pjt05_uart_intr_race)

Step 2

◈ UART0 interrupt based device driver

◆ 상호배제(mutual exclusion) 적용

```
void uart_init() {
    UBRR0H = 0x00; UBRR0L = 0x07;// 115.2K
    UCSR0A |= (1 << U2X0);
    UCSR0B |= (1 << TXEN0);
    UCSR0B |= (1 << TXCIE0);      // TX complete interrup
}
char  buf[64];
int   volatile  bufi, txend = 1;
void  uart_putstart(char str[])
{
    char ch; int  n = strlen(str);
    while(sizeof(buf) - strlen(buf + bufi) -1 < n);
    cli();
    strcpy(buf, buf + bufi); strcat(buf, str);
    bufi = 0;
    if (txend) {
            txend = 0; ch = buf[bufi++];
            UDR0 = ch;
    }
    sei();
}
```

```
int main()
{
    int   i;
    uart_init();
    sei();
    for (i = 0; i < 10; i++) {
      uart_putstart( "I love you.₩n" );
      uart_putstart( "You love me.₩n" );
      uart_putstart( "He loves her.₩n" );
    }
    uart_putstart( "End !!!₩n" );
    while(1); return 0;
}
```

```
#include <avr/interrupt.h>
ISR(USART0_TX_vect)
{
    char  ch = buf[bufi];

    if (!ch) {
        bufi = buf[0] = 0, txend = 1;
        return;
    }
    if (ch ==  '₩n' ) buf[bufi] = '₩r' ;
    else                 bufi++;
    UDR0 = ch;
}
```

NOTE

% 어플리키이션이 버버 데이터를 이동시키고 삽입하는 동안에는 ISR의 접근을 불허(상호배제)하기 위해 일시적으로 인터럽트 처리(발생)을 보류하도록 함

MEMO

2.6 Pjt06_uart_stdout_cir_queue

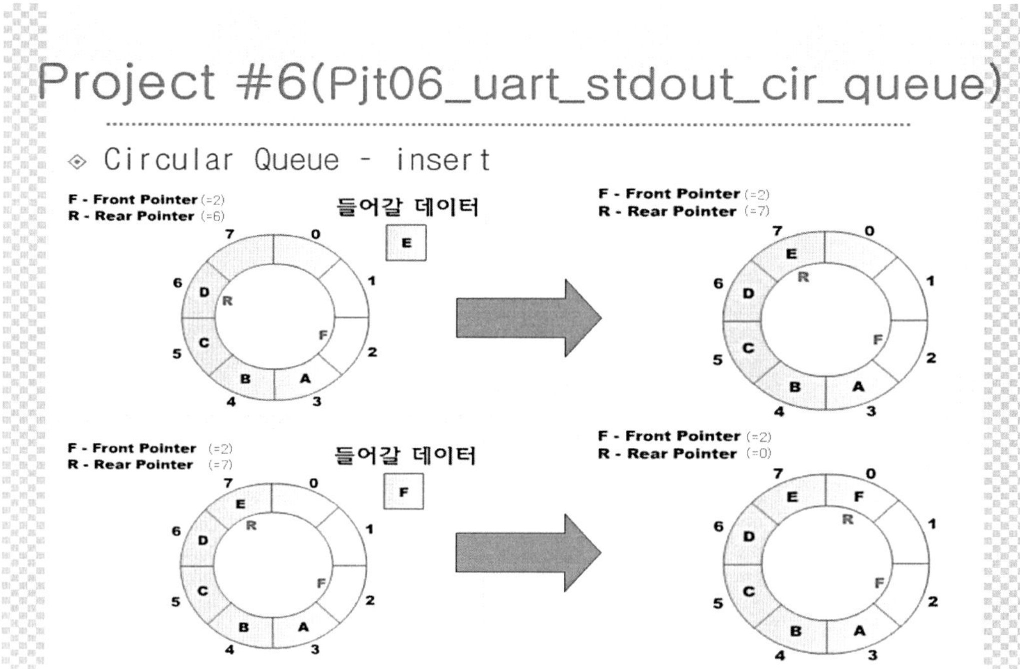

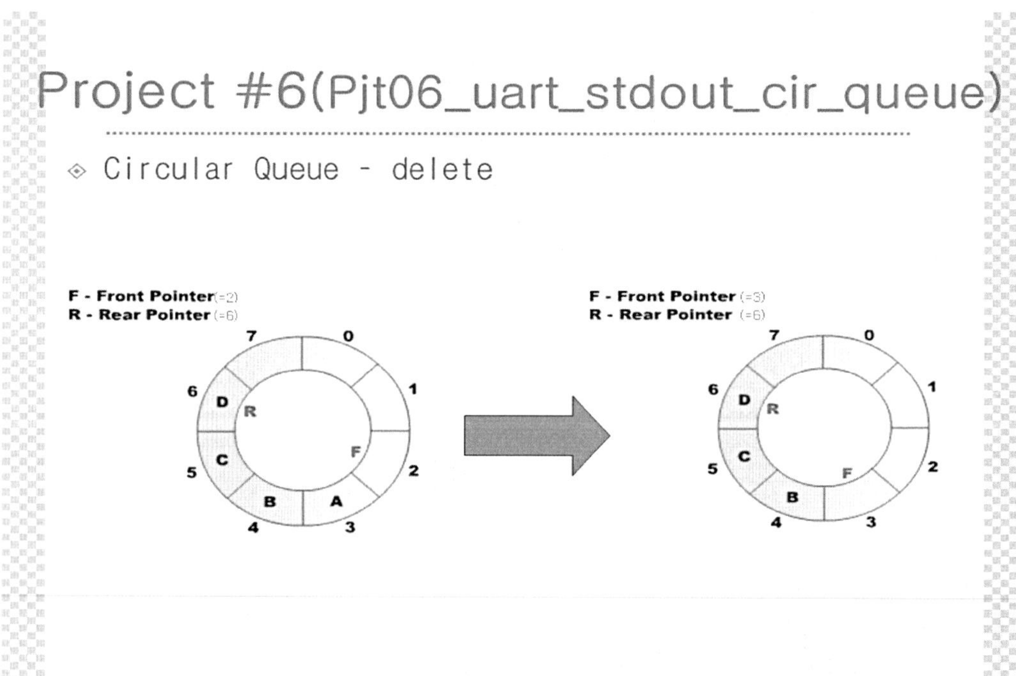

Project #6(Pjt06_uart_stdout_cir_queue)

◈ Circular Queue - full & empty

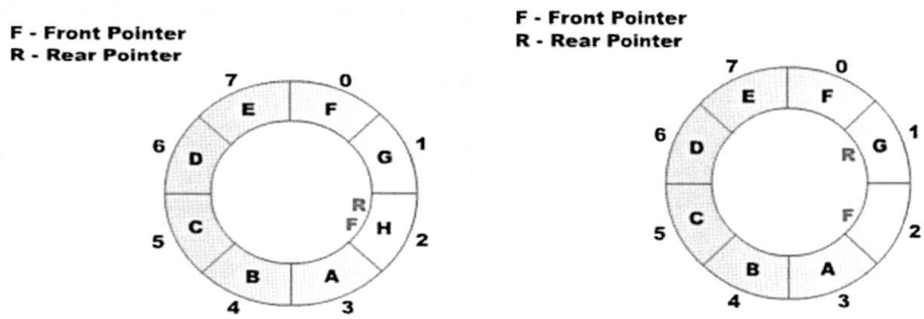

empty (F==R)　　　　full (R+1==F)

reference ➔ http://blog.naver.com/limhj5798/70016683282

Project #6(Pjt06_uart_stdout_cir_queue)

◈ Data Structure for UART0 device driver(Circular Queue)

```
#define Q_SIZE  64

char  q[Q_SIZE]
int   f, r;

void  q_init()
{
      f = r = 0;
}

int  q_insert(char ch)
{
      if ((r + 1) % Q_SIZE == f)
            return(0);     // full
      r = (r + 1) % Q_SIZE;
      q[r] = ch;
      return(1);
}

int  q_delete()
{
      if (r == f)
            return(0);      // empty
      f = (f + 1) % Q_SIZE;
      return(q[f]);
}
```

Project #6(Pjt06_uart_stdout_cir_queue)

◈ UART0 output device driver based on Circular Queue

```
#include <stdio.h>
#include <avr/io.h>
#include <compat/deprecated.h>

FILE   Mystdout = FDEV_SETUP_STREAM (uart_putchar, NULL,_FDEV_SETUP_WRITE);
char   uart_busy;

void  uart_init()
{
    stdout = &Mystdout;
    uart_busy = 0;          // false
    q_init();
    UBRR0H = 0x00; UBRR0L = 0x07;
    sbi(UCSR0A, U2X0);    // UCSR0A |= (1 << U2X0);
    sbi(UCSR0B, TXEN0);
    sbi(UCSR0B, TXCIE0);
}
```

Project #6(Pjt06_uart_stdout_cir_queue)

```
#include <stdio.h>
#include <avr/io.h>
#include <util/delay.h>

int  uart_putchar(char ch, FILE *stream)
{
    if (ch ==  '\n' )
        uart_putchar( '\r' , stream);

    cli();  /* clear interrupt flag */

    if (!uart_busy) {
        UDR0 = ch;
        uart_busy = 1;
    }
    else {
        while(q_insert(ch) == 0) {
             sei();
             _delay_us(100);
             cli();
        }
    }
    sei();   /* set interrupt flag */

    return(1);
}
```

```
#include <avr/interrupt.h>

ISR(USART0_TX_vect)
{
  char  ch;

  if ((ch = q_delete()) == 0)
     uart_busy = 0;
  else
     UDR0 = ch;
}
```

Project #6(Pjt06_uart_stdout_cir_queue)

```
int  is_prime(int  n) {
  int  i;
  for (i = 2; i <= n/2; i++)
     if ((n % i) == 0)
        return(0);
  return(1);
}

void  app_prime(int  t)
{
  int  n, count = 0;
  for (n = 2; n <= t; n++) {
    if  (is_prime(n)) {
       count++;
       printf( "%d  is a prime "
                 "number !!!₩n" , n);
    }
  }
  printf( "count=%d₩n" , count);
}
```

```
int main()
{
   uart_init();
   sei();
   app_prime(2000);
   while(1);  // no return
   return 0;
}
```

NOTE

% 상호배제를 적용하여 인터럽트 기반 출력 디바이스 드라이버(장치 구동기)를 완성.

MEMO

2.7 Pjt07_uart_input_cir_queue

Project #7(Pjt07_uart_input_cir_queue)

◈ UART0 Input/Output Queue

```
#define  QI_SIZE      64
#define  QO_SIZE      64

char qi[QI_SIZE], qo[QO_SIZE];
int   fi, ri, fo, ro;

void  q_init()
{
      fi = ri = fo = ro = 0;
}
```

```
int  qi_insert(char ch)
{
      if ((ri + 1) % QI_SIZE == fi)
            return(0);      // full
      ri = (ri + 1) % QI_SIZE;
      qi[ri] = ch;
      return(1);
}
```

```
int  qi_delete()
{
      if (ri == fi)
            return(0);      // empty
      fi = (fi + 1) % QI_SIZE;
      return(qi[fi]);
}
```

Project #7(Pjt07_uart_input_cir_queue)

◈ UART0 Output Queue

```
int  qo_insert(char ch)
{
      if ((ro + 1) % QO_SIZE == fo)
            return(0);      // full
      ro = (ro + 1) % QO_SIZE;
      qo[ro] = ch;
      return(1);
}
```

```
Int  qo_delete()
{
      if (ro == fo)
            return(0);      // empty
      fo = (fo + 1) % QO_SIZE;
      return(qo[fo]);
}
```

Project #7(Pjt07_uart_input_cir_queue)

USART registers

- UCSRnB : USART Control and Status Register B of the nth device
  - Bit 4: RXENn(Receiver Enable of the nth device)
    - 수신 기능을 활성화할 것을 지시
  - Bit 7: RXCIEn(Receipt Complete Interrupt Enable of the nth device)
    - UDRn에 데이터 수신이 완료되었을 때 즉시 인터럽트를 발생시킬 것을 지시

Bit	7	6	5	4	3	2	1	0	
	RXCIEn	TXCIEn	UDRIEn	RXENn	TXENn	UCSZn2	RXB8n	TXB8n	UCSRnB
Read/Write	R/W	R/W	R/W	R/W	R/W	R/W	R	R/W	
Initial Value	0	0	0	0	0	0	0	0	

Page 217 of the manual

Project #7(Pjt07_uart_input_cir_queue)

Receive & Transmit Data through UART0(양방향)

```
#include <stdio.h>
#include <avr/io.h>
#include <compat/deprecated.h>
int  uart_putchar(char ch, FILE *stream);
FILE   Mystdout = FDEV_SETUP_STREAM(uart_putchar, NULL,_FDEV_SETUP_WRITE);
char   uart_busy;
void  uart_init()
{
    stdout = &Mystdout;
    q_init();
    uart_busy = 0;                  // false
    UBRR0H = 0x00; UBRR0L = 0x07;   // 115.2Kbps
    sbi(UCSR0A, U2X0);              // 115.2Kbps
    sbi(UCSR0B, TXEN0);             // TX enable
    sbi(UCSR0B, TXCIE0);            // TX complete interrupt enable
    sbi(UCSR0B, RXEN0);             // RX enable
    sbi(UCSR0B, RXCIE0);            // RX complete interrupt enable
}
```

Project #7(Pjt07_uart_input_cir_queue)

◈ Console Device Driver with UART0(Input/Output)

```
#include <stdio.h>
#include <avr/io.h>
int  uart_putchar(char ch, FILE *stream)
{
    if (ch == '₩n') uart_putchar('₩r', stream);
    cli();
    if (!uart_busy) {
        UDR0 = ch;
        uart_busy = 1;
    }
    else {
        while(qo_insert(ch) == 0) {
            sei();
            _delay_us(100);
            cli();
        }
    }
    sei();
    return(1);
}
```

```
#include <avr/interrupt.h>
ISR(USART0_TX_vect)
{
    char  ch;

    if ((ch = qo_delete()) == 0)
        uart_busy = 0;
    else
        UDR0 = ch;
}
```

```
#include <avr/interrupt.h>
ISR(USART0_RX_vect)
{
    char  ch;

    ch = UDR0;
    qi_insert(ch);
}
```

Project #7(Pjt07_uart_input_cir_queue)

◆ 셸 어플리케이션(main, 명령어 해석기)

- 사용자가 입력한 문자열을 명령어로 해석하여 처리

```
int main()
{
    char  cmd[128], ch;
    int   n = 0;

    uart_init();
    sei();
    printf( "$ " );
    while(1) {
        cli();
        ch = qi_delete();
        sei();
        if (ch) {
            if (ch ==  '₩r' ) continue;
            if (ch ==  '₩n' ) {
                cmd[n] = 0;
                if (!strcmp(cmd,  "app" )) app_prime(2000);
                else                       printf( "Unknown command...₩n" );
                n = 0;
                printf( "$  ");
            }
            else
                cmd[n++] = ch;
        }
    }
    return(0);
}
```

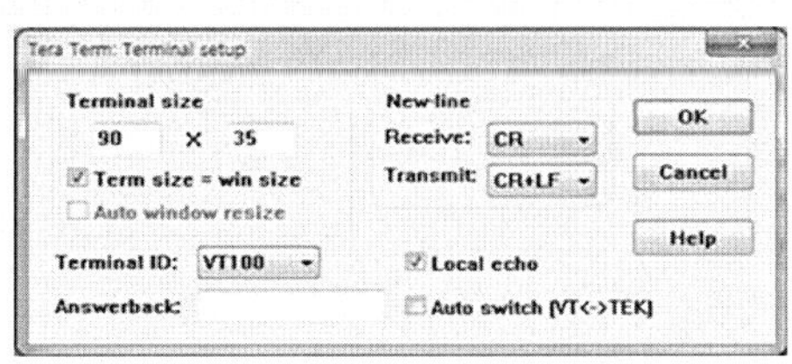


```
#include  <stdio.h>
#include  <string.h>
```

NOTE

% UART를 통한 수신과 송신 즉, 입력과 출력이 인터럽트를 기반으로 하여 독립적으로 이루어짐(양방향 병렬).

➡ UART 케이블은 입력선, 출력선, 접지선 등 총 세 개의 심선으로 구성됨

% 출력될 데이터는 어플리케이션(app_prime())들에 의해 output circular queue(시스템 버퍼)에 보관되고, 출력 ISR에 의해 차례로 사용자 터미널로 출력됨.

➡ 어플리케이션들은 출력을 위해 printf(), fprintf(stdout, ...) 등 C 표준 출력 라이브러리(함수)를 사용함

% 사용자에 의해 터미널로에서 입력된 데이터는 입력 ISR에 의해 input circular queue(시스템 버퍼)에 보관(누적)되고, 쉘 어플리케이션(main(), 명령어 해석기)이 차례로 꺼내와 명령어로 해석하여 처리함.

➡ 쉘 어플리케이션은 데이터 입력을 위해 input circular queue에 직접 접근하여 데이터를 가져와 어플리케이션 버퍼(cmd[])에 쌓음

➡ 가져온 문자가 엔터('\n')이면, 지금까지 쌓아 놓은 문자열을 사용자가 입력한 명령어 문자열로 간주하고, 해당 명령어를 분석하여 대응 처리함

➡ 위 과정을 영원히 반복함

2.8 Pjt08_uart_stdin_cir_queue

Project #8(Pjt08_uart_stdin_cir_queue)

◈ UART0 Input/Output Queue

```
#define  QI_SIZE      64
#define  QO_SIZE      64

char  qi[QI_SIZE], qo[QO_SIZE];
int   fi, ri, fo, ro;

void  q_init()
{
    fi = ri = fo = ro = 0;
}
```

```
int  qi_insert(char ch)
{
    if ((ri + 1) % QI_SIZE == fi)
         return(0);     // full
    ri = (ri + 1) % QI_SIZE;
    qi[ri] = ch;
    return(1);
}
```

```
int  qi_delete()
{
    if (ri == fi)
         return(0);     // empty
    fi = (fi + 1) % QI_SIZE;
    return(qi[fi]);
}
```

Project #8(Pjt08_uart_stdin_cir_queue)

◈ UART0 Output Queue

```
int  qo_insert(char ch)
{
    if ((ro + 1) % QO_SIZE == fo)
         return(0);     // full
    ro = (ro + 1) % QO_SIZE;
    qo[ro] = ch;
    return(1);
}
```

```
int  qo_delete()
{
    if (ro == fo)
         return(0);       // empty
    fo = (fo + 1) % QO_SIZE;
    return(qo[fo]);
}
```

Project #8(Pjt08_uart_stdin_cir_queue)

◈ Setup Standard Input Environment in AVR-GCC Lib

◆ scanf(…), fscanf(stdin, …), fgets(stdin, …) 등 C 표준 입력 함수 사용 가능

```
#include <stdio.h>
#include <avr/io.h>
#include <compat/deprecated.h>
int  uart_putchar(char ch, FILE *stream), uart_getchar(FILE *stream);
FILE Mystdout = FDEV_SETUP_STREAM(uart_putchar, NULL,_FDEV_SETUP_WRITE);
FILE Mystdin  = FDEV_SETUP_STREAM(NULL, uart_getchar,_FDEV_SETUP_READ);
char uart_busy;
void  uart_init()
{
    stdin = &Mystdin; stdout = &Mystdout;
    q_init();
    uart_busy = 0;                 // false
    UBRR0H = 0x00; UBRR0L = 0x07; // 115.2Kbps
    sbi(UCSR0A, U2X0);             // 115.2Kbps
    sbi(UCSR0B, TXEN0);            // TX enable
    sbi(UCSR0B, TXCIE0);           // TX complete interrupt enable
    sbi(UCSR0B, RXEN0);            // RX enable
    sbi(UCSR0B, RXCIE0);           // RX complete interrupt enable
}
```

Project #8(Pjt08_uart_stdin_cir_queue)

◈ Console Device Driver with UART0(Input)

```
#include <stdio.h>
#include <avr/io.h>
#define EOT   0x04  // ^D: End of Text
int  uart_getchar(FILE *stream)
{
   char  ch;

    do {
        cli();
        ch = qi_delete();
        sei();
    } while (ch == 0);

    if (ch == EOT) return(-1);
    else           return(ch);
}
```

```
#include <avr/interrupt.h>
ISR(USART0_RX_vect)
{
    char  ch;
    ch = UDR0;
    if (ch != EOT) {
        if (ch ==  '\r') ch =  '\n' ;
        uart_echo(ch);
    }
    qi_insert(ch);
}
```

TeraTerm
RX:<CR>
TX:<CR>

```
void  uart_echo(char ch)
{
    if (ch ==  '\n') uart_echo( '\r' );
    if (!uart_busy) {
        UDR0 = ch;
        uart_busy = 1;
    }
    else
        qo_insert(ch);
}
```

Project #8(Pjt08_uart_stdin_cir_queue)

◈ Console Device Driver with UART0(Output)

```
#include <stdio.h>
#include <avr/io.h>

int  uart_putchar(char ch, FILE *stream)
{
    if (ch == '₩n') uart_putchar('₩r', stream);

    cli();
    if (!uart_busy) {
        UDR0 = ch;
        uart_busy = 1;
    }
    else {
        while(qo_insert(ch) == 0) {
            sei();
            _delay_us(100);
            cli();
        }
    }
    sei();
    return(1);
}
```

```
#include <avr/interrupt.h>
ISR(USART0_TX_vect)
{
    char  ch;

    if ((ch = qo_delete()) == 0)
        uart_busy = 0;
    else
        UDR0 = ch;
}
```

Project #8(Pjt08_uart_stdin_cir_queue)

◆ 쉘 어플리케이션(main, 명령어 해석기)
- 토큰 활용
- ^D(EOT) 입력 시 쉘 기능 종료

```
#include <stdio.h>
#include <string.h>

int main()
{
    char  cmd[128], *cp;

    uart_init();
    sei();
    while(1) {
        printf( "$ " );
        if (fgets(cmd, sizeof(cmd), stdin) == NULL)
            break;
        if ((cp = strtok(cmd,  "₩n₩r₩t  ")) == NULL) continue
        if (!strcmp(cmd,  "prime" )) app_prime(2000);
        else                        printf( "Unknown command...₩n" );
    }
    printf( "logout, good bye !!!₩n" );
    while(1); return(0);
}
```

Project #8(Pjt08_uart_stdin_cir_queue)

◆ 처리(app) 어플리케이션(타스크)

```
int is_prime(int  n)
{
    int  i;
    for (i = 2; i <= n/2; i++)
        if ((n % i) == 0)
            return(0);
    return(1);
}
void app_prime(int  t)
{
    int  n, count = 0;
    for (n = 2; n <= t; n++) {
        if  (is_prime(n)) {
            count++;
            printf("%d  is a prime number !!!₩n", n);
        }
    }
    printf("count=%d₩n", count);
}
```

NOTE

% 콘솔 입력 디바이스 드라이버는 입력된 문자를 output circular queue에 넣어줌으로써 출력 디바이스 드라이버에 의해 출력되어 사용자 터미널에 나타나도록 함(echo 개념).

➡ 사용자가 타이핑한 문자가 화면에 나타나는 원리

% 어플리케이션들은 입력과 출력을 위해 시스템 버퍼(I/O circular queue)에 직접 접근하지 않고, scsnf(), printf() 등 C 표준 입·출력 함수를 사용함.

% 쉘 어플리케이션(main, 명령어 해석기)는 입력 종료를 인식하여 종료할 수 있고, 입력된 명령어 문자열에서 토큰을 분리하여 처리함.

➡ ^D(EOT: End of Text)는 입력의 종료(폐쇄)를 의미함

➡ 토큰 개념을 도입하면 공백을 제거할 수 있고 공백으로 분리된 명령어 인수 개념을 활용할 수 있음

MEMO

2.9 Pjt09_linked_list

Project #9(Pjt09_linked_list)

- Linked List
  - Concept(Data Structure)
  - Static Memory Allocation
    (변수에 의한 정적 메모리 할당)

```
struct  node {
        int         x;
        int         y;
        struct node *link;
};
```

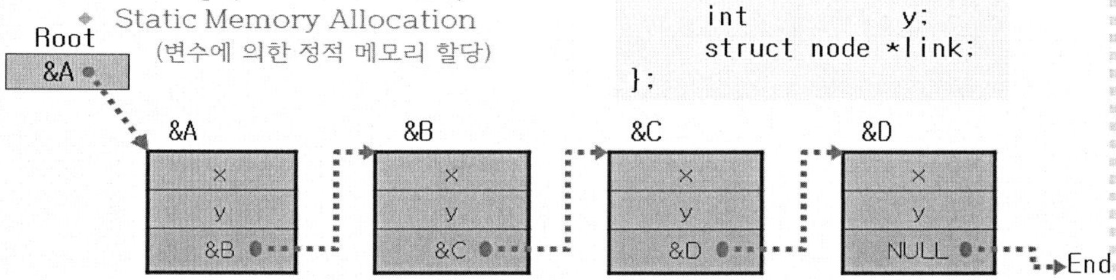


```
struct  node  *Root;
struct  node   A, B, C, D;

Root = &A;
A.link = &B;
B.link = &C;
C.link = &D;
D.link = NULL;
```

```
struct  node  *cp;

for (cp = Root; cp != NULL; cp = cp->link)
    printf("x=%d, y=%d\n", cp->x, cp->y);

for (cp = Root; cp != NULL; cp = (*cp).link)
    printf("x=%d, y=%d\n", (*cp).x, (*cp).y);
```

Project #9(Pjt09_linked_list)

- Node Allocation
  - Dynamic Memory Allocation
    (malloc()에 의한 동적 메모리 할당)

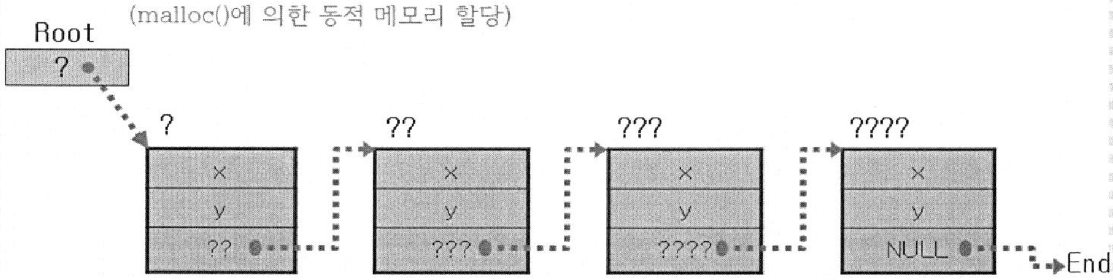


```
struct  node  *Root;

Root = malloc(…); // ?
Root->link = malloc(…); // ??
Root->link->link = malloc(…); // ???
Root->link->link->link = malloc(…); // ????
Root->link->link->link->link = NULL;
```

```
struct  node  *cp;
for (cp = Root; cp != NULL; cp = cp->link)
    printf("x=%d, y=%d\n", cp->x, cp->y);

for (cp = Root; cp != NULL; cp = (*cp).link)
    printf("x=%d, y=%d\n", (*cp).x, (*cp).y);
```

Project #9(Pjt09_linked_list)

◈ Linked List

- Procedures(할당, 반납, 삽입, 방문, 해체)

```
struct node {
     int            data;
     struct node   *link;
};

extern struct node *Head;

struct node *get_node();
void   free_node(struct node *np);

void   insert_node_head(struct node *np),
       insert_node_tail(struct node *np),
       insert_node_ascn(struct node *np);

void   tour_list(),
       free_list();
```

Project #9(Pjt09_linked_list)

◈ Linked List

- Node Allocation & Free Procedure(노드 할당, 노드 반납)

```
#include <stdlib.h>

struct node *Head = NULL;

struct node *get_node()
{
     struct node *cp;

     cp = (struct node *)malloc(sizeof(struct node));
     return(cp);
}

void free_node(struct node *np)
{
     free(np);
}
```

Project #9(Pjt09_linked_list)

◈ Linked List

◆ Insert Procedure(머리에 삽입)

```
void insert_node_head(struct node *np)
{
    if (!Head) {
        Head = np;
        np->link = NULL;
    }
    else {
        np->link = Head;
        Head = np;
    }
}
```

Project #9(Pjt09_linked_list)

◈ Linked List

◆ Insert Procedure(꼬리에 삽입)

```
void insert_node_tail(struct node *np)
{
    struct node *cp;

    if (!Head)
        Head = np;
    else {
        for (cp = Head; cp->link != NULL; cp = cp->link)
            ;
        cp->link = np;
    }
    np->link = NULL;
}
```

Project #9(Pjt09_linked_list)

◈ Linked List

◆ Insert Procedure(오름차순으로 삽입)

```
void insert_node_ascn(struct node *np)
{
    struct node  *cp, *pp;

    if (!Head) {
        Head = np;
        np->link = NULL;
    }
    else {
        for (cp = Head, pp = NULL; cp != NULL && cp->data < np->data;
                                                  pp = cp, cp = cp->link)
            ;
        if (pp == NULL) {
            np->link = Head;
            Head = np;
        } else {
            np->link = pp->link;
            pp->link = np;
        }
    }
}
```

Project #9(Pjt09_linked_list)

◈ Linked List

◆ List Visit & Destroy Procedure(리스트 방문과 해체)

```
void tour_list()
{
    struct node *cp;

    printf("₩n")
    for (cp = Head; cp != NULL; cp = cp->link)
        printf("-->%c ", cp->data);
    printf("₩n")
}

void free_list()
{
    struct node *cp;

    for ( ; Head != NULL; ) {
        cp = Head;
        Head = cp->link;
        free_node(cp);
    }
}
```

Project #9(Pjt09_linked_list)

◈ Application for Linked List

```
void app_list(char *ap)
{
    char   buf[8], how = 'a' ;
    struct node *np;

    if (ap) how = *ap;   // how = ap[0]
    while(1) {
        printf( "> ");
        if (fgets(buf, 8, stdin) == NULL)
            break;
        np = get_node();
        np->data = buf[0];     // use only the first character in buf
        switch(how) {
            case  'h'  : insert_node_head(np); break;
            case  't'  : insert_node_tail(np); break;
            default    : insert_node_ascn(np); //  'a'
        }
    }
    tour_list();
    free_list();
}
```

Project #9(Pjt09_linked_list)

◆ 쉘 어플리케이션(main, 명령어 해석기)
- 명령어 인수 개념 적용

```
#include <stdio.h>
#include <string.h>
int main()
{
    char  cmd[128], *cp, *ap;
    int   n = 0;

    uart_init();
    sei();
    while(1) {
       printf( "$ " );
       if (fgets(cmd, sizeof(cmd), stdin) == NULL)
          break;
       if ((cp = strtok(cmd,  "₩n₩r₩t  ")) == NULL) continue;
       ap = strtok(NULL,  "₩n₩r₩t  ");
       if      (!strcmp(cp,  "prime" )) app_prime(ap);
       else if (!strcmp(cp,  "list" ))  app_list(ap);
       else                             printf( "Unknown command...₩n" );
    }
    printf( "logout, good bye !!!₩n" );
    while(1); return(0);
}
```

Project #9(Pjt09_linked_list)

◈ Application for Prime Number

```
int is_prime(int  n)
{
  int  i;
  for (i = 2; i <= n/2; i++)
     if ((n % i) == 0)
        return(0);
  return(1);
}
void  app_prime(char  *ap)
{
  int  t = 2000, count = 0, n;

  if (ap) t = atoi(ap);
  for (n = 2; n <= t; n++) {
     if  (is_prime(n)) {
        count++;
        printf("%d  is a prime number !!!₩n", n);
     }
  }
  printf("count=%d₩n", count);
}
```

NOTE

% 소수 찾기 어플리케이션 외에 연결 리스트 어플리케이션을 추가함.

% 쉘 어플리케이션은 사용자로부터 입력받은 명령어 문자열은 토큰(단어)으로 분리하여 명령어 본체와 명령어 인수(들)를 분리함.

% 각 어플리케이션에 명령어 인수를 전달함.

- ➡ "prime 1000 ↵ " 에서 "1000"을 인식하여 app_prime()에 전달
- ➡ "list h ↵ " 에서 "h"를 인식하여 app_list()에 전달
- ➡ 명령어 인수는 문자열 그대로 전달하고, 그 내용은 각각의 어플리케이션에서 해석(변환)하도록 함
- ➡ "prime ↵ " 과 같이 명령어 인수가 주어지지 않은 경우를 대비하여 각 어플리케이션은 기본 값을 설정하도록 함

2.10 Pjt10_timer_linked_list

Project #10(Pjt10_timer_linked_list)

◈ Linked List with Cumulative Remaining Time(Timer Linked List)

- 누적 및 잔여 시간 순서대로 삽입

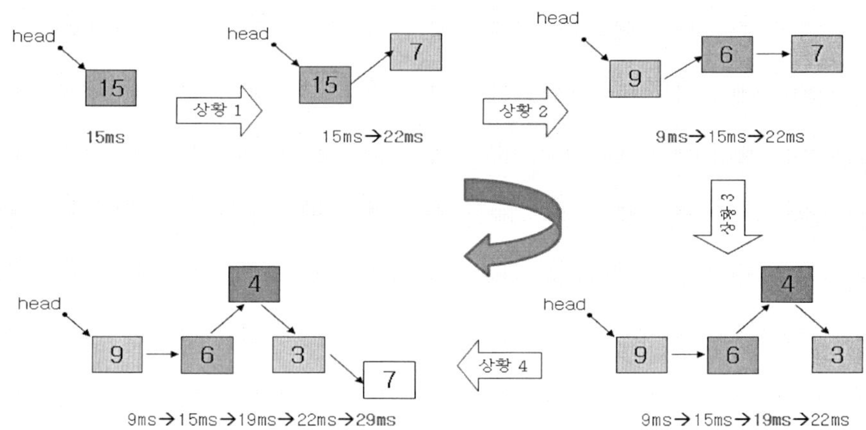

Project #10(Pjt10_timer_linked_list)

◈ Linked List with Cumulative Remaining Time(Timer Linked List)

- 누적 및 잔여 시간 순서대로 삽입

상황 1) 15ms 노드가 존재하는 상황에서 22ms 노드 삽입
→ 앞쪽 노드가 해소될 때까지 15ms를 소모하므로, 그 이후 삽입될 이번 노드에서는 7ms만 더 기다리면 됨.

상황 2) 15ms, 7ms 노드가 차례로 존재하는 상황에서 9ms 노드 삽입
→ 9ms는 15ms 이전에 해소되므로 맨 앞쪽에 9ms를 배치함. 다만, 이번 노드에서 새롭게 9ms를 소모하므로, 바로 다음의 15ms 노드에서는 9ms를 제외한 나머지 6ms만 기다리면 됨

상황 3) 9ms, 6ms, 7ms 노드가 차례로 존재하는 상황에서 19ms 노드 삽입
→ 19ms 노드는 6ms와 7ms 노드 사이에 해당되므로 이 곳에 삽입되어야 함. 다만, 그 앞에 위치한 노드들에서 15ms를 소모하므로 이번 노드에서는 15ms를 제외한 4ms만 기다리도록 함.

상황 4) 9ms, 6ms, 4ms, 3ms 노드가 차례로 존재하는 상황에서 29ms 노드 삽입
→ 기존의 네 노드가 소모하는 총 시간이 22ms이므로 29ms 노드는 맨 끝에 배치되어야 하고, 앞 쪽에서 기다리는 총 시간이 22ms이므로, 이를 제외한 7ms만 기다리도록 함

Project #10(Pjt10_timer_linked_list)

◈ Procedures for Timer Linked List(할당, 삽입, 방문, 해체)

- for Software Callback Timer

```
struct  task {
     void    (*fun)(char *);
     char     arg[8];
};

struct timer { // node for timer
     int     time;
     struct task      task;
     struct timer    *link;
};

extern struct timer *Thead;

struct timer *get_timer();

void   insert_timer(struct task *tskp, int ms);
void   tour_timer(),
       free_timer();
```

```
#include <stdlib.h>
struct timer *get_timer()
{
    struct timer *tp;

    tp = (struct timer *)malloc(sizeof(*tp));
    return(tp);
}
```

Project #10(Pjt10_timer_linked_list)

◈ Timer Linked List : Insert Procedure

```
struct timer *Thead = NULL;
void insert_timer(struct task *tskp, int ms)
{
   int             total;
   struct timer *tp, *cp, *pp;

   tp = get_timer();
   tp->task = *tskp;
   tp->time = ms;

   if (Thead == NULL) {
       Thead = tp, tp->link = NULL;
       return;
   }
   pp = NULL, total = 0;
   for (cp = Thead; cp; cp = cp->link) {
       total += cp->time;
       if (total >= ms)
           break;
       pp = cp;
   }
   if (pp == NULL) {
       cp->time -= tp->time;
       tp->link = cp, Thead = tp;
   }
   else if (cp == NULL) {
       tp->time -= total; // pp->time
       pp->link = tp;
       tp->link = NULL
   }
   else {
       total -= cp->time; // just before
       tp->time -= total;
       cp->time -= tp->time;
       pp->link = tp;
       tp->link = cp;
   }
}
```

Project #10(Pjt10_timer_linked_list)

◈ Timer Linked List : Visit & Destroy Procedure

```
void tour_timer()
{
    struct timer *cp;
    int     total = 0;

    printf("₩n");
    for (cp = Thead; cp != NULL; cp = cp->link) {
            total += cp->time;
             printf("-->%d(%d) ", cp->time, total);
    }
    printf("₩n");
}

void free_timer()
{
    struct timer *cp;

    for (  ; Thead != NULL; ) {
        cp = Thead;
        Thead = cp->link;
        free(cp);
    }
}
```

Project #10(Pjt10_timer_linked_list)

◈ Application for Timer Linked List

```
void  app_timer(char *ap)
{
    char          buf[8];
    int           ms;
    struct task  tsk;

    while(1) {
        printf(">> ");
        if (fgets(buf, 8, stdin) == NULL || (ms = atoi(buf)) == 0)
            break;

        insert_timer(&tsk, ms);
    }
    tour_timer();
    free_timer();
}
```

Project #10(Pjt10_timer_linked_list)

◆ 쉘 어플리케이션(main, 명령어 해석기)
- 명령어 해석 및 명령어 인수 인식

```
#include <stdio.h>
#include <string.h>
int main()
{
    char  cmd[128], *cp, *ap;
    int   n = 0;
    uart_init();
    sei();
    while(1) {
       printf( "$ " );
       if (fgets(cmd, sizeof(cmd), stdin) == NULL)
           break;
       if ((cp = strtok(cmd, "\n\r\t ")) == NULL) continue;
       ap = strtok(NULL, "\n\r\t ");
       if       (!strcmp(cp, "prime" )) app_prime(ap);
       else if (!strcmp(cp, "list" ))  app_list(ap);
       else if (!strcmp(cp, "timer" )) app_timer(ap);
       else                             printf( "Unknown command...\n" );
    }
    printf( "logout, good bye !!!\n" );
    while(1); return(0);
}
```

Project #10(Pjt10_timer_linked_list)

◈ Application for Linked List

```
void  app_list(char *ap)
{
   char   buf[8], how =  'a' ;
   struct node *np;

   if (ap) how = *ap;   // how = ap[0]
   while(1) {
       printf( "> ");
       if (fgets(buf, 8, stdin) == NULL)
            break;
       np = get_node();
       np->data = buf[0];     // use only the first character in buf
       switch(how) {
            case  'h'  : insert_node_head(np); break;
            case  't'  : insert_node_tail(np); break;
            default    : insert_node_ascn(np); //  'a'
       }
   }
   tour_list();
   free_list();
}
```

Project #10(Pjt10_timer_linked_list)

◈ Application for Prime Number

```
int is_prime(int  n)
{
   int  i;
   for (i = 2; i <= n/2; i++)
       if ((n % i) == 0)
           return(0);
   return(1);
}
void app_prime(char  *ap)
{
   int  n, t = 2000, count = 0;

   if (ap) t = atoi(ap);
   for (n = 2; n <= t; n++) {
       if  (is_prime(n)) {
           count++;
           printf("%d  is a prime number !!!\n", n);
     }
   }
   printf("count=%d\n", count);
}
```

NOTE

% 원하는 시간만큼 기다려 어떤 처리를 하고자 하는 경우, 그 내용을 노드에 담아 타이머 연결 리스트에 삽입함.

% 어느 특정 노드는 앞 쪽에 위치하는 노드들이 모두 해소된 후 차례가 주어짐.

- ➡ 즉, 특정 노드가 기다리는 시간은 그 앞에 위치하는 모든 노드들의 시간 총합(누적 시간)과 해당 노드의 시간(잔여 시간)의 합으로 정의됨
- ➡ 따라서, 노드 삽입은 누적 시간과 잔여 시간을 계산하여 적합한 위치에 이루어져야 함.

% 타이머 연결 리스트는 타이머 장치의 인터럽트를 처리하는 ISR에서 참조됨.

MEMO

2.11 Pjt11_timer_task

Project #11(Pjt11_timer_task)

◈ Timer2 registers

- TCCR2B : Timer/Counter Control Register B of timer 2
  - Bit 0~2 : CS20 ~ CS22 (Clock Select)
    - ° Timer 2에 입력되는 클록 속도를 분주(prescale)하여 원하는 속도 설정
    - ° 설정된 속도에 따라 카운터 레지스터(TCNT2)의 값이 1씩 증가

CS22	CS21	CS20	Description
0	0	0	No clock source (Timer/Counter stopped).
0	0	1	clk_{T2S}/(No prescaling)
0	1	0	clk_{T2S}/8 (From prescaler)
0	1	1	clk_{T2S}/32 (From prescaler)
1	0	0	clk_{T2S}/64 (From prescaler)
1	0	1	clk_{T2S}/128 (From prescaler)
1	1	0	clk_{T2S}/256 (From prescaler)
1	1	1	clk_{T2S}/1024 (From prescaler)

Page 182 of the manual

설정하는 순간 정지하거나 동작 시작

Bit	7	6	5	4	3	2	1	0	
(0xB1)	FOC2A	FOC2B	–	–	WGM22	CS22	CS21	CS20	TCCR2B
Read/Write	W	W	R	R	R/W	R/W	R/W	R/W	
Initial Value	0	0	0	0	0	0	0	0	

Page 182 of the manual

Project #11(Pjt11_timer_task)

◈ Timer2 registers

- TCNT2 : Timer/Counter Register of timer 2
  - 타이머에 설정한 주기에 따라 1씩 증가
  - 0 ~ 255 범위에서 0→255→0→255 형태의 증가 패턴 반복
  - 255->0의 과정에서 인터럽트 발생 가능

Bit	7	6	5	4	3	2	1	0	
(0xB2)	TCNT2[7:0]								TCNT2
Read/Write	R/W	R/W	R/W	R/W	R/W	R/W	R/W	R/W	
Initial Value	0	0	0	0	0	0	0	0	

Page 183 of the manual

- ASSR : Asynchronous Status Register
  - Bit 5 : AS2(Asynchronous Timer/Counter2)
    - ° Timer 2에 CPU 클록이 아닌 별도의 독립된 클록(32KHz) 입력을 지시

Bit	7	6	5	4	3	2	1	0	
(0xB6)	–	EXCLK	AS2	TCN2UB	OCR2AUB	OCR2BUB	TCR2AUB	TCR2BUB	ASSR
Read/Write	R	R/W	R/W	R	R	R	R	R	
Initial Value	0	0	0	0	0	0	0	0	

Page 184 of the manual

Project #11(Pjt11_timer_task)

◈ Timer2 registers

- TIMSK2 : Timer/Counter Interrupt Mask Register of timer 2
  - Bit 0 : TOIE2(Timer/Counter Overflow Interrupt Enable of timer 2)
    - ° TCNT2 레지스터 값이 255→0 으로 변하는 시점에 인터럽트를 발생시킬 것을 지시

Bit	7	6	5	4	3	2	1	0	
(0x70)	–	–	–	–	–	OCIE2B	OCIE2A	TOIE2	TIMSK2
Read/Write	R	R	R	R	R	R/W	R/W	R/W	
Initial Value	0	0	0	0	0	0	0	0	

Page 186 of the manual

- 32분주(Clock Select "011")를 선택할 경우
  - ° 32KHz/32 = 1KHz
    - ➔ 1/1000sec(1ms)마다 TCNT2 값이 1씩 증가
  - ° TCNT2가 0에서 255까지 카운트하면 인터럽트 발생
    - ➔ 256ms 주기로 인터럽트 발생

Project #11(Pjt11_timer_task)

◈ Callback Software Timer

```
void timer_init() {
    TCNT2 = 0;                                   // Initialize   Timer/Counter2
    sbi(ASSR, AS2);                              // Asynchronous Timer/Counter2
    sbi(TIMSK2, TOIE2);                          // Timer2 Overflow Int. Enable
    sbi(TCCR2B, CS20); sbi(TCCR2B, CS21);        // 32KHz/32 prescaling, Start
}                                                // clock=1KHz, 8bit=256 clocks
```

```
ISR(TIMER2_OVF_vect)
{
    if (!Thead)
        return;
    if ( Thead->time == 0)
        timer_expire();
}
```

```
void timer_expire(void)
{
    struct timer *tp;

    for( ; Thead != NULL && !Thead->time; ) {
        tp = Thead, Thead = tp->link;

        task_insert(&tp->task);

        free(tp);
    }
}
```

Project #11(Pjt11_timer_task)

◈ Event-driven Task Scheduling-Task Queue

```
#define MAX_TASK  16

struct  task {
     void   (*fun)(char *);
     char    arg[8];
};

struct task   Task_q[MAX_TASK];
volatile int  Task_f, Task_r;

void task_init()
{
     Task_f = Task_r = 0;
}
```

```
int task_insert(struct task *tskp)
{
     if ((Task_r + 1) % MAX_TASK == Task_f)
          return(0);     // full
     Task_r = (Task_r + 1) % MAX_TASK;
     Task_q[Task_r] = *tskp;
     return(1);
}

int task_delete(struct task *tskp)
{
     if (Task_r == Task_f)
          return(0);     // empty
      Task_f = (Task_f + 1) % MAX_TASK;
      *tskp = Task_q[Task_f];
      return(1);
}
```

ex) $ prime 2000 ↵
ex) $ timer 3000 prime 2000 ↵

Project #11(Pjt11_timer_task)

◈ Task for Shell (Command Interpreter)

```
void task_cmd(char *arg)
{
   char   buf[64], *cp0, *cp1, *cp2, *cp3;
   struct task  task;
   int    ms;

   if (!uart_peek()) return;

   if (gets(buf) == NULL) {
      printf("logout, good bye !!!\n");
      while(1);
   }

   cp0 = strtok(buf,  " \t\n\r" );
   cp1 = strtok(NULL, " \t\n\r" );
   cp2 = strtok(NULL, " \t\n\r" );
   cp3 = strtok(NULL, " \t\n\r" );

   if (cp0 == NULL) {
      //printf( "!!!-111\n" );
      printf( "$ "); return;
   }
   if (!strcmp(cp0,  "prime" ))
        task_prime(cp1);
   else if (!strcmp(cp0,  "timer" )) {
        if (cp1 == NULL) {
            printf( "!!!-222\n" );
            printf("$ ");
            return;
        }
        ms = atoi(cp1) / 256;
        if (!strcmp(cp2,  "prime" )) {
            task.fun = task_prime;
            if (cp3) strcpy(task.arg, cp3);
            else     strcpy(task.arg,  "" );
            cli();
            insert_timer(&task, ms);
            sei();
        }
        else printf( "!!!-333\n" );
   }
   else printf( "Unknown command…\n" );

   printf("$ ");
}
```

Project #11(Pjt11_timer_task)

◈ 쉘 타스크 디스패치

```
void    task_cmd(char *arg);
static  int  echo_mode = 1;

ISR(USART0_RX_vect)
{
    struct task task;           0x1B(=27)
    char  ch;

    ch = UDR0;
    if (ch == ESC) {
        echo_mode = (echo_mode +1) & 0x01;
        return;
    }
    if (ch != EOT) {
        if (ch == '\r' ) ch =  '\n' ;
        if (echo_mode)   uart_echo(ch);
    }
    qi_insert(ch);
    if (ch == EOT || ch ==  '\n' ) {
        task.fun = task_cmd;
        strcpy(task.arg, "" );
        task_insert(&task);
    }
}
```

쉘 타스크 봉쇄 예방

```
int  qi_peek()
{
    if (fi == ri)
        return 0;
    else
        return(qi[(fi + 1) % QI_SIZE]);
}
```

```
int  uart_peek()
{
    return(qi_peek());
}
```

- "ESC" 키에 의해 콘솔 에코를 on/off로 토글시킬 수 있다.
- "↵" 나 "^D" 키가 입력되었을 때, 명령어 입력이 완료된 것으로 판단하여, 이를 처리할 쉘(명령어 해석기) 타스크를 스케줄링한다.
- 쉘 타스크는 UART 큐를 미리 체크(피크)해보고, 입력 문자가 한 개도 없다면, 대기하지 않고 종료한다.

Project #11(Pjt11_timer_task)

◈ Event-driven Task Scheduling-CPU Scheduler

```
int  main()
{
    int      tag;
    struct   task   task;

    uart_init();
    task_init();
    timer_init();

    printf("$ ");

    while(1) {
        cli();
        tag = task_delete(&task);
        sei();
        if (tag)
            (*(task.fun))(task.arg);
    }
    return(0);
}
```

```
$ prime↵
$ prime 1000↵
$ timer 1500 prime↵
$ timer 1500 prime  1000↵
```

Project #11(Pjt11_timer_task)

◈Task for Prime Number

```
int is_prime(int  n)
{
  int  i;
  for (i = 2; i <= n/2; i++)
     if ((n % i) == 0)
        return(0);
  return(1);
}
void task_prime(char  *ap)
{
  int  n, t = 2000, count = 0;

  if (ap && *ap) t = atoi(ap);
  for (n = 2; n <= t; n++) {
     if  (is_prime(n)) {
       count++;
       printf("%d  is a prime number !!!₩n", n);
     }
  }
  printf("count=%d₩n", count);
}
```

NOTE

% 타이머 장치는 설정된 시간 간격으로 타이머 카운터를 1씩 증가시키고, 타이머 카운터가 일정 값에 도달하면 인터럽트를 발생 시킬 수 있음.

% "어플리케이션(application)" 개념을 "타스크(task)" 개념으로 전환함

% 타이머 장치를 이용하여 256ms 마다 인터럽트를 발생시키도록 함.

% 타이머 ISR에서 타이머 리스트에서 기다리는 시간이 만료된 타스크를 꺼내어 타스크 큐에 삽입함.

% 타스크 스케줄러(main())는 타스크 큐에 삽입된 타스크를 꺼내어 실행시켜 줌.

% 쉘(명령어 해석기) 타스크는 UART 입력 드라이버에서 '₩n' 문자를 인식하여 트스크 큐에 삽입함(타스크 스케줄링).

% ESC 키에 의해 UART 에코 기능을 on/off 시킬 수 있음.

MEMO

2.12 Pjt12_ADC_TC1047

Project #12(Pjt12_ADC_TC1047)

◈ ADC(Analog-Digital Converter) Task(Application): TC1047 Driver

◆ Overview of TC1047 : temperature to voltage converter

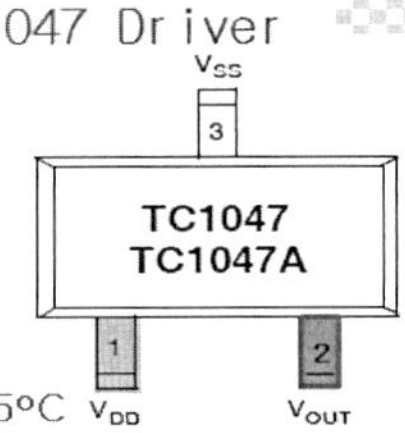

– Interface(3 pin)

. Vss(ground)

. Vdd(power)

. Vout(output voltage) → ADC(Analog-Digital-Converter) 필요

* 100mV → -40°C, 500mV→ 0°C, 750mV→+25°C, 1750mV →+125°C

* Degree = (Vout – 500mV) / 10mV

y = a * x + b → ① 25 = a * 750 + b.
(온도) (mv) ② 0 = a * 500 + b.
①-② 25 = a * 250.
(온도) (mv) ∴ a=1/10, b = -50.
y = 1/10*x -50 = (x – 500) / 10.

– Connection with Atmega2560

. ADC : 입력 0~1.1V 대하여 0~1023(1024등분)로 대응. 즉, 출력을 입력의 (1023/1.1) 배로 확대, 반대로 입력은 출력의 (1.1/1023) 배임

→ output = input * 1023/1.1   input = output*1.1/1023

. Ground : 2, 26, 44번 pin(J3 핀 소켓)

. Power : 1, 13, 25번 pin(J3 핀 소켓)

. ADC0(PF0) : 21번 pin(J3 핀 소켓)

x(입력 V) : y(출력 V) = 1.1 : 1023
→ x * 1023 = y * 1.1
∴ x = 1.1/1023 * y
y = 1023/1.1 * x

Project #12(Pjt12_ADC_TC1047)

◈ ADC registers

• ADMUX : ADC Multiplexer Selection Register

- Bit 6~7 : REFS0 ~ REFS1 (Reference Selection Bits)

° 아날로그 입력 신호 범위 기준을 선택

- Bit 0~5 : MUX0 ~ MUX5 (Analog Channel Selection Bits)

° ADC 장치에 연결할 GPIO 핀을 선택(기본:000000→ADC0(PORTF의 0번=PF0)핀)

Bit	7	6	5	4	3	2	1	0	
(0x7C)	REFS1	REFS0	ADLAR	MUX4	MUX3	MUX2	MUX1	MUX0	ADMUX
Read/Write	R/W	R/W	R/W	R/W	R/W	R/W	R/W	R/W	
Initial Value	0	0	0	0	0	0	0	0	

Page 280 of the manual

REFS1	REFS0	Voltage Reference Selection[1]
0	0	AREF, Internal V_{REF} turned off
0	1	AVCC with external capacitor at AREF pin
1	0	Internal 1.1V Voltage Reference with external capacitor at AREF pin
1	1	Internal 2.56V Voltage Reference with external capacitor at AREF pin

Bit	7	6	5	4	3	2	1	0	
(0x7B)	–	ACME	–	–	MUX5	ADTS2	ADTS1	ADTS0	ADCSRB
Read/Write	R	R/W	R	R	R/W	R/W	R/W	R/W	
Initial Value	0	0	0	0	0	0	0	0	

Page 281 of the manual

Project #12(Pjt12_ADC_TC1047)

◈ ADC registers

- ADCSRA : ADC Control and Status Register A
  - Bit 7 : ADEN (ADC Enable)
    - ° ADC 장치의 기능 활성화를 지시
    - ° 이 비트를 클리어(off)하면 기능 정지를 지시함(전류 소모 예방)
  - Bit 3 : ADIE (ADC Interrupt Enable)
    - ° ADC 장치가 변환을 완료했을 때 인터럽트를 발생시킬 것을 지시
  - Bit 6 : ADSC (ADC Start Conversion)
    - ° ADC 장치에게 변환 작업 시작을 지시

Page 284 of the manual

Bit	7	6	5	4	3	2	1	0	
(0x7A)	ADEN	ADSC	ADATE	ADIF	ADIE	ADPS2	ADPS1	ADPS0	ADCSRA
Read/Write	R/W	R/W	R/W	R/W	R/W	R/W	R/W	R/W	
Initial Value	0	0	0	0	0	0	0	0	

- ADCW : ADC Data Register Word(2byte: ADCH + ADCL)
  - 변환된 수치가 저장되는 곳

Page 285 of the manual

Bit	15	14	13	12	11	10	9	8	
(0x79)	–	–	–	–	–	–	ADC9	ADC8	ADCH
(0x78)	ADC7	ADC6	ADC5	ADC4	ADC3	ADC2	ADC1	ADC0	ADCL
	7	6	5	4	3	2	1	0	

Project #12(Pjt12_ADC_TC1047)

◈ ADC Device Driver

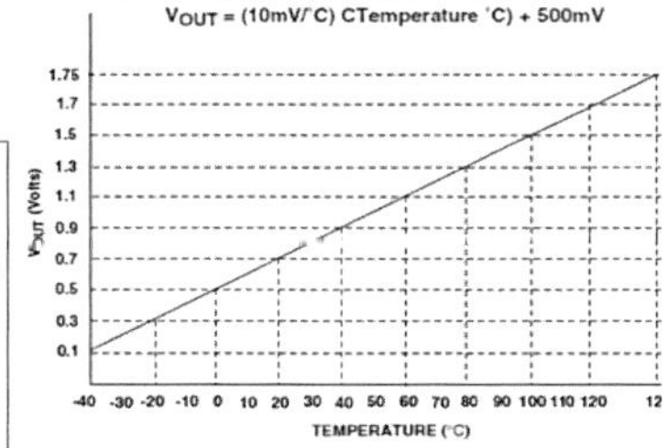


```
void  adc_init()
{
    cbi(DDRF, PF0);      // make input PF0(=ADC0) GPIO
    ADMUX = 0x80 | 0x00; // Ref. : 1.1v, Port : PF0
}

void  adc_start()
{
    sbi(ADCSRA, ADEN);     // ADC enable
    _delay_us(120);        // warming up
    sbi(ADCSRA, ADIE);     // Interrupt Enable
    sbi(ADCSRA, ADSC);     // Start conversion
}
```

```
ISR(ADC_vect)
{
    uint16_t    data;
    char        arg[8];

    data = ADCW & 0x03ff;
    cbi(ADCSRA, ADEN);    // ADC stop

    sprintf(arg, "%d", data);
    task_tc1047(arg)
}
```

Project #12(Pjt12_ADC_TC1047)

◈ Analog Output Sensor Application : task_tc1047

```
void  task_tc1047(char *arg)
{
      static int   value;
      static int   volatile in_adc = 0;
      if (!strcmp(arg,  "" )) {   // called from task_cmd or timer task
              adc_start(); in_adc = 1; while(in_adc);
              printf( "Current temperature is %d degree.\n" , value);
      }
      else  {                     // called from ISR()
              value = atoi(arg) * (1.1/1023) * 1000;  // get input voltage(mv)
              value = (value - 500) / 10;             // get degree from input voltage
              in_adc = 0;
       }
}
```

```
void task_cmd(void *arg)
{
        ...
        ...
        else if (!strcmp(cp0,  "tc1047" ))
              task_tc1047( "" );
        ...
        ...
}
```

◈ PIN Layout

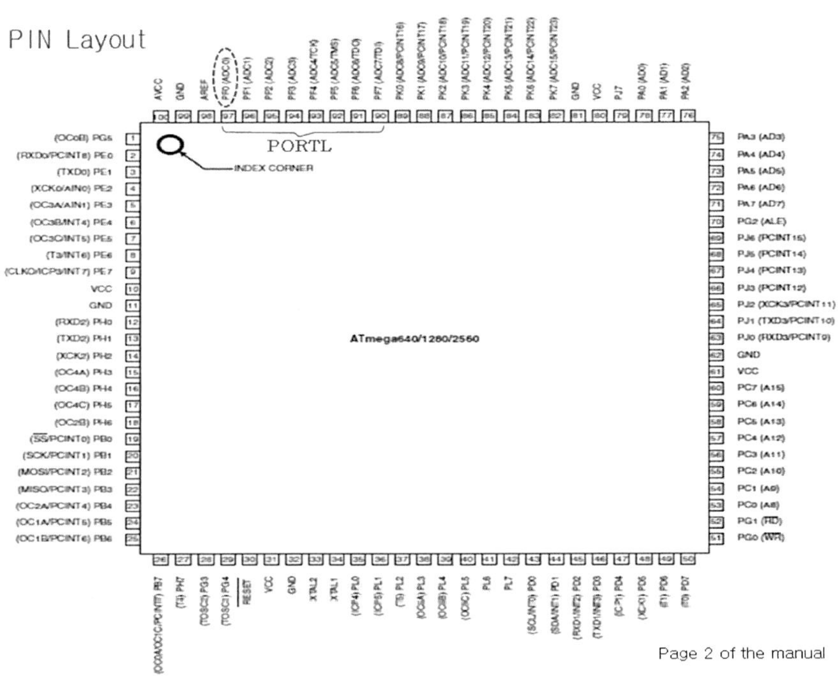

Page 2 of the manual

Project #12(Pjt12_ADC_TC1047)

◈ PIN Layout

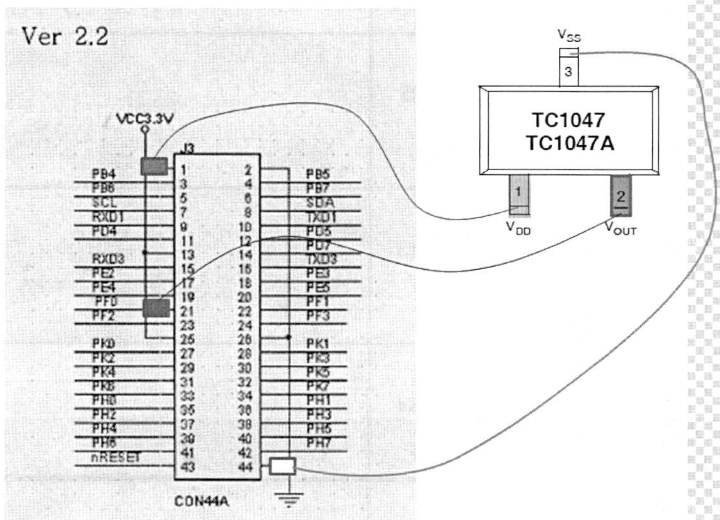

NOTE

% ADC(Analog to Digital Converter) 장치는 입력되는 아날로그 신호 정보를 샘플링하여 등급화한 수치(디지털)로 전환하여 그 값을 데이터 레지스터에 보관하고, 인터럽트를 발생 시킬 수 있음.

% TC1047 센서는 온도에 비례하는 전압(voltage)를 출력함.

% 아날로그 신호 정보인 전압값을 처리하기 위해서는 등급화된 수치로의 변환이 필요하므로, ADC 장치를 사용함.

% 전압과 온도와의 비례 관계식은 매뉴얼을 참조함.

2.13 Pjt13_SPI_TC77

Project #13(Pjt13_SPI_TC77)

◈ SPI(Serial Peripheral Interface) Device

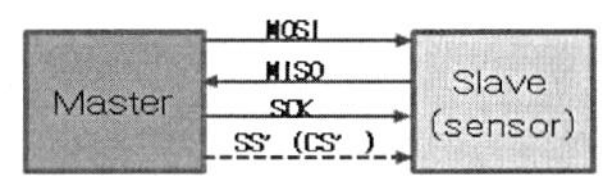

- 3-wire full-duplex synchronous communication.
- 설정에 따라
  . master 혹은 slave로 동작
  . LSB first 혹은 MSB first transfer
  . 전송속도 선택(7 가지) 및 double speed 가능(현재 fosc/4 등 속도무관 동작!)

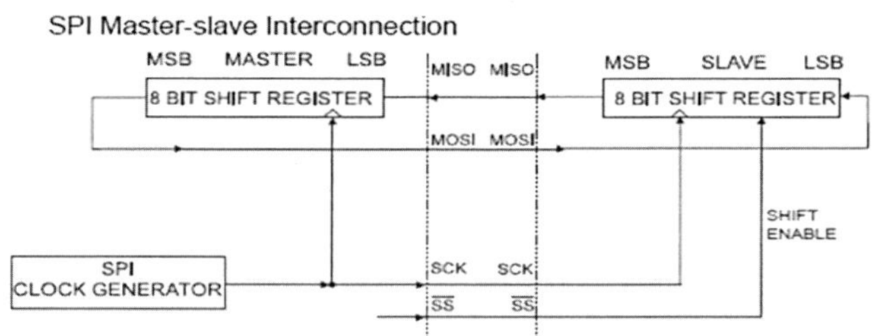

Project #13(Pjt13_SPI_TC77)

◈ SPI Control

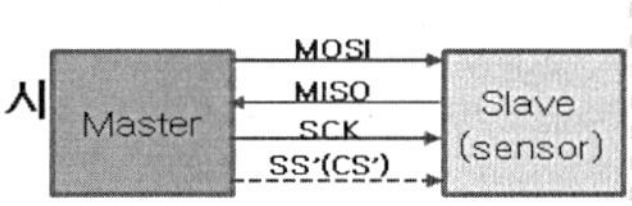

- SS(CS) 신호(핀)을 low(0)로 설정하면 Slave 동작 개시 (active low)
- SPI 동작상태에서 SPDR(SPI Data Register)에 값을 넣으면(write) 1bit씩 송수신 자동 시작(총 8bit)

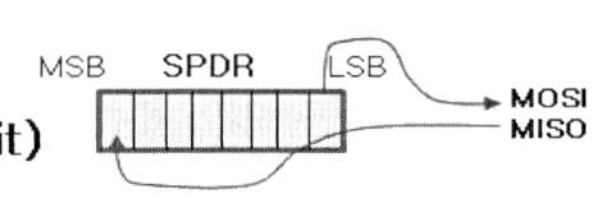

- 수신 비트가 SPDR의 비트를 덮어씀(반드시 주고 받음)
- 1byte(8bit) 전송이 완료되면 인터럽트 발생 가능
  . ISR에서 SPDR을 읽으면 수신 데이터가 됨
  . 여러 바이트를 송수신할 경우 수신 데이터를 읽은 후, 다음 데이터를 씀
- 모든 데이터의 송수신이 완료되면 SS신호를 high(1)로 설정하여 SPI 동작 중지

Project #13(Pjt13_SPI_TC77)

◈ TC77 Sensor

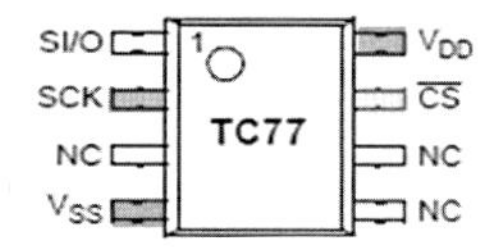

- 온도 값을 2 바이트 16bit 중 13bit value로 알려줌
  . MSB first로 송신
  . 16bit 중 하위 3bit는 상태정보 표시
  . 13bit를 signed int로 해석함(최상위 1bit는 부호)
  . degree = (value >> 3) * 0.0625;
- Chip ID를 2 바이트 16bit 중 14bit로 알려줌(0x54)
  . 16bit 중 하위 2bit는 무시됨
- Continuous Conversion Mode와 Shutdown Mode 두 가지 모드 설정 가능

Temperature	Binary MSB / LSB	Hex
+125°C	0011 1110 1000 0111	3E 87h
+25°C	0000 1100 1000 0111	0B 87h
+0.0625°C	0000 0000 0000 1111	00 0Fh
0°C	0000 0000 0000 0111	00 07h
-0.0625°C	1111 1111 1111 1111	FF FFh
-25°C	1111 0011 1000 0111	F3 87h
-55°C	1110 0100 1000 0111	E4 87h

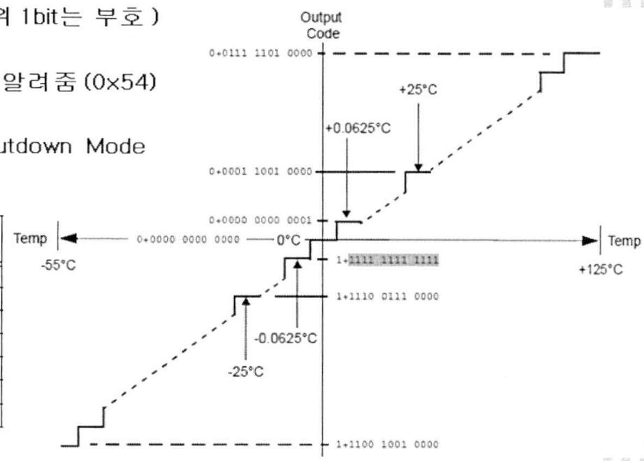

Project #13(Pjt13_SPI_TC77)

◈ TC77 Registers and Protocol

- SPI를 동작시킨 후

. 0x00, 0x00을 보내면, Config Register를 Continuous Conversion Mode로 설정하고, Temp Register(측정 완료된 온도 데이터)값을 보내옴(하위 3bit 중 bit 2는 정상 여부를, bit 0~1은 무시됨)

. 0xff, 0xff를 보내면, Config Register를 Shutdown Mode로 설정하고, M_ID Register(Chip ID) 값을 보내옴(상위 8bit에 0x54, 하위 2bit는 무시, 나머지는 0).

. 현재 write 값에 관계없이 온도 값이 수신됨 ← MOSI pin과 관계 있는 듯 !!!

Name	Bit 15	Bit 14	Bit 13	Bit 12	Bit 11	Bit 10	Bit 9	Bit 8	Bit 7	Bit 6	Bit 5	Bit 4	Bit 3	Bit 2	Bit 1	Bit 0	Value at Powerup/Reset
CONFIG	C15	C14	C13	C12	C11	C10	C9	C8	C7	C6	C5	C4	C3	C2	C1	C0	XXXX/XXXX 0000/0000
TEMP	T12	T11	T10	T9	T8	T7	T6	T5	T4	T3	T2	T1	T0	*	x	x	1111/1111 0000/0*XX
M_ID	0	1	0	1	0	1	0	0	0	0	0	0	0	0	x	x	0101/0100 0000/00XX

* Bit 2 = 0 during power-up; otherwise, bit 2 =1

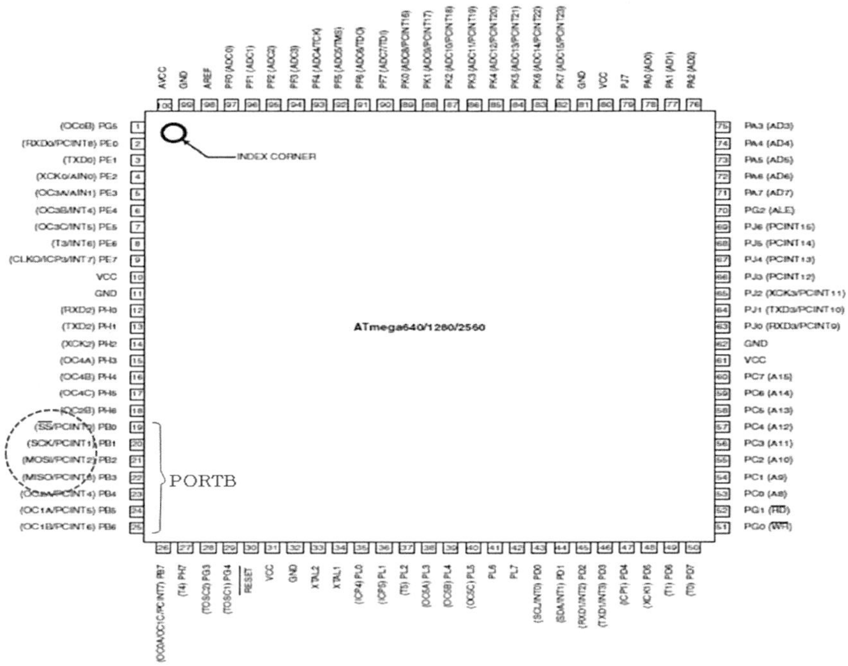

Project #13(Pjt13_SPI_TC77)

SPI registers

- SPSR : SPI Status Register
  - Bit 0 : SPI2X (Double SPI Speed Bit)
    - SPI 전송 속도를 2배로 설정함
    - 기본 속도는 $f_{osc}/4$ 임

Page 196 of the manual

Bit	7	6	5	4	3	2	1	0	
0x2D (0x4D)	SPIF	WCOL	–	–	–	–	–	SPI2X	SPSR
Read/Write	R	R	R	R	R	R	R	R/W	
Initial Value	0	0	0	0	0	0	0	0	

- SPDR : SPI Data Register
  - 보내려는 8 비트 데이터를 저장
  - 비트 단위 전송과정에서 수신 비트로 교체됨

Page 196 of the manual

Bit	7	6	5	4	3	2	1	0	
0x2E (0x4E)	MSB							LSB	SPDR
Read/Write	R/W	R/W	R/W	R/W	R/W	R/W	R/W	R/W	
Initial Value	X	X	X	X	X	X	X	X	Undefined

Project #13(Pjt13_SPI_TC77)

◈ SPI registers

- SPCR : SPI Control Register
  - Bit 0~1 : SPR0~SPR1 (SPI Clock Rate Select Bit)
    - ° SPI의 전송 속도를 설정
  - Bit 4 : MSTR (Master/Slave Select Bit)
    - ° SPI가 마스터로 동작하도록 지시
  - Bit 6 : SPE (SPI Enable Bitt)
    - ° SPI가 동작을 개시하도록 지시
  - Bit 7 : SPIE (SPI Interrupt Enable Bit)
    - ° SPDR의 8비트 전송이 완료되었을 때 인터럽트를 발생시킬 것을 지시

Page 195 of the manual

SPI2X	SPR1	SPR0	SCK Frequency
0	0	0	$f_{osc}/4$
0	0	1	$f_{osc}/16$
0	1	0	$f_{osc}/64$
0	1	1	$f_{osc}/128$
1	0	0	$f_{osc}/2$
1	0	1	$f_{osc}/8$
1	1	0	$f_{osc}/32$
1	1	1	$f_{osc}/64$

Page 194 of the manual

Bit	7	6	5	4	3	2	1	0	
0x2C (0x4C)	SPIE	SPE	DORD	MSTR	CPOL	CPHA	SPR1	SPR0	SPCR
Read/Write	R/W	R/W	R/W	R/W	R/W	R/W	R/W	R/W	
Initial Value	0	0	0	0	0	0	0	0	

Project #13(Pjt13_SPI_TC77)

◈ SPI Task : TC77 Driver

```
void spi_init() {
    sbi(DDRB, 0);  // sbi(DDRB, nSS,nCS);// output
    sbi(DDRB, 1);  // sbi(DDRB, SCK);    // output
    sbi(DDRB, 2);  // sbi(DDRB, MOSI);   // output
    cbi(DDRB, 3);  // cbi(DDRB, MISO);   // input

    sbi(SPSR, SPI2X); // double speed

    SPCR = ((1 << MSTR) | (1 << SPE) | (1 << SPIE)); // MASTER, MSB first, Fosc/4
}
void spi_select() {
    cbi(PORTD, 0); // cbi(PORTB, nSS)
}
void spi_release() {
    sbi(PORTB, 0); // sbi(PORTB, nSS)
}
void spi_write(uint8_t  data) {
   SPDR = data;
}
```

```
ISR(SPI_STC_vect)
{
    struct  task  task;
    uint8_t       data;

    data = SPDR;

    task.fun = task_tc77;
    sprintf(task.arg, "%d", data);
    task_insert(&task);
}
```

Project #13(Pjt13_SPI_TC77)

◈ SPI Task: task_tc77

```
#define  TC77_WAIT_HI     1
#define  TC77_WAIT_LO     2

void  task_tc77(void *arg)
{
        static uint8_t    state;
        static uint16_t   value;

        if (!strcmp(arg,  "" ) {
                state = TC77_WAIT_HI;
                spi_select();
                spi_write(0x00);
        }
        else {
             switch(state) {
                case TC77_WAIT_HI :
                        value = atoi(arg) << 8;  state = TC77_WAIT_LO;  spi_write(0x00);
                        break;
                case TC77_WAIT_LO:
                        value |= atoi(arg);    value = (value >> 3) * 0.0625;
                        spi_release();
                        printf( "task_tc77() : current_temperature -> %d degree.₩n" , value);
                        break;
                default:
                        spi_release();
                        printf( "task_tc77() : unexpecetd state in task_tc77...₩n" );
                }
        }
}
```

```
void task_cmd(void *arg)
{
        ---
        ---
        else if (!strcmp(cp0,  "tc77" ))
                task_tc77( "" );
        ---
        ---
}
```

Project #13(Pjt13_SPI_TC77)

◈ PIN Layout

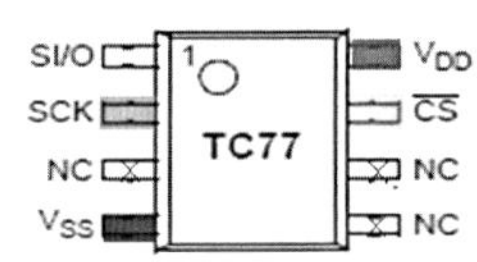

Vdd ↔ Power : 빨강
Vss ↔ Ground : 검정
} 보드 밑면 소켓

CS' ↔ nSS : 노랑(select)
SCK ↔ SCK : 청색(clock)
SI/O ↔ MISO : 흰색(data)
} 보드 윗면 좌측 소켓

* MOSI 연결하지 않음(MCU가 Slave로 동작할 때 사용)

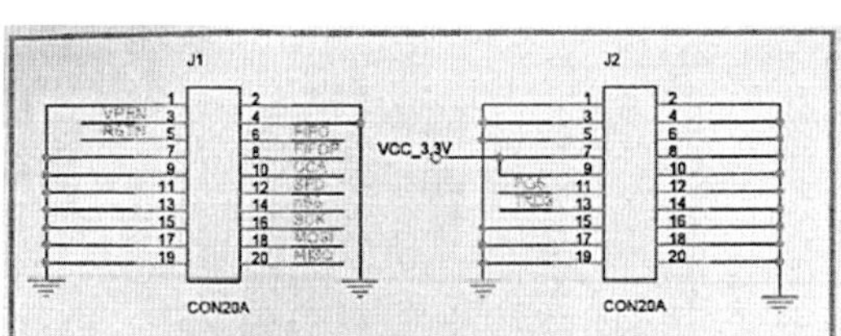

RF Board Connectors (Pitch: 1.27 mm/SMD)

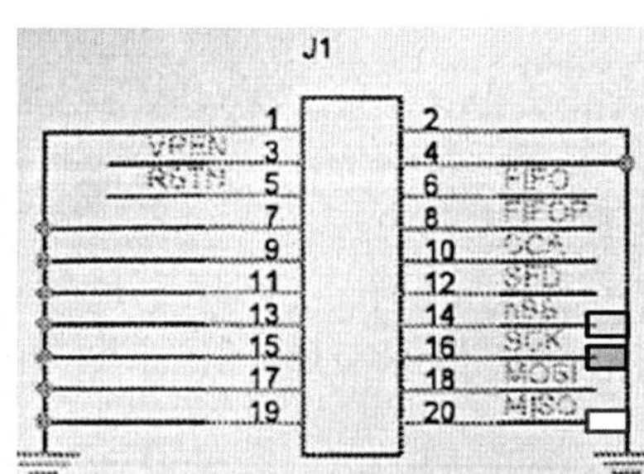

Project #13(Pjt13_SPI_TC77)

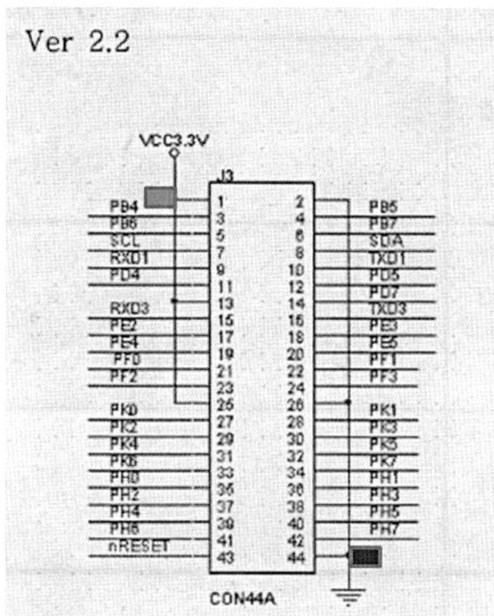

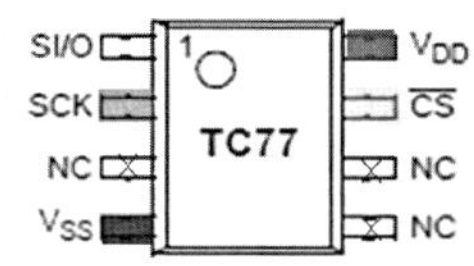

NOTE

% SPI(Serial Peripheral Interface) 장치는 두 심선을 이용하여 한쪽으로 데이터(8 비트)를 보내고, 다른 한쪽으로는 받는 양방향 동시 (full-duplex) 통신 방식임(세 번째 심선은 클록 동기화에 이용됨) => 1 비트씩 데이터를 교환.

% TC77 센서는 SPI 장치를 통하여 온도 값을 수치(비트열) 내보냄.

2.14 Pjt14_IC2_TCN75

Project #14(Pjt14_I2C_TCN75)

◈ I²C (Inter-Integrated Circuit) Interface

- 2-wire half-duplex serial communication
- master가 동일 버스에 연결된 여러 개의 slave(센서) 중 하나를 7bit 주소로 지정하여 통신(master가 보낸 명령 패킷에 따라 slave가 대응 처리)
- 주소와 읽기/쓰기로 구성된 명령 패킷(SLA+R/SLA+W)을 보낸 후,
  - . SLA(Slave Address)는 "1001+주소(000~111)" 형태의 상위 7bit. ex)1001000 r/W
  - . SLA+R(1)인 경우 master가 slave로부터 1 바이트 데이터를 수신하겠다는 의미
  - . SLA+W(0)인 경우 master가 slave에게 1 바이트 데이터를 송신하겠다는 의미
    - . ex) 0x91 → SLA: 1001000(=0x48), R(=1)
    - . ex) 0x90 → SLA: 1001000(=0x48), W(=0)
- 1 바이트 데이터 수신 후 ack bit를 보낼 수 있음
- Pin
  - . SCL : PORTD 0번
  - . SDA : PORTD 1번 } 임의 선택(TWI의 경우 SCL, SDA 고정)
  - . A0 : PORTH 1번
  - . A1 : PORTH 3번
  - . A2 : PORTH 5번 } 000 이므로 하나로 결합사용 가능

Page 233 of the manual

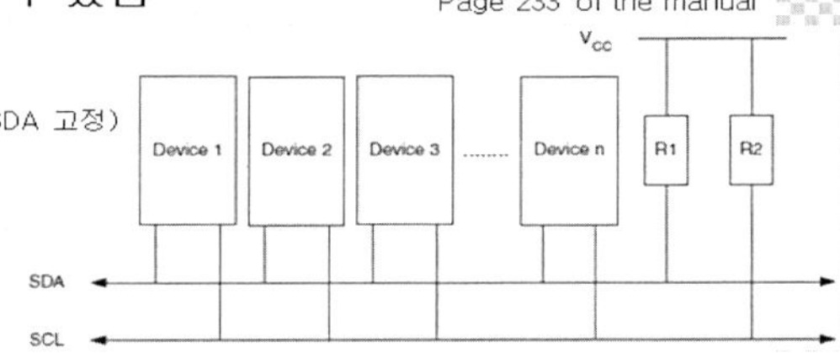

Project #14(Pjt14_I2C_TCN75)

◈ TCN75 registers

- slave 주소는 1001xxx(xxx의 기본값은 000)
- 5 개의 레지스터

TABLE 3-1: TCN75 SLAVE ADDRESS

1	0	0	1	A2	A1	A0
MSB						LSBS

. Pointer 레지스터

D[7]	D[6]	D[5]	D[4]	D[3]	D[2]	D[1]	D[0]
Must Be Set To Zero						Pointer	

D1	D0	Register Selection
0	0	TEMP
0	1	CONFIG
1	0	T_{HYST}
1	1	T_{SET}

. Config 레지스터

D [7]	D [6]	D [5]	D [4]	D [3]	D [2]	D [1]	D [0]
Must Be Set To Zero			Fault Queue		INT/ CMPTR, Polarity	COM P/INT	Shut-down

. Temp 레지스터
. Thyst 레지스터
. Tset 레지스터

D[15]	D[14]	D[13]	D[12]	D[11]	D[10]	D[9]	D[8]	D[7]	D[6]	D[5]	D[4]	D[3]	D[2]	D[1]	D[0]
MSB	D7	D6	D5	D4	D3	D2	D1	LSB	x	x	x	x	x	x	x

Temperature	Binary Value	HEX Value
+125°C	0 11111010	0FA
+25°C	0 00110010	032
+0.5°C	0 00000001	001
0°C	0 00000000	00
0.5°C	1 11111111	1FF
-25°C	1 11001110	1CE
-40°C	1 10110000	1B0
-55°C	1 10010010	192

값	온도
0 →	0.0 ℃
1 →	0.5 ℃
2 →	1.0 ℃
50 →	25.0 ℃
:	:
tt →	tt/2 ℃

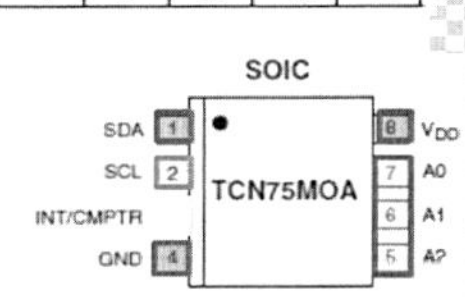

- Pointer 레지스터는 기본(default)으로 접근(SLA-R, SLA-W)할 레지스터 번호 저장

Project #14(Pjt14_I2C_TCN75)

◈ TCN75 protocol(I^2C)

- START신호로 시작하고, STOP신호로 종료
- 바이트 단위 수신 및 송신 사이에 수신자는 ack 비트를 보냄
- SLA+R 패킷을 수신하면 Pointer에 설정된 레지스터(기본으로 Temp 즉, 온도) 값을 보냄
- SLA+W 패킷 수신 후 포인터 번호를 수신하면 Pointer 레지스터 재설정
- SLA+W 패킷 수신 후 포인터 번호, Start 신호, SLA+R 패킷을 수신하면 채널을 종료하지 않고 해당 레지스터 값을 이어서 전송

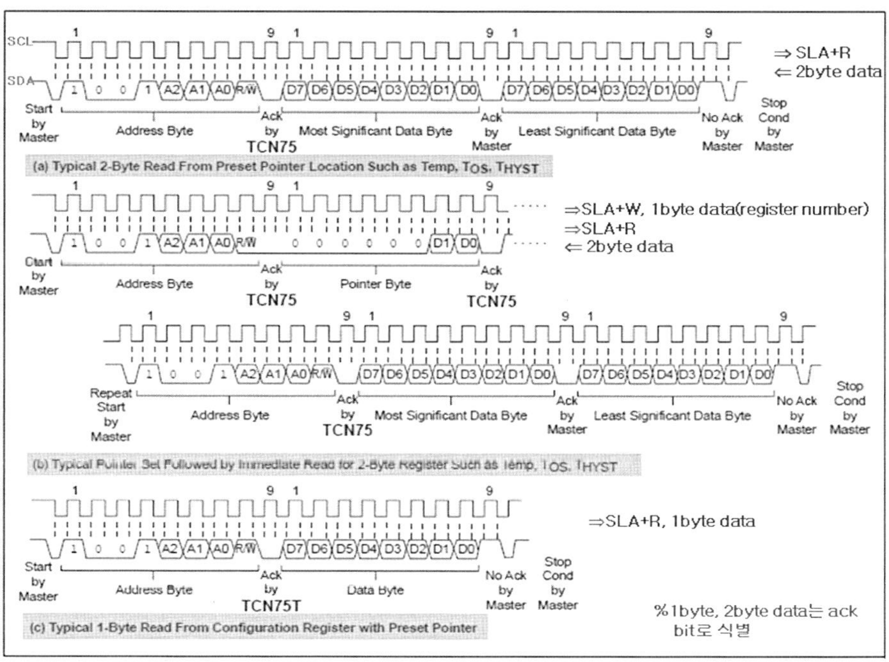

Project #14(Pjt14_I2C_TCN75)

◈ I²C Task: TCN75 Driver

```
#define delay_2nop()  asm volatile( "nop" ::); asm volatile( "nop" ::);
#define delay_us      _delay_us
#define SCL  0
#define SDA  1

void  tcn75_i2c_init()
{
    sbi(DDRD,   SDA); sbi(PORTD, SDA); // output, hi
    sbi(DDRD,   SCL); sbi(PORTD, SCL); // output, hi   ➔ idle state

   //sbi(DDRH, 1);  cbi(PORTH, 1);   // output , A0 ← 0
   //sbi(DDRH, 3);  cbi(PORTH, 3);   // output , A1 ← 0
   //sbi(DDRH, 5);  cbi(PORTH, 5);   // output , A2 ← 0   ➔ address bit
}
```

Project #14(Pjt14_I2C_TCN75)

```
inline void  i2c_tcn75_trans_start()
{
        cbi(PORTD, SCL);                          // SCL ← L
        sbi(PORTD, SDA);   delay_2nop();          // SDA ← H
        sbi(PORTD, SCL);   delay_2nop();          // SCL ← H
        cbi(PORTD, SDA);   delay_us(1);           // SDA ← L
}
```

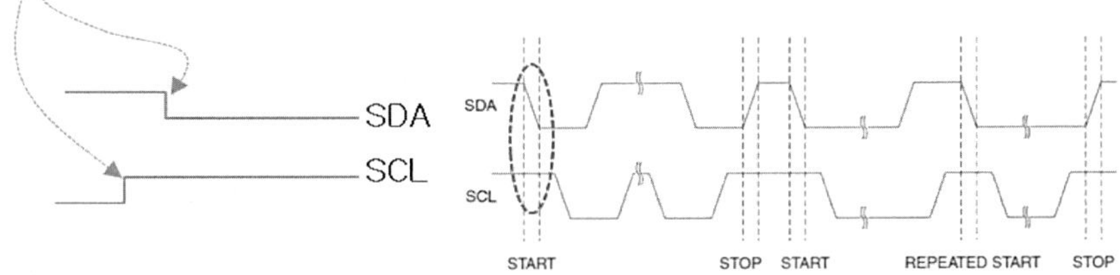

Project #14(Pjt14_I2C_TCN75)

```
inline void  i2c_tcn75_trans_stop()
{
      cbi(PORTD, SCL);                          // SCL ← L
      cbi(PORTD, SDA);  delay_2nop();           // SDA ← L
      sbi(PORTD, SCL);  delay_2nop();           // SCL ← H
      sbi(PORTD, SDA);  delay_us(1);            // SDA ← H
}
```

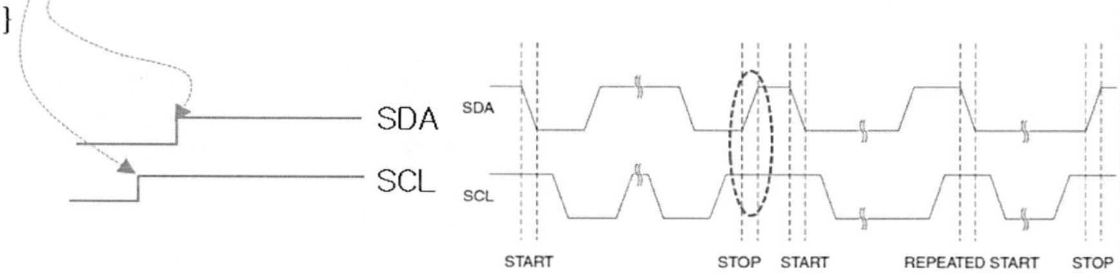

Project #14(Pjt14_I2C_TCN75)

```
inline uint8_t  i2c_tcn75_write_one_byte(uint8_t data)
{
      uint8_t    mask, ack;
      sbi(DDRD, SDA);                                        // SDA output(write)

      for (mask = 0x80; mask; mask = mask >> 1) {
              cbi(PORTD, SCL);  delay_2nop();                // SCL ← L
              if (mask & data) sbi(PORTD, SDA);              // SDA ← 1
              else                    cbi(PORTD, SDA);       // SDA ← 0
              delay_us(1);
              sbi(PORTD, SCL); delay_us(1);                  // SCL ← H
       }
       cbi(DDRD,  SDA);                                      // SDA input(read)

       cbi(PORTD, SCL); delay_us(1);                         // SCL ← L
       sbi(PORTD, SCL); delay_us(1);                         // SCL ← H

       ack = PIND & (1 << SDA);                              // ack ← SDA read  ack
                                                                     of TC75 must be 0
     return(ack);
}
```

Project #14(Pjt14_I2C_TCN75)

```
inline uint8_t  i2c_tcn75_read_one_byte(uint8_t  ack)
{
        uint8_t   i, data = 0;
        cbi(DDRD, SDA);                                   // SDA input
        for (i = 0; i < 8; i++) {
              cbi(PORTD, SCL); delay_us(1);               // SCL  ← L
              sbi(PORTD, SCL); delay_us(1);               // SCL  ← H
              data = (data << 1);
              if (PIND & (1 << SDA)) data = data | 0x01;// data ← SDA
        }
        sbi(DDRD, SDA);                                   // SDA output, for sending ack
        cbi(PORTD, SCL); delay_2nop();                    // SCL  ← L

        if (ack) sbi(PORTD, SDA);
        else     cbi(PORTD, SDA);                         // SDA  ← 0 or 1 (Ack or Nck)
        delay_us(1);
        sbi(PORTD, SCL); delay_us(1);                     // SCL  ← H

        return(data);
}
```

Project #14(Pjt14_I2C_TCN75)

◈ I2C Task: task_tcn75_i2c

```
void  task_tcn75_i2c(voidr *arg)
{
     uint16_t  value;
     i2c_tcn75_trans_start();
     if (i2c_tcn75_write_one_byte(0x90) != 0) {      // address + write_operation
           i2c_tcn75_trans_stop();  printf( "task_tcn75_i2c() : SLA+W write fail…₩n" );
           return;
     }
     if (i2c_tcn75_write_one_byte(0x00) != 0) {      // pointer(TEMP)
           i2c_tcn75_trans_stop();  printf( "task_tcn75_i2c() : pointer write fail…₩n" );
           return;
     }
     i2c_tcn75_trans_start();                        // repeat start
     if (i2c_tcn75_write_one_byte(0x91) != 0) {      // address + read_operation
           i2c_tcn75_trans_stop();  printf( "task_tcn75_i2c() : SLA+R write fail…₩n" );
           return;
     }                                               // read TEMP register
     value  = ((i2c_tcn75_read_one_byte(0) << 8) | i2c_tcn75_read_one_byte(1)) >> 7;
     i2c_tcn75_trans_stop();
     value = value >> 1;                             // value = value * 0.5
     printf( "task_tcn75_i2c() : current_temperature -> %d degree.₩n" , value);
}
```

Project #14(Pjt14_I2C_TCN75)

```
void task_cmd(void *arg)
{
    ...
    ...
    else if (!strcmp(cp0, "tcn75_i2c" ))
              task_tcn75_i2c( "" );
    ...
    ...
}
```

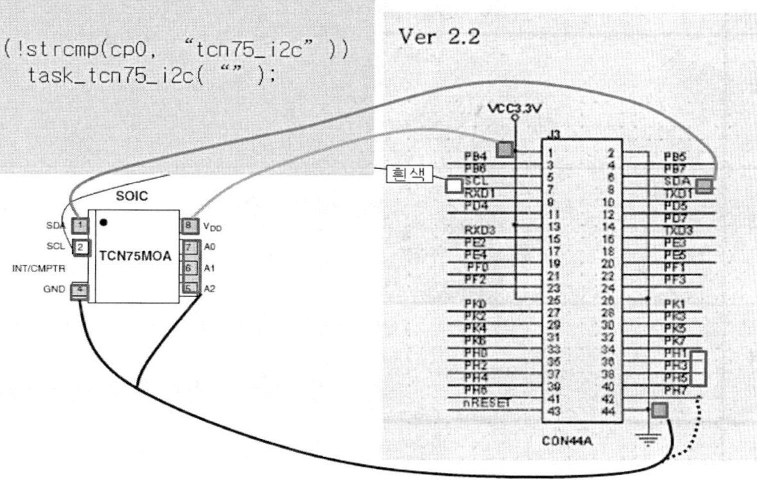

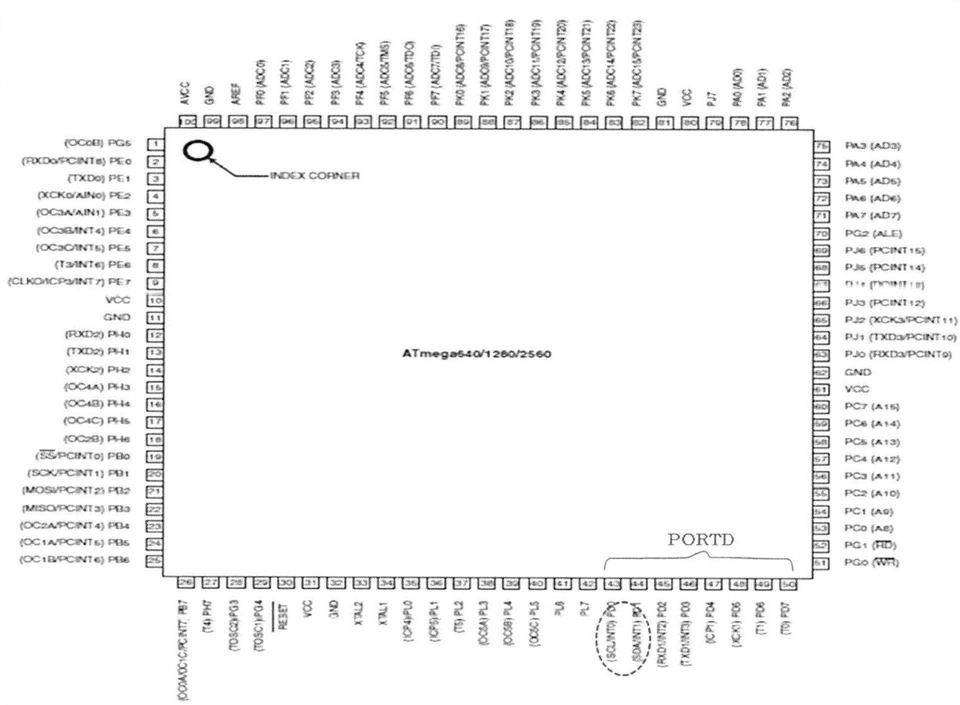

Project #14(Pjt14_I2C_TCN75)

◈ PIN Layout

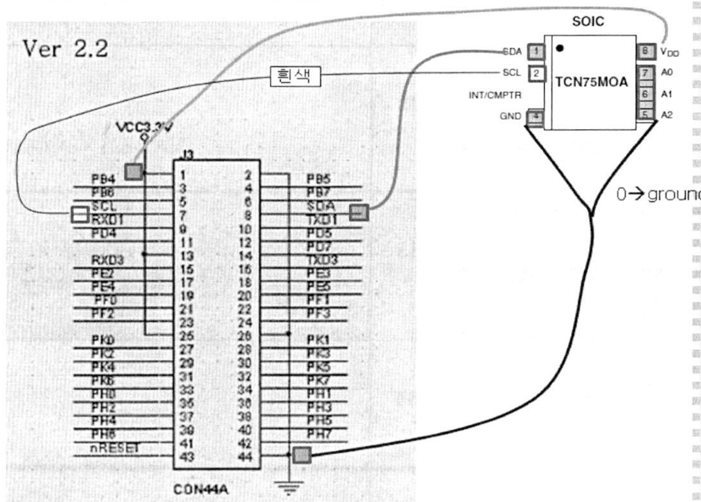

Project #14(Pjt14_I2C_TCN75)

◈ PIN Layout

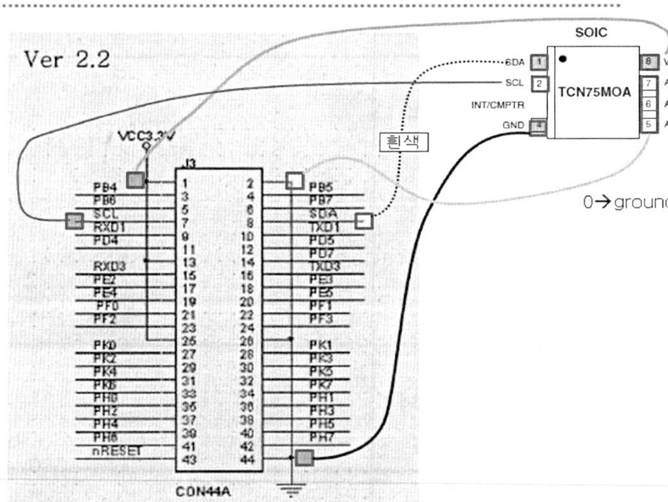

NOTE

% I2C 표준은 두 심선을 이용하는 파형으로 전송 시작, 비트 1, 비트 0, 전송 종료 등을 인식함.

% I2C 프로토콜은 정해진 파형을 이용하여 마스터가 보낸 명령 패킷에 대하여 슬레이브(센서)가 응대하는 과정으로 진행됨(마스터가 데이터를 보내겠다는 경우와 반대로 데이터를 달라는 경우 등 두 가지).

% TCN75 센서도 TC77 센서와 같이 온도 값을 수치(비트열)로 내보냄.

% 다만 TCN75 센서는 SPI가 아닌 I2C(Inter-Ingegrated Circuit) 통신 방식을 이용함.

% I2C는 두 심선으로 표현하는 파형으로 데이터를 전송한 후 다시 같은 방식으로 응답을 받는 half-duplex 양방향 통신 방식임.

2.15 Pjt15_TWI_TCN75

Project #15(Pjt15_TWI_TCN75)

◈ TWI(Two-Wire Interface) Device

- I²C(Inter-Integrated Circuit) 통신을 지원하는 디바이스
- 시작, 바이트 보내기, 바이트 받기, 종료 등을 TWCR(TWI Control Register)를 통해 진행

■ I²C

- master가 동일 버스에 연결된 여러 개의 slave(센서) 중 하나를 7bit 주소로 지정하여 통신(master가 보낸 명령 패킷에 따라 slave가 대응 처리)
- 주소와 읽기/쓰기로 구성된 명령 패킷(SLA+R/SLA+W)을 보낸 후, r/W
  . SLA(Slave Address)는 "1001+주소(000~111)" 형태의 상위 7bit. ex)1001000
  . SLA+R(1)인 경우 master가 slave로부터 1 바이트 데이터를 수신하겠다는 의미
  . SLA+W(0)인 경우 master가 slave에게 1 바이트 데이터를 송신하겠다는 의미
  . ex) 0x91 → SLA: 1001000(=0x48), R(=1)
  . ex) 0x90 → SLA: 1001000(=0x48), W(=0)
- 1 바이트 데이터 수신 후 ack bit를 보낼 수 있음

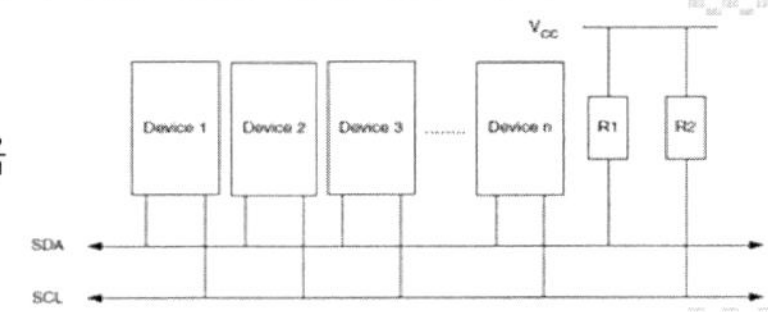

Project #15(Pjt15_TWI_TCN75)

◈ TCN75 registers

- slave 주소는 1001xxx(xxx의 기본값은 000)
- 5 개의 레지스터

TABLE 3-1: TCN75 SLAVE ADDRESS

1	0	0	1	A2	A1	A0
MSB						LSBS

. Pointer 레지스터

D[7]	D[6]	D[5]	D[4]	D[3]	D[2]	D[1]	D[0]
Must Be Set To Zero						Pointer	

D1	D0	Register Selection
0	0	TEMP
0	1	CONFIG
1	0	T_{HYST}
1	1	T_{SET}

. Config 레지스터

D [7]	D [6]	D [5]	D [4]	D [3]	D [2]	D [1]	D [0]
Must Be Set To Zero			Fault Queue		INT/ CMPTR, Polarity	COM P/INT	Shut-down

. Temp 레지스터
. Thyst 레지스터
. Tset 레지스터

D[15]	D[14]	D[13]	D[12]	D[11]	D[10]	D[9]	D[8]	D[7]	D[6]	D[5]	D[4]	D[3]	D[2]	D[1]	D[0]
MSB	D7	D6	D5	D4	D3	D2	D1	LSB	x	x	x	x	x	x	x

Temperature	Binary Value	HEX Value
+125°C	0 11111010	0FA
+25°C	0 00110010	032
+0.5°C	0 00000001	001
0°C	0 00000000	00
0.5°C	1 11111111	1FF
-25°C	1 11001110	1CE
-40°C	1 10110000	1B0
-55°C	1 10010010	192

값	온도
0 →	0.0 ℃
1 →	0.5 ℃
2 →	1.0 ℃
50 →	25.0 ℃
:	:
tt →	tt/2 ℃

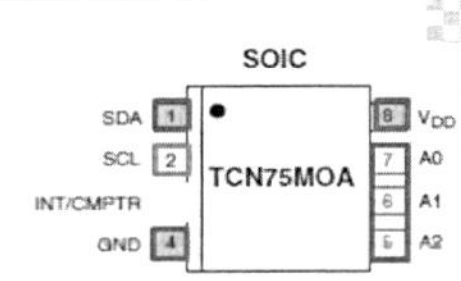

- Pointer 레지스터는 기본(default)으로 접근(SLA-R, SLA-W)할 레지스터 번호 저장

Project #15(Pjt15_TWI_TCN75)

◈ TCN75 protocol(I^2C)

- START신호로 시작하고, STOP신호로 종료
- 바이트 단위 수신 및 송신 사이에 수신자는 ack 비트를 보냄
- SLA+R 패킷을 수신하면 Pointer에 설정된 레지스터(기본으로 Temp 즉, 온도) 값을 보냄
- SLA+W 패킷 수신 후 포인터 번호를 수신하면 Pointer 레지스터 재설정
- SLA+W 패킷 수신 후 포인터 번호, Start 신호, SLA+R 패킷을 수신하면 채널을 종료하지 않고 해당 레지스터 값을 이어서 전송

Project #15(Pjt15_TWI_TCN75)

◈ TWI registers

- TWDR : TWI Data Register
  - 송신 단계에서는 보내려는 8 비트 데이터를 저장
  - 수신 단계에서는 수신한 8 비트 데이터를 보관

Bit	7	6	5	4	3	2	1	0	
(0xBB)	TWD7	TWD6	TWD5	TWD4	TWD3	TWD2	TWD1	TWD0	TWDR
Read/Write	R/W	R/W	R/W	R/W	R/W	R/W	R/W	R/W	
Initial Value	1	1	1	1	1	1	1	1	

Page 243 of the manual

Project #15(Pjt15_TWI_TCN75)

TWI registers

- TWCR : TWI Control Register
  - Bit 2 : TWEN (TWI Enable Bit)
    - 장치의 활성화를 지시
  - Bit 4 : TWSTO (TWI STOP Condition Bit)
    - STOP 신호를 보낼(띄울) 것을 지시
  - Bit 5 : TWSTA (TWI START Condition Bit)
    - START 신호를 보낼(띄울) 것을 지시
  - Bit 6 : TWEA (TWI Enable Acknowledge Bit)
    - 바이트 단위 수신 후, 응답 비트를 보낼(띄울) 것을 지시
  - Bit 7 : TWINT (TWI Interrupt Flas Bit)
    - TWI 장치가 지시에 대한 처리가 끝났음을 알리는 인터럽트 플래그
    - 이 플래그를 1로 씀으로써, 이 플래그를 0으로 클리어 함
    - 모든 동작의 시작과 함께 이 플래그를 0으로 클리어 해야 함(자동 클리어 없음)

Bit	7	6	5	4	3	2	1	0	
(0xBC)	TWINT	TWEA	TWSTA	TWSTO	TWWC	TWEN	–	TWIE	TWCR
Read/Write	R/W	R/W	R/W	R/W	R	R/W	R	R/W	
Initial Value	0	0	0	0	0	0	0	0	

Page 241 of the manual

Project #15(Pjt15_TWI_TCN75)

TWI registers

- TWSR : TWI Status Register
  - Bit 0~1 : TWPS0~TWPS1 (TWI Prescaler Bits)
    - TWI 장치의 전송 속도 분주 설정
    - TWBR 레지스터 값과 함께 TWI 전송속도 결정
  - Bit 3~7 : TWS3~TWS7 (TWI Status)
    - TWI 장치의 동작 후 상태 표시(별도의 표 참조)

Page 243 of the manual

TWPS1	TWPS0	Prescaler Value
0	0	1
0	1	4
1	0	16
1	1	64

Page 242 of the manual

Bit	7	6	5	4	3	2	1	0	
(0xB9)	TWS7	TWS6	TWS5	TWS4	TWS3	–	TWPS1	TWPS0	TWSR
Read/Write	R	R	R	R	R	R	R/W	R/W	
Initial Value	1	1	1	1	1	0	0	0	

- TWBR : TWI Bit Rate Register
  - -TWSR 레지스터의 TWPS와 함께 TWI 전송속도 결정

Page 240 of the manual

$$\text{SCL frequency} = \frac{\text{CPU Clock frequency}}{16 + 2(\text{TWBR}) \cdot 4^{TWPS}}$$

Bit	7	6	5	4	3	2	1	0	
(0xB8)	TWBR7	TWBR6	TWBR5	TWBR4	TWBR3	TWBR2	TWBR1	TWBR0	TWBR
Read/Write	R/W	R/W	R/W	R/W	R/W	R/W	R/W	R/W	
Initial Value	0	0	0	0	0	0	0	0	

Page 240 of the manual

Project #15(Pjt15_TWI_TCN75)

◈ TWI Task : TCN75 Driver

```
#include <util/twi.h>
void  twi_init()
{
      cbi(DDRD, 0);  sbi(PORTD, 0); // SCL ← 1 : enable pull-up register
      cbi(DDRD, 1);  sbi(PORTD, 1); // SDA ← 1 : enable pull-up register
      TWSR = 0x00;                  // prescaler value==4⁰==1
      TWBR = (F_CPU)/(200*1024L-16) //(2*4⁰); // 2.5us==400KHz→200KHz

      //sbi(DDRH, 1);  cbi(PORTH, 1);       // A0 ← 0    TCN75 id bits
      //sbi(DDRH, 3);  cbi(PORTH, 3);       // A1 ← 0
      //sbi(DDRH, 5);  cbi(PORTH, 5);       // A2 ← 0
}
```

Project #15(Pjt15_TWI_TCN75)

```
inline uint8_t twi_trans_start()        #include <util/twi.h>
{
      TWCR = (1<<TWINT) | (1<<TWSTA) | (1<<TWEN) ;  // clear TWINT, set START flag
      while (!(TWCR & (1<<TWINT))) ;                // wait transmission completion
      return(TW_STATUS);                            // TWSR & 0xf8 → 0x08 or 0x10
}
inline uint8_t twi_write_one_byte(uint8_t data)
{
       TWDR = data;
       TWCR = (1<<TWINT) | (1<<TWEN)) ;             // clear TWINT and TWSTA, keep TWEN
       while (!(TWCR & (1<<TWINT))) ;               // wait transmission completion
       return(TW_STATUS);                           // TWSR & 0xf8 → 0x18, 0x20, 0x28,0x30
}
inline uint8_t twi_read_one_byte(uint8_t *data, uint8_t  enack)
{
       TWCR = (1<<TWINT) | (enack<<TWEA) | (1<<TWEN) ;  // clear TWINT, keep TWEN
       while (!(TWCR & (1<<TWINT))) ;                   // wait reception completion
       *data = TWDR;
       return(TW_STATUS);                               // TWSR & 0xf8 → 0x50, 0x58
}
inline void  twi_trans_stop()
{
      TWCR = (1<<TWINT) | (1<<TWSTO) | (1<<TWEN) ;      // clear TWINT, keep TWEN
}
```

Project #15(Pjt15_TWI_TCN75)

```
void twi_disable()
{
      TWCR = 0;
}

void  twi_error(char *msg)
{
      printf( "task_tcn75_twi() : %s fail …\n" , msg);
      twi_disable();
}
```

Project #15(Pjt15_TWI_TCN75)

◈ TWI Task : task_tcn75_twi

```
#include <util/twi.h>
void  task_tcn75_twi(void *arg)
{
  uint8_t  hbyte, lbyte;
  uint16_t value;

  if (twi_trans_start() != TW_START)                  { twi_error("Start"); return; }
  if (twi_write_one_byte(0x90) != TW_MT_SLA_ACK)  { twi_error("SLA+W write"); return; }
  if (twi_write_one_byte(0x00) != TW_MT_DATA_ACK) { twi_error"Pointer write"); return; }
  if (twi_start() != TW_REP_START)                    { twi_error("Repeat Start"); return; }
  if (twi_write_one_byte(0x91) != TW_MR_SLA_ACK)  { twi_error("SLA+R write");  return; }
  if (twi_read_one_byte(&hbyte, 1) != TW_MR_DATA_ACK)  { twi_error("Read hi_byte"); return;}
  if (twi_read_one_byte(&lbyte, 0) != TW_MR_DATA_NACK) { twi_error("Read lo_byte"); return;}
  twi_trans_stop();
  twi_disable();
  value = ((hbyte << 8 | lbyte) >> 7) >> 1;                 // value = value * 0.5
  printf("task_tc75_twi() : current_temperature -> %d degree.\n", value);
}
```

Project #15(Pjt15_TWI_TCN75)

◈ TWI Status Codes for Master Transmitter Mode

Status Code (TWSR) Prescaler Bits are 0	Status of the 2-wire Serial Bus and 2-wire Serial Interface Hardware
0x08	A START condition has been transmitted
0x10	A repeated START condition has been transmitted
0x18	SLA+W has been transmitted; ACK has been received
0x20	SLA+W has been transmitted; NOT ACK has been received
0x28	Data byte has been transmitted; ACK has been received
0x30	Data byte has been transmitted; NOT ACK has been received
0x38	Arbitration lost in SLA+W or data bytes

Page 250 of the manual

```
// util/twi.h
#define TW_START          0x08
#define TW_REP_START      0x10
#define TW_MT_SLA_ACK     0x18
#define TW_MT_SLA_NACK    0x20
#define TW_MT_DATA_ACK    0x28
#define TW_MT_DATA_NACK   0x30
#define TW_MT_ARB_LOST    0x38
```

```
#define TW_STATUS  TWSR & 0xf8
```

Page 242 of the manual

Bit	7	6	5	4	3	2	1	0	
(0xB9)	TWS7	TWS6	TWS5	TWS4	TWS3	–	TWPS1	TWPS0	TWSR
Read/Write	R	R	R	R	R	R	R/W	R/W	
Initial Value	1	1	1	1	1	0	0	0	

Project #15(Pjt15_TWI_TCN75)

◈ TWI Status Codes for Master Receiver Mode

Status Code (TWSR) Prescaler Bits are 0	Status of the 2-wire Serial Bus and 2-wire Serial Interface Hardware
0x08	A START condition has been transmitted
0x10	A repeated START condition has been transmitted
0x38	Arbitration lost in SLA+R or NOT ACK bit
0x40	SLA+R has been transmitted; ACK has been received
0x48	SLA+R has been transmitted; NOT ACK has been received
0x50	Data byte has been received; ACK has been returned
0x58	Data byte has been received; NOT ACK has been returned

Page 253 of the manual

```
// util/twi.h
#define TW_START          0x08
#define TW_REP_START      0x10
#define TW_MR_ARB_LOST    0x38
#define TW_MR_SLA_ACK     0x40
#define TW_MR_SLA_NACK    0x48
#define TW_MR_DATA_ACK    0x50
#define TW_MR_DATA_NACK   0x58
```

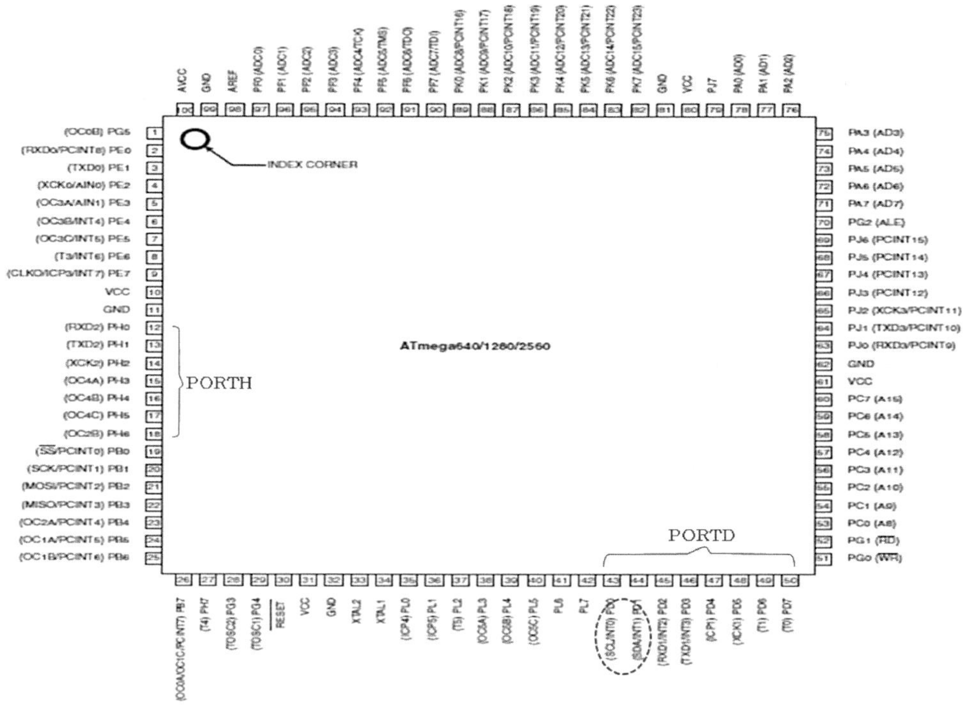

Project #15(Pjt15_TWI_TCN75)

```
void task_cmd(void *arg)
{
        ...
        ...
        else if (!strcmp(cp0,  "tcn75_twi" ))
                task_tcn75_twi( "" );
        ...
        ...
}
```

◈ PIN Layout

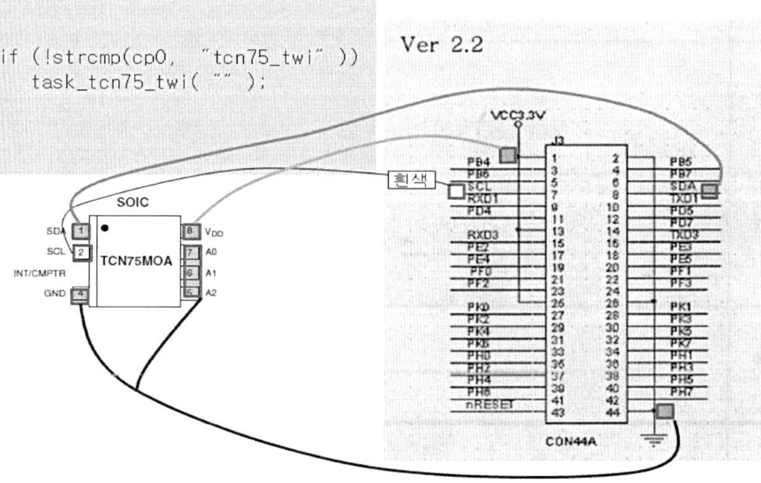

Project #15(Pjt15_TWI_TCN75)

◈ PIN Layout

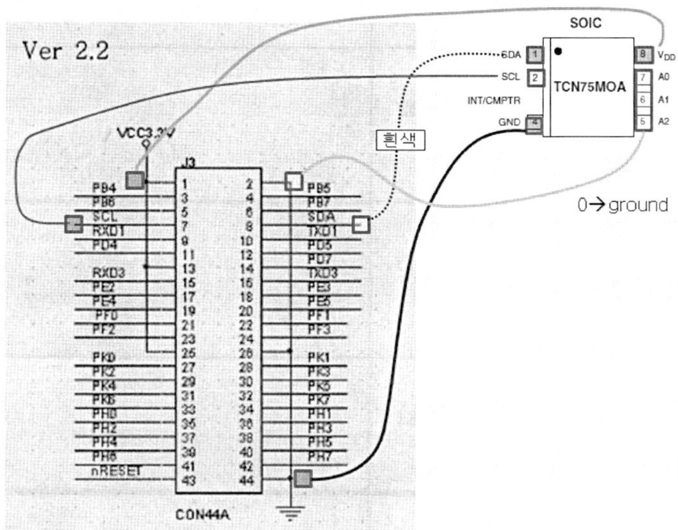

NOTE

% TWI는 I^2C 프로토콜의 신호를 구현해주는 디바이스임.

% 따라서, I^2C를 위한 신호 파형을 직접 생성해주지 않아도 됨.

2.16 Pjt16_IOT_IIS(static web page)

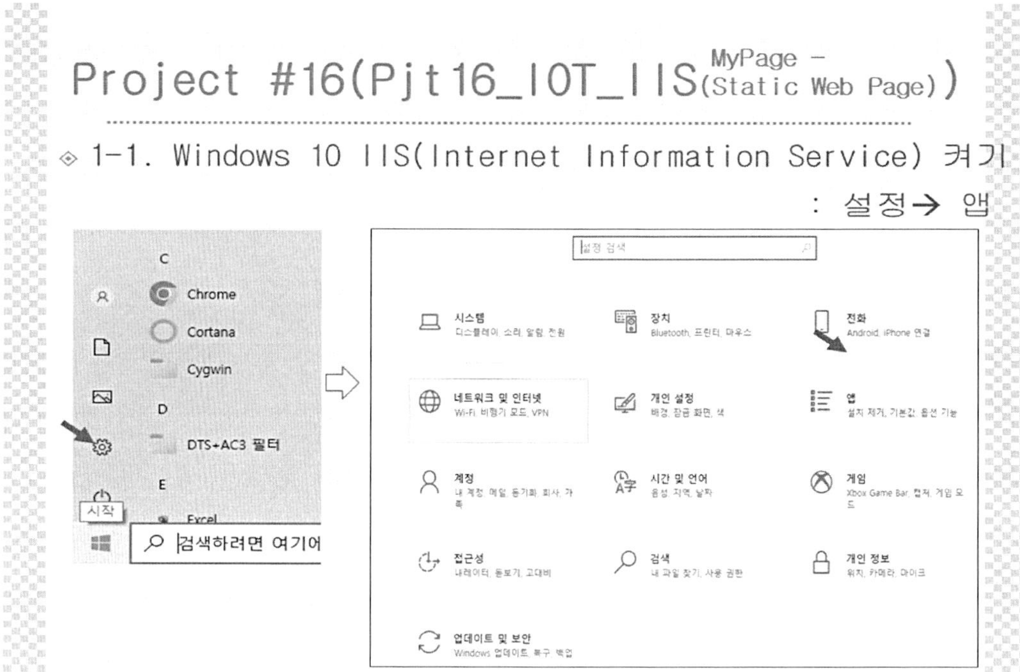

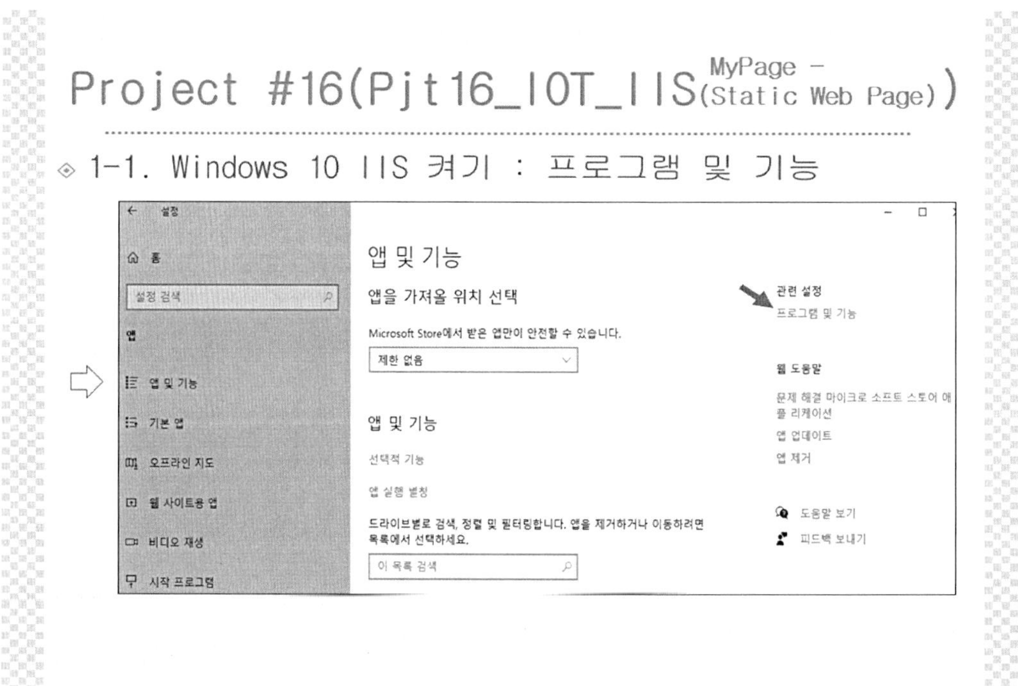

Project #16(Pjt16_IOT_IIS(MyPage - Static Web Page))

◈ 1-1. Windows 10 IIS 켜기 : Windows 기능 켜기/끄기

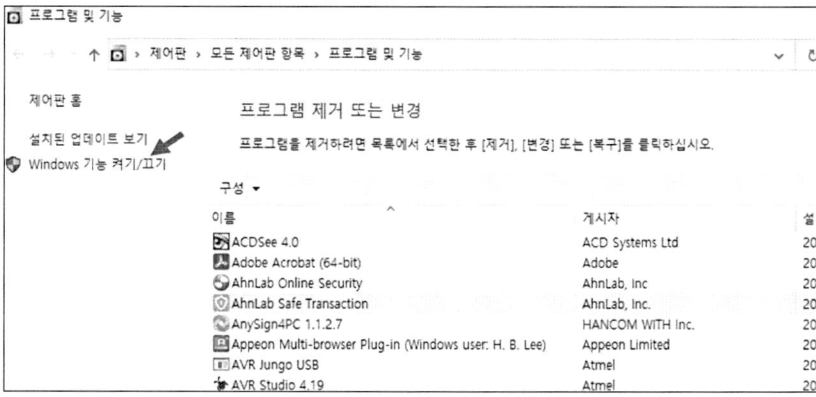

Project #16(Pjt16

◈ 1-1. Windows 10 IIS 켜기

→인터넷 정보 서비스(=IIS) 설정

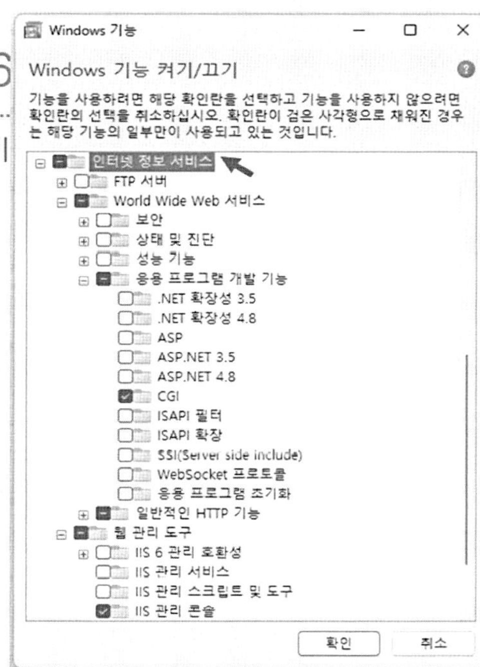

Project #16(Pjt16_IOT_IIS(MyPage - Static Web Page))

◈ 1-2. Windows 11 IIS 켜기 : 설정→앱→기타 Windows 기능

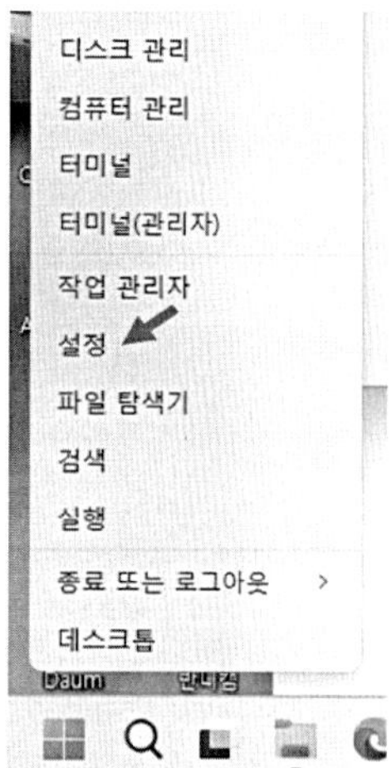

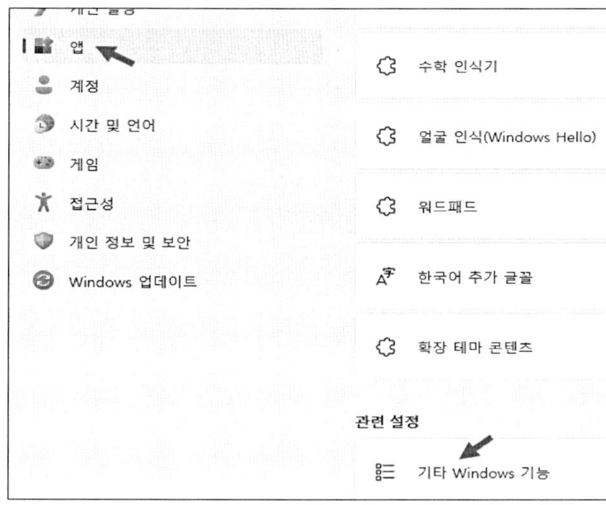

Project #16(Pjt16

◈ 1-2. Windows 11 IIS 켜기

→인터넷 정보 서비스(=IIS) 설정

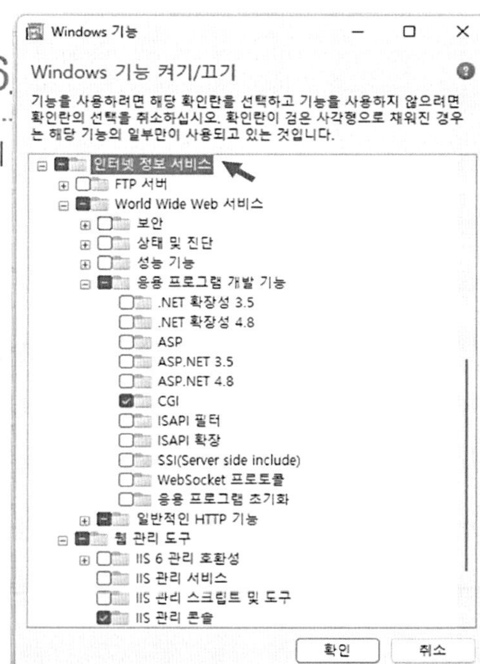

Project #16(Pjt16_IOT_IIS(MyPage - Static Web Page))

◈ 2. IIS 홈에 Static Web Page 작성과 브라우징

```
<!DOCTYPE HTML PUBLIC "-//W3C//DTD HTML 4.0//EN">
<html>
    <head>
          <title> MyPage.htm(Static Web Page) </title>
    </head>
     <body>
          <H2> IOT Testing(MyPage - static web page) </H2>
          <HR> Current temperature is 10 degree.
     </body>
</html>
```

C:/inetpub/wwwroot/MyPage.htm

■ IIS 홈 디렉터리 ➔
C:/inetpub/wwwroot"

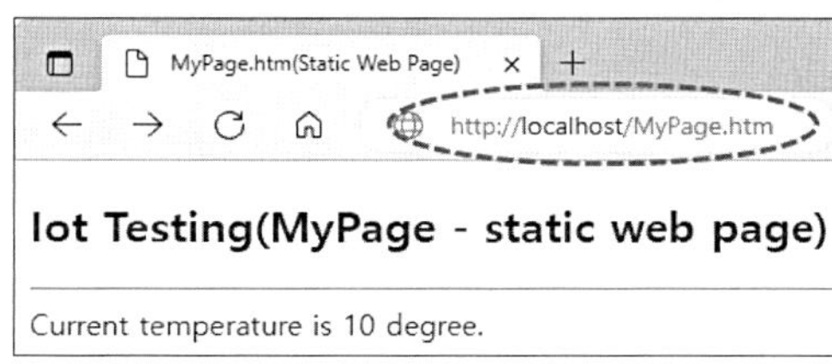

NOTE

% Windows IIS(Internet Information Service)는 Apache와 같이 브라우저에 의한 웹 요청을 처리해주는 웹 서버 중의 하나임.

% IIS의 홈 디렉터리는 C:/inetpub/wwwroot 임.

2.17 Pjt17_IOT_IIS(dynamic web page)

Project #17(Pjt17_IOT_IIS(MyCGI - dynamic web page))

◈ Static Web Page 개념

- IIS 등 웹 서버가 단순히 텍스트 형태로 존재하는 *.htm 혹은 *.html 파일을 읽어서 넘겨주는 경우를 정적 웹 페이지(Static Web Page)라 함

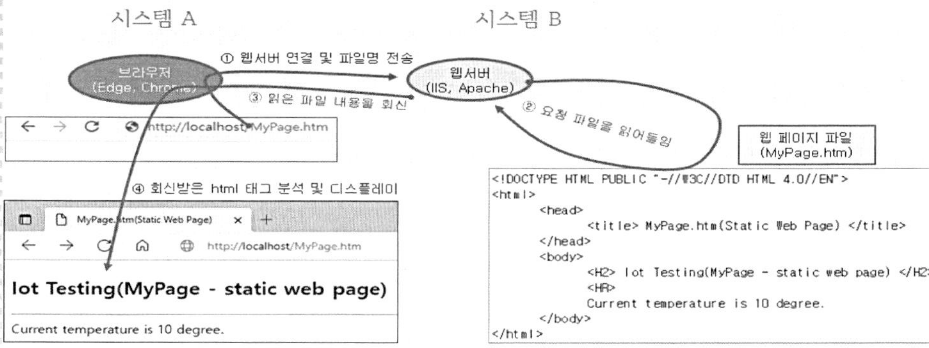

Project #17(Pjt17_IOT_IIS(MyCGI - dynamic web page 1))

◈ Dynamic Web Page 개념

- IIS 등 웹 서버가 이미 존재하는 텍스트 파일이 아닌, *.exe 형태의 실행 파일을 실행시켜 그 결과를 받아 넘겨주는 경우를 동적 웹 페이지(Dynamic Web Page)라 함
- 브라우저는 프로그램을 호출할 때 인수(질의 문자열)를 추가할 수 있음
- 웹 서버와 프로그램 사이에 인수를 전달하고 결과를 받을 때 표준화 된 통로를 활용함
  ➔ CGI(Common Gateway Interface) : 환경변수/표준입력(stdin), 표준출력(stdout)

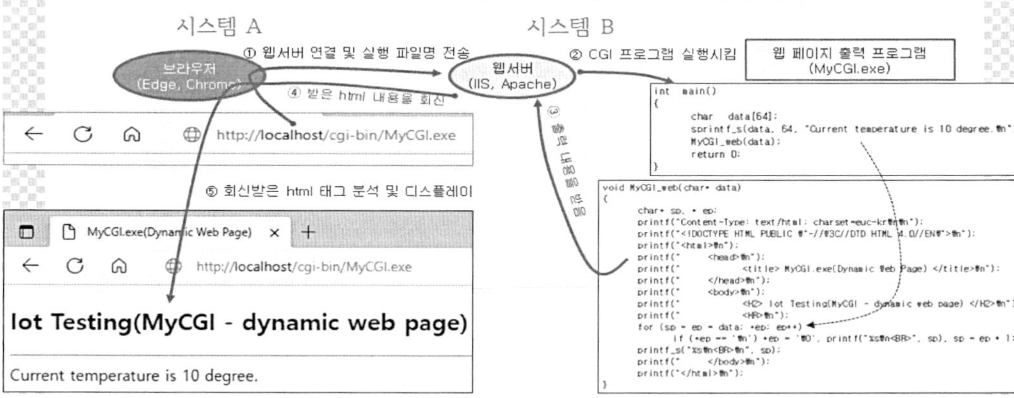

Project #17(Pjt17_IOT_IIS(MyCGI - dynamic web page))

◈ CGI 프로그램 작성(Visual Studio) : 새 프로젝트 생성

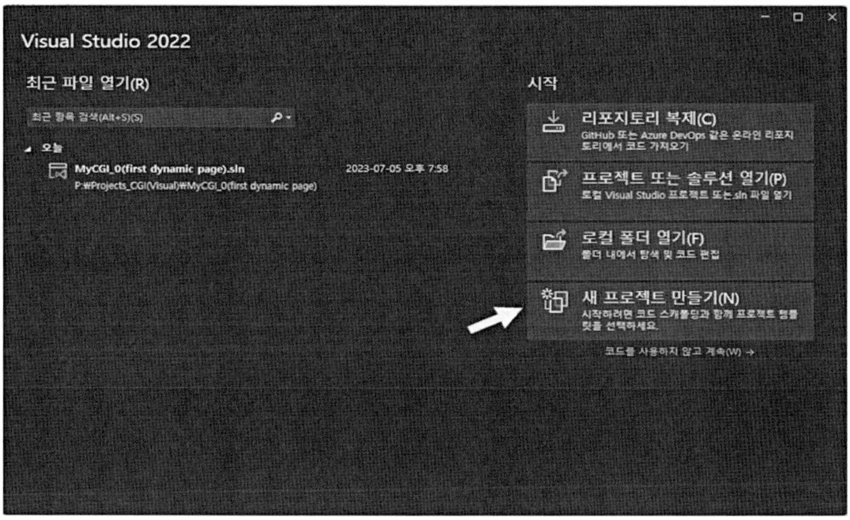

Project #17(Pjt17_IOT_IIS(MyCGI - dynamic web page))

◈ CGI 프로그램 작성 : 프로젝트 타입(콘솔 앱 타입)

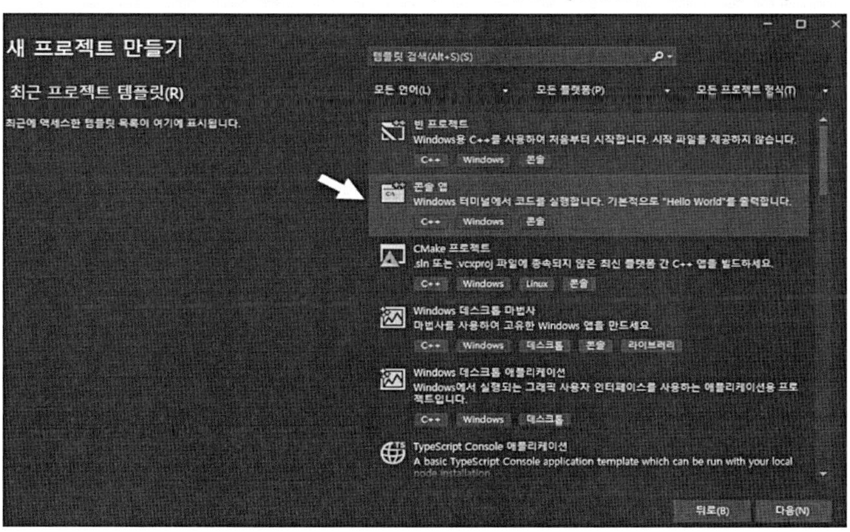

Project #17(Pjt17_IOT_IIS(MyCGI - dynamic web page))

◈ CGI 프로그램 작성 : 프로젝트 명세

- 프로젝트 이름 : “MyCGI” ➔ 실행파일 MyCGI.exe 생성
- 위치 : 프로젝트 폴더를 생성할 위치
- 솔루션 이름 : “Pjt17_IOT_IIS(MyCGI - dynamic web page)”
  ➔ 프로젝트 폴더 생성

Project #17(Pjt17_IOT_IIS(MyCGI - dynamic web page))

◈ CGI 프로그램 작성 : 코딩 & 컴파일

```
// MyCGI_web.c

#include <stdio.h>
#include "MyCGI_web.h "

void MyCGI_web(char* data)
{
        char* sp, * ep;

        printf("Content-Type: text/html; charset=euc-kr₩n₩n");
        printf("<!DOCTYPE HTML PUBLIC ₩"-//W3C//DTD HTML 4.0//EN₩">₩n");
        printf("<html>₩n");
        printf("    <head>₩n");
        printf("            <title>MyCGI.exe(Dynamic Web Page)</title>₩n");
        printf("    </head>₩n");
        printf("    <body>₩n");
        printf("            <H2>Iot Testing(MyCGI - dynamic web page)</H2>₩n");
        printf("            <HR>₩n");
        for (sp = ep = data; *ep; ep++) {
                if (*ep == '₩n') {
                        *ep = '₩0';
                        printf("%s₩n<BR>", sp);
                        sp = ep + 1;
                }
        }
        printf_s("%s₩n<BR>₩n", sp);
        printf("    </body>₩n");
        printf("</html>₩n");
}
```

Project #17(Pjt17_IOT_IIS(MyCGI - dynamic web page))

◈ CGI 프로그램 작성 : 코딩 & 컴파일

```
// MyCGI_web.h

#pragma once

void MyCGI_web(char* data);
```

```
// MyCGI_ main.c

#include <stdio.h>
#include  "MyCGI_web.h"

int  main()
{
    char   data[32];

    sprintf_s(data, 32, "Current temperature is 10 degree.");
    MyCGI_web(data);

   return 0;
}
```

Project #17(Pjt17_IOT_IIS(MyCGI - dynamic web page))

◈ CGI 실행파일 "MyCGI.exe" 을 IIS CGI 홈 폴더로 복사

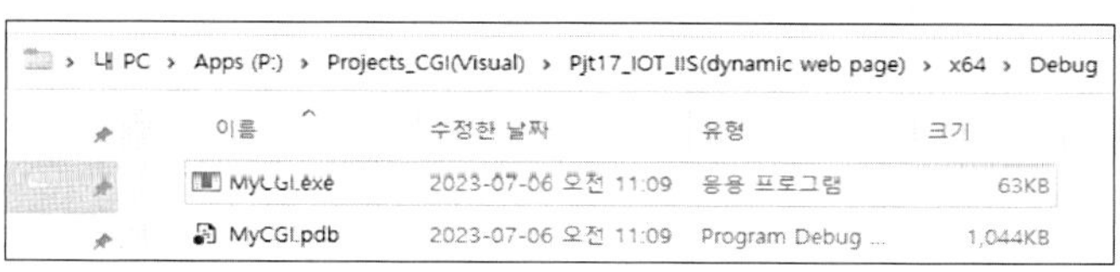

…/Pjt17_IOT_IIS(dynamic web page)/x64/Debug/MyCGI.exe

C:/inetpub/wwwroot/cgi-bin/MyCGI.exe

Project #17(Pjt17_IOT_IIS(MyCGI - dynamic web page))

◈ CGI를 위한 IIS 설정 : 제어판→관리도구

Project #17(Pjt17_IOT_IIS(MyCGI - dynamic web page))

◈ CGI를 위한 IIS 설정 : IIS

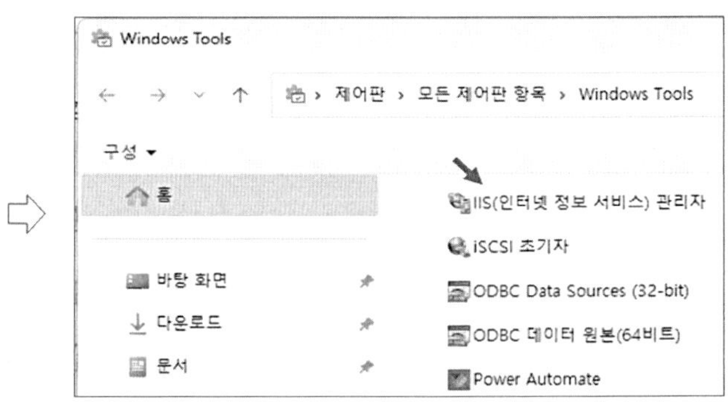

Project #17(Pjt17_IOT_IIS(MyCGI - dynamic web page))

◈ CGI를 위한 IIS 설정 : ① CGI 제한

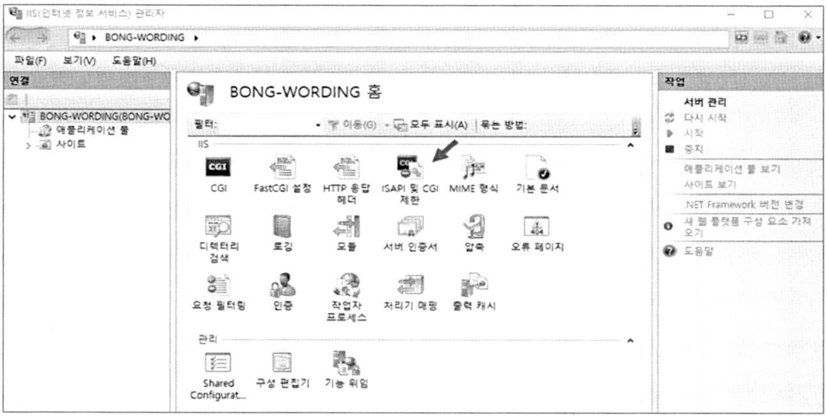

Project #17(Pjt17_IOT_IIS(MyCGI - dynamic web page))

◈ CGI를 위한 IIS 설정 : CGI 제한→추가→입력→확인

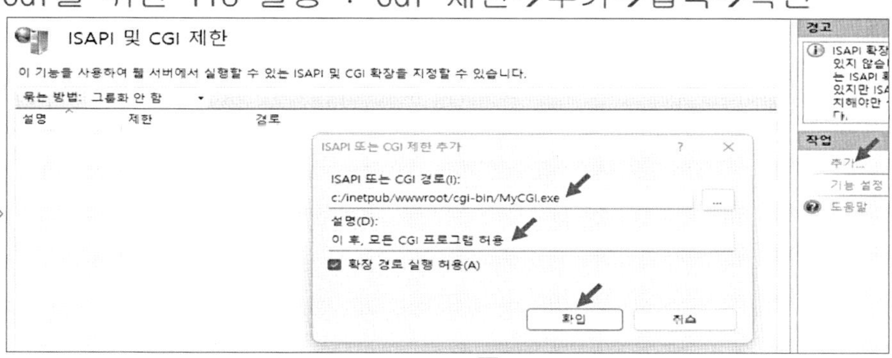

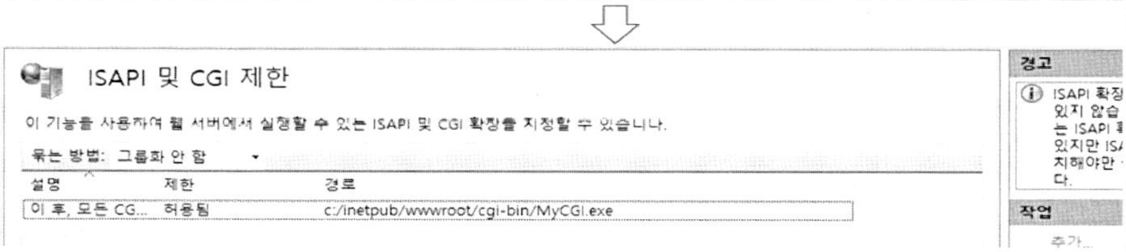

Project #17(Pjt17_IOT_IIS(MyCGI - dynamic web page))

◈ CGI를 위한 IIS 설정 : ② 처리기 매핑

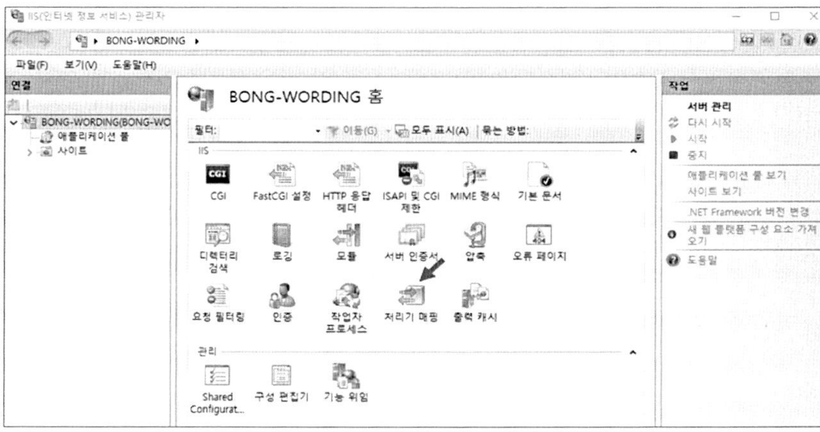

Project #17(Pjt17_IOT_IIS(MyCGI - dynamic web page))

◈ CGI를 위한 IIS 설정 : 처리기 매핑→CGI-exe→
기능 사용 권한 편집→실행→확인

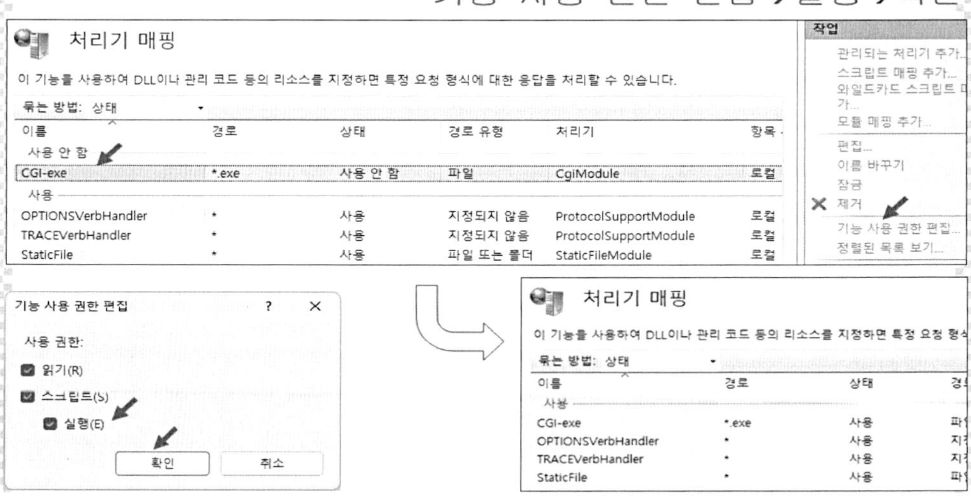

Project #17(Pjt17_IOT_IIS(MyCGI - dynamic web page))

◈ 브라우저에서 MyCGI.exe(CGI 프로그램) 호출

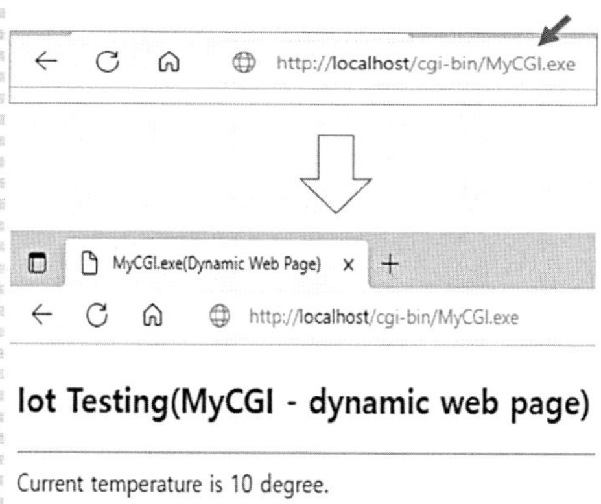


```
int  main()
{
      char  data[64];

      sprintf_s(data, 64, "Current temperature is 10 degree.₩n");
      MyCGI_web(data);

      return 0;
}
```

```
void MyCGI_web(char* data)
{
      char* sp, * ep;

      printf("Content-Type: text/html; charset=euc-kr₩n₩n");
      printf("<!DOCTYPE HTML PUBLIC ₩"-//W3C//DTD HTML 4.0//EN₩">₩n");
      printf("<html>₩n");
      printf("     <head>₩n");
      printf("           <title> MyCGI.exe(Dynamic Web Page) </title>₩n");
      printf("     </head>₩n");

      printf("     <body>₩n");
      printf("           <H2> Iot Testing(MyCGI - dynamic web page) </H2>₩n");
      printf("           <HR>₩n");

      for (sp = ep = data; *ep; ep++) {
            if (*ep == '₩n') {
                  *ep = '₩0';
                  printf("%s₩n<BR>", sp);
                  sp = ep + 1;
            }
      }
      printf_s("%s₩n<BR>₩n", sp);

      printf("     </body>₩n");
      printf("</html>₩n");
}
```

NOTE

% Dynamic web page는 실행 파일이 실시간으로 출력해 주는 웹 페이지를 의미함.

% IIS 등 웹 서버는 요청된 URL이 지시하는 실행 파일을 실행시켜, 그 출력 결과를 브라우저에게 전달함.

% 따라서, 웹 서버와 실행 프로그램은 IPC(Inter-Process Communication) 수단을 사용하여 정보를 주고 받아야 함.

% 웹 서버와 실행 프로그램 사이의 IPC 수단은 공통적으로 정의되어야만 웹 환경에서 표준으로 사용될 수 있음-->CGI(Common Gateway Interface).

% 입력 IPC 수단으로 표준 입력(stdin)과 환경 변수 등 두 가지를 사용함.

% 출력 IPC 수단으로 표준 출력(stdout)을 사용함(printf()).

2.18 Pjt18_IOT_TC1047(COM3 port)

Project #18(Pjt18_IOT_TC1047(COM3 port))

◈ IOT TC1047 CGI 개요

- 웹 브라우저를 통해 CGI 프로그램 TC1047_COM3.exe 호출
- 웹 서버(IIS, Apache 등)가 TC1047_COM3.exe 실행
  - TC1047_COM3.exe가 포트 "COM3"를 개방하여 모트와 연결
    - handle = openPort("COM3", …);
  - 개방된 "COM3" 포트에, 명령어 "tc1047₩n" 전송
    - writeCommand(handle, "tc1047", …);
  - 개방된 "COM3" 포트로부터 tc1047" 명령어에 대한 응답 문자열 수신
    - readData(handle, data, …);
      % 에코 문자들은 버리고, 응답 내용 본문 중 첫 줄만 획득
  - 모트로부터 수신한 내용을 포함하는 CGI 웹페이지 출력
    - TC1047_COM3_web(data);
- 웹 서버가 TC1047_COM3.exe의 출력 내용(웹 페이지)를 브라우저에게 회신

Project #18(Pjt18_IOT_TC1047(COM3 port))

◈ IOT TC1047 CGI 개요

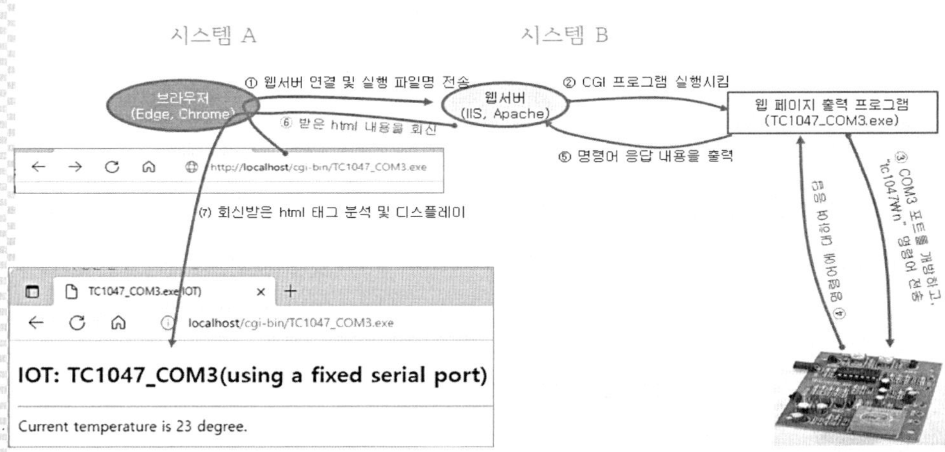

Project #18(Pjt18_IOT_TC1047(COM3 port))

◈ IOT TC1047 CGI 프로그램 코딩 & 컴파일(Visual Studio)

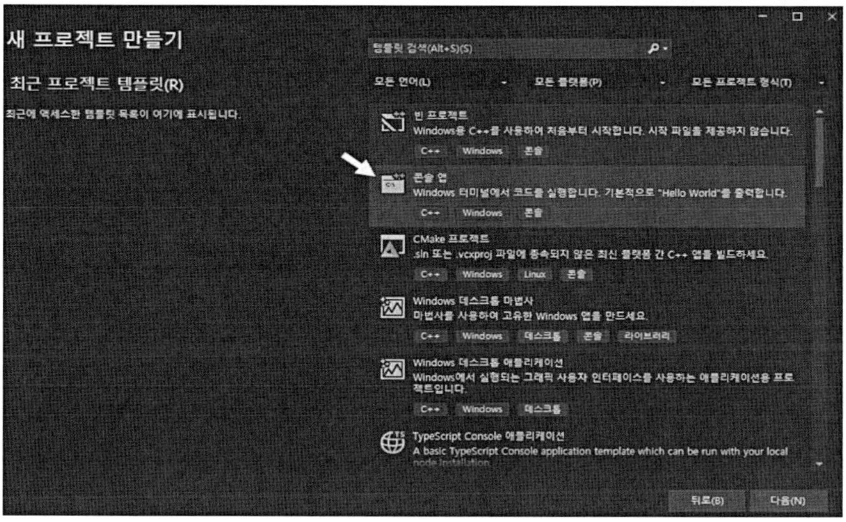

Project #18(Pjt18_IOT_TC1047(COM3 port))

◈ IOT TC1047 CGI 프로그램 코딩 & 컴파일(Visual Studio)

Project #18(Pjt18_IOT_TC1047(COM3 port))

◈ IOT TC1047 CGI 프로그램 코딩 & 컴파일(Visual Studio)

```
// TC1047_COM3_web.c
#include <stdio.h>
#include "TC1047_COM3_web.h"
void TC1047_COM3_web(char* data)
{
    char* sp, *ep;
    printf_s("Content-Type: text/html; charset=euc-kr₩n₩n");
    printf_s("<!DOCTYPE HTML PUBLIC ₩"-//W3C//DTD HTML 4.0//EN₩">₩n");
    printf_s("<html>₩n");
    printf_s("        <head>₩n");
    printf_s("                <title>TC1047_COM3.exe(IOT)</title>₩n");
    printf_s("        </head>₩n");
    printf_s("        <body>₩n");
    printf_s("                <H2>IOT: TC1047_COM3(using a fixed serial port)</H2>₩n");
    printf_s("                <HR>₩n");
    for (sp = ep = data; *ep; ep++) {
        if (*ep == '₩n') {
            *ep = '₩0';  printf("%s₩n<BR>", sp);  sp = ep + 1;
        }
    }
    printf_s("%s₩n<BR>₩n", sp);
    printf_s("        </body>₩n");
    printf_s("</html>₩n");
}
```

Project #18(Pjt18_IOT_TC1047(COM3 port))

◈ IOT TC1047 CGI 프로그램 코딩 & 컴파일(Visual Studio)

```
//
// TC1047_COM3_web.h
//

#pragma once

void    TC1047_CGI_web(char* data);
```

```
// serial.c

#include <Windows.h>
#include <stdio.h>
#include <stdlib.h>
#include "CGI_get_data.h"
#include "serial.h"

HANDLE openPort(char* port, char* msg) {
    HANDLE       hSerial;
    wchar_t      portNo[20], portBuf[20];
    DCB          dcbSerialParams = { 0, };   // DCB for Serial port
    COMMTIMEOUTS timeOuts = { 0 };

    MultiByteToWideChar(CP_ACP, 0, port, 8, portBuf, 16);
    swprintf_s(portNo, 20, L"\\\\.\\%s", portBuf);

    // Open the Serial COM port
    hSerial = CreateFile(portNo,
        GENERIC_READ | GENERIC_WRITE,       // Read/Write Access
        0,                                  // No Sharing, ports cant be shared
        NULL,                               // No Security
        OPEN_EXISTING,                      // Open existing port only
        0,                                  // Non Overlapped I/O
        NULL);                              // Null for Comm Devices

    if (hSerial == INVALID_HANDLE_VALUE) {
        //strcpy_s(msg, 64, "\nError: Open the serial port...\n\n");
        sprintf_s(msg, 64, "\nError: Open the serial port(%s)...\n\n", port);
        return INVALID_HANDLE_VALUE;
    }
```

다음 슬라이드에 계속

```
    //  Configure the Serial port parameter(DCB structure)
    dcbSerialParams.DCBlength = sizeof(dcbSerialParams);
    if (GetCommState(hSerial, &dcbSerialParams) == FALSE) {
        strcpy_s(msg, 64, "\nError: Get the COM state...\n\n");
        CloseHandle(hSerial); return INVALID_HANDLE_VALUE;
    }

    dcbSerialParams.BaudRate = CBR_115200;     // BaudRate = 115200
    dcbSerialParams.ByteSize = 8;              // ByteSize = 8
    dcbSerialParams.StopBits = ONESTOPBIT;     // StopBits = 1
    dcbSerialParams.Parity = NOPARITY;         // Parity = None
    if (SetCommState(hSerial, &dcbSerialParams) == FALSE) {
        strcpy_s(msg, 64, "\nError: Set the COM state(DCB Structure)...\n\n");
        CloseHandle(hSerial);  return INVALID_HANDLE_VALUE;
    }
    // Set timeout to the Serial port
    timeOuts.ReadIntervalTimeout = 10;
    timeOuts.ReadTotalTimeoutConstant = 10;
    timeOuts.ReadTotalTimeoutMultiplier = 0;
    timeOuts.WriteTotalTimeoutConstant = 10;
    timeOuts.WriteTotalTimeoutMultiplier = 10;

    if (SetCommTimeouts(hSerial, &timeOuts) == FALSE) {
        strcpy_s(msg, 32, "\nError: Set timeout to the Serial port...\n\n");
        CloseHandle(hSerial); return INVALID_HANDLE_VALUE;
    }
    return hSerial;

} // openPort() 함수 끝
```

다음 슬라이드에 계속

```
char    *headLine[MAX_N_HEAD], *tailLine[MAX_N_TAIL];

DWORD readData(HANDLE hPort, int N_HEAD, int N_TAIL, char* data, char* msg) {
    char        ch, *buf, i;
    DWORD       nBytesRead;
    int         nHead = 0, nTail = 0, cLen = 0;

    for (i = 0; i < N_HEAD; i++)
        headLine[i] = (char *)malloc(CHR_P_LINE);

    for (i = 0; i < N_TAIL; i++)
        tailLine[i] = (char *)malloc(CHR_P_LINE);

    for (buf = headLine[nHead++];   ;  ) {
        if (ReadFile(hPort, &ch, sizeof(ch), &nBytesRead, NULL) == FALSE) {
            strcpy_s(msg, 64, "\nError: Read from the Serial port...\n\n");
            return 0;
        }
        if (!nBytesRead) {
            buf[cLen] = '\0';
            break;
        }
        buf[cLen++] = ch; // ,printf("=%c=\n", ch);

        if (ch == '\n') {
            buf[cLen] = '\0';
            if (nHead < N_HEAD)  buf = headLine[nHead++];
            else                 buf = tailLine[nTail++ % N_TAIL];
            cLen = 0;
        }
    }
```
다음 슬라이드에 계속

```
    for (i = 0, buf = data; i < nHead; i++) {
        sprintf_s(buf, 128, "%s", headLine[i]);
        buf += (int)strlen(buf);
    }

    sprintf_s(buf, 128, ":::\n");
    buf += (int)strlen(buf);

    if (nTail > N_TAIL) i = nTail % N_TAIL, nTail = N_TAIL;
    else                i = 0;

    for (int j = 0; j < nTail; j++)  {
        sprintf_s(buf, 128, "%s", tailLine[i++ % N_TAIL]);
        buf += strlen(buf);
    }

    for (i = 0; i < N_HEAD; i++)
        free(headLine[i]);

    for (i = 0; i < N_TAIL; i++)
        free(tailLine[i]);

    return nHead + nTail;
} // readData() 함수 끝
```
다음 슬라이드에 계속

```
DWORD writeCommand(HANDLE hPort, char* cmd, char* msg) {
    DWORD   Status, nBytesWritten;
    char    buf[64];

    sprintf_s(buf, 64, "%c%s\n%c", '\33', cmd, '\33');     // ESC for no-echo

    Status = WriteFile(hPort,
        buf,                      // Data to be written to the port
        (DWORD)strlen(buf),       // No of bytes to write into the port
        &nBytesWritten,           // No of bytes written to the port
        NULL);

    if (Status == FALSE) {
        strcpy_s(msg, 64, "\nError: Write to the Serial port...\n\n");
        return 0;
    }
    return nBytesWritten;
} // writeCommand() 함수 끝
```

serial.c 끝

Project #18(Pjt18_IOT_TC1047(COM3 port))

◈ IOT TC1047 CGI 프로그램 코딩 & 컴파일(Visual Studio)

```
//
// serial.h
//

#pragma once

HANDLE   openPort(char* port, char* msg);
DWORD    writeCommand(HANDLE hPort, char* cmd, char* msg);
DWORD    readData(HANDLE hPort, int N_HEAD, int N_TAIL, char* data, char* msg);
```

Project #18(Pjt18_IOT_TC1047(COM3 port))

◈ IOT TC1047 CGI 프로그램 코딩 & 컴파일(Visual Studio)

```
// CGI_get_data.c

#include <Windows.h>
#include <stdio.h>
#include <string.h>
#include "serial.h"
#include "CGI_get_data.h"

void CGI_get_data(char  *port,  char *cmd, int nHeadLine, int nTailLine, char *data)
{
    HANDLE      hSerialPort;                              // Handle for Serial port
    char        errmsg[64];

    if ((hSerialPort = openPort(port, errmsg)) == INVALID_HANDLE_VALUE) {
        strcpy_s(data, 64, errmsg);
        return;
    }
    if (!writeCommand(hSerialPort, cmd, errmsg) ||
                                   !readData(hSerialPort,  nHeadLine, nTailLine, data, errmsg))
        strcpy_s(data, 64, errmsg);

    CloseHandle(hSerialPort);
    return;
}
```


Project #18(Pjt18_IOT_TC1047(COM3 port))

◈ IOT TC1047 CGI 프로그램 코딩 & 컴파일(Visual Studio)


```
//
// CGI_get_data.h
//

#pragma once

#define     MAX_N_HEAD     100 // max number of head lines
#define     DFL_N_HEAD     10  // dedault number of head lines

#define     MAX_N_TAIL     100 // max number of tail lines
#define     DFL_N_TAIL     10  // default number of tail lines

#define    CHR_P_LINE      80  // characters per line

void CGI_get_data(char* port, char* cmd, int nHeadLine, int nTailLine, char *data);
```

Project #18(Pjt18_IOT_TC1047(COM3 port))

◈ IOT TC1047 CGI 프로그램 코딩 & 컴파일(Visual Studio)

```
//
// TC1047_COM3_main.c
//

#include <stdlib.h>
#include "TC1047_COM3_web.h"
#include "CGI_get_data.h"

int main(void) {

        char* data;

        data = (char*)malloc((DFL_N_HEAD + DFL_N_TAIL) * CHR_P_LINE);

        CGI_get_data("COM3",  "tc1047", DFL_N_HEAD, DFL_N_TAIL, data);
        TC1047_COM3_web(data);

        free(data);
}
```

Project #18(Pjt18_IOT_TC1047(COM3 port))

◈ IOT TC1047 CGI 실행 파일 복사

```
…/Pjt18_IOT_TC1047(COM3 port)/x64/Debug/TC1047_COM3.exe
```

↓

```
C:/inetpub/wwwroot/cgi-bin/TC1047_COM3.exe
```

◈ 브라우저에서 TC1047_COM3.exe(CGI 프로그램) 호출

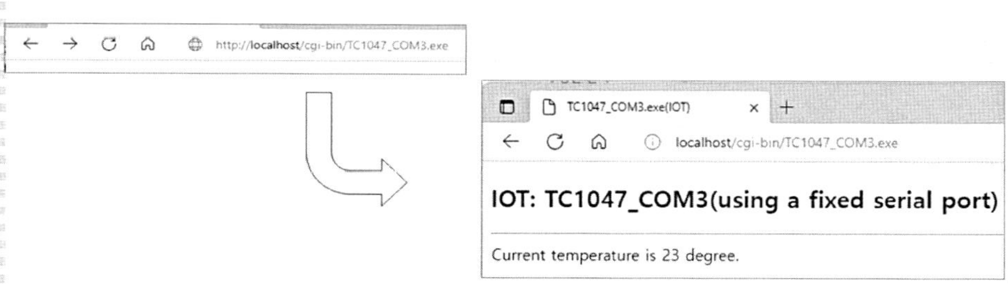

NOTE

% PC에서의 UART 사용 프로그램은 CreateFile("₩₩.₩COM3", ...) 형태의 시스템 파일 개방으로 접근함.

% TC1047_COM3.exe CGI 프로그램은 "COM3" 포트를 고정적으로 사용하기 때문에 만약 모트가 다른 포트와 연결되었다면 정상적인 처리가 불가능함.

% 따라서, 브라우저에서 TC1047_COM3.exe CGI 프로그램을 호출할 때, 사용중인 port를 인수로 넘겨줄 수 있는 방안이 필요 함.

% 웹에서 인수를 넘기는 방법으로 GET 방식과 POST 방식을 지원함.

% GET 방식은 "http://localhost/cgi-bin/TC1047_COM3.exe?PORT=COM3"와 같이 URL 뒤에 "인수이름=값" 형태를 덧붙임

MEMO

2.19 Pjt19_IOT_Query(port, command)

Project #19(Pjt19_IOT_Query(port, command))

◈ Web Query(웹 질의) 개념

- 웹 브라우저를 통해 CGI 프로그램을 호출하면서 조건(인수)을 추가할 수 있음
  ➔ 조건을 주면서 응답을 기다리므로 "Query(질의)" 개념과 동일
- 조건은 "변수=값" 형태이고, 여러 개의 조건을 넘길 수 있음
  ➔ 각 조건들이 "and(&)" 논리로 작용함
- 조건들은 URL 뒤에 아래의 예와 같이 명시함
  ➔ http://localhost/cgi-bin/IOT_Query.exe?PORT=COM3&CMD=tc1047
- 조건 문자열은 환경변수 "QUERY_STRING"을 통해서 CGI 프로그램에게 전달됨
  ➔ "QUERY_STRING=PORT=COM3&CMD=tc1047"
  ➔ 환경변수를 통해서 인수(조건)을 전달하는 경우를 GET 방식이라 함
  ➔ 대량의 인수를 전달하는 경우는 표준 입력(stdin)으로 전달하는 POST 방식을 활용함(form 페이지 사용)

Project #19(Pjt19_IOT_Query(port, command))

◈ IOT Query CGI 프로그램 코딩 & 컴파일(Visual Studio)

Project #19(Pjt19_IOT_Query(port, command))

◈ IOT Query CGI 프로그램 코딩 & 컴파일(Visual Studio)

```
// IOT_Query_web.c
#include <stdio.h>
#include "IOT_Query_web.h"
void IOT_Query_web(char* data)
{
    char* sp, * ep;
    printf_s("Content-Type: text/html; charset=euc-kr₩n₩n");
    printf_s("<!DOCTYPE HTML PUBLIC ₩"-//W3C//DTD HTML 4.0//EN₩">₩n");
    printf_s("<html>₩n");
    printf_s("<head>₩n");
    printf_s("<title> IOT_query.exe(IOT) </title>₩n");
    printf_s("</head>₩n");
    printf_s("<body>₩n");
    printf_s("<H2> IOT: IOT_Query(using query values) </H2>₩n");
    printf_s("<HR>₩n");
    for (sp = ep = data; *ep; ep++) {
        if (*ep == '₩n') {
            *ep = '₩0';  printf("%s₩n<BR>", sp);  sp = ep + 1;
        }
    }
    printf_s("<BR>₩n");
    printf_s("</body>₩n");
    printf_s("</html>₩n");
}
```

Project #19(Pjt19_IOT_Query(port, command))

◈ IOT Query CGI 프로그램 코딩 & 컴파일(Visual Studio)

```
//
// IOT_Query_web.h
//

#pragma once

void    IOT_Query_web(char* data);
```

Project #19(Pjt19_IOT_Query(port, command))

◈ IOT Query CGI 프로그램 코딩 & 컴파일(Visual Studio)

```
//
// queryGet.c
//
#include <stdio.h>
#include <string.h>
#include <stdlib.h>
#include "queryGet.h"
int queryGet(char* port, char* cmd, char* msg)
{
    char*  qp, * pp, * cp, * dp = NULL, * content_length;
    int    i_content_length, i;

    char* request_method = getEnv("REQUEST_METHOD");
    char* content_type   = getEnv("CONTENT_TYPE");

    if (request_method == NULL) {
          strcpy_s(msg, 64, "Error: html method not defined...\n\n");
          return 0;
    }

    if (strcmp(request_method, "GET") || !(qp = getEnv("QUERY_STRING")) {
          strcpy_s(msg, 64, "Error: html QUERY_STRING not defined...\n\n");
          return 0;
    }
```

다음 슬라이드에 계속

```
   i_content_length = (int)strlen(qp);
    if (!(pp = strstr(qp, "PORT="))) {       // PORT=COM3&CMD=tc1047
          strcpy_s(msg, 64, "Error: 'PORT' field not defined...\n\n");
          return 0;
    }
    pp = pp + 5;
    if (*pp == '&' || *pp == '.') {
          strcpy_s(msg, 64, "Error: 'PORT' value not defined...\n\n");
          return 0;
    }
    if (!(cp = strstr(qp, "CMD="))) {
          strcpy_s(msg, 64, "Error: 'CMD' field not defined...\n\n");
          return 0;
    }
    cp = cp + 4;
    if (*cp == '&' || *cp == '.') {
          strcpy_s(msg, 64, "Error: 'CMD' value not defined...\n\n");
          return 0;
    }
    pp = strtok_s(pp, " \n\r\t&.", &dp); // port value
    cp = strtok_s(cp, " \n\r\t&.", &dp); // cmd  value
    decode(port, pp);
    decode(cmd, cp);

    return 1;
}  // getQuery() 함수 끝
```

다음 슬라이드에 계속

```
char* getEnv(char* en) {
    char*   ep;
    size_t  el;

    if (_dupenv_s(&ep, &el, en))
          return NULL;
    return (ep);
}

void decode(char *bfp, char *qp)   //  "prime%2050" → "prime 50"
{                                  // decode only %20 !!!
    while (*qp) {
          if (*qp == '%') *bfp++ = ' ', qp += 3;
          else            *bfp++ = *qp++;
    }
    *bfp = '₩0';
}
```

getQuery.c 끝

```
//
// queryGet.h
//
#pragma once
Int      queryGet(char* port, char* command, char* msg);
char*    getEnv(char* en);
void     decode(char* bfp, char* qp);
```

Project #19(Pjt19_IOT_Query(port, command))

◈ IOT Query CGI 프로그램 코딩 & 컴파일(Visual Studio)

```
//
// IOT_Query_main.c
//
#include <stdlib.h>
#include <string.h>
#include "queryGet.h"
#include "IOT_Query_web.h"
#include "CGI_get_data.h"
int main(void) {
    char  port[32], cmd[32], * data, errmsg[64];

    data = (char*)malloc((DFL_N_HEAD + DFL_N_TAIL) * CHR_P_LINE);
    if (!queryGet(port, cmd, errmsg))
          strcpy_s(data, 64, errmsg);
    else
          CGI_get_data(port, cmd, DFL_N_HEAD, DFL_N_TAIL, data);
    IOT_Query_web(data);

    free(data);
}
```

Project #19(Pjt19_IOT_Query(port, command))

◈ IOT Query CGI 프로그램 코딩 & 컴파일(Visual Studio)

```
//
// serial.c
//
:
```

```
//
// serial.h
//
:
```

```
//
// CGI_get_data.c
//
:
```

```
//
// CGI_get_data.h
//
:
```

Project #19(Pjt19_IOT_Query(port, command))

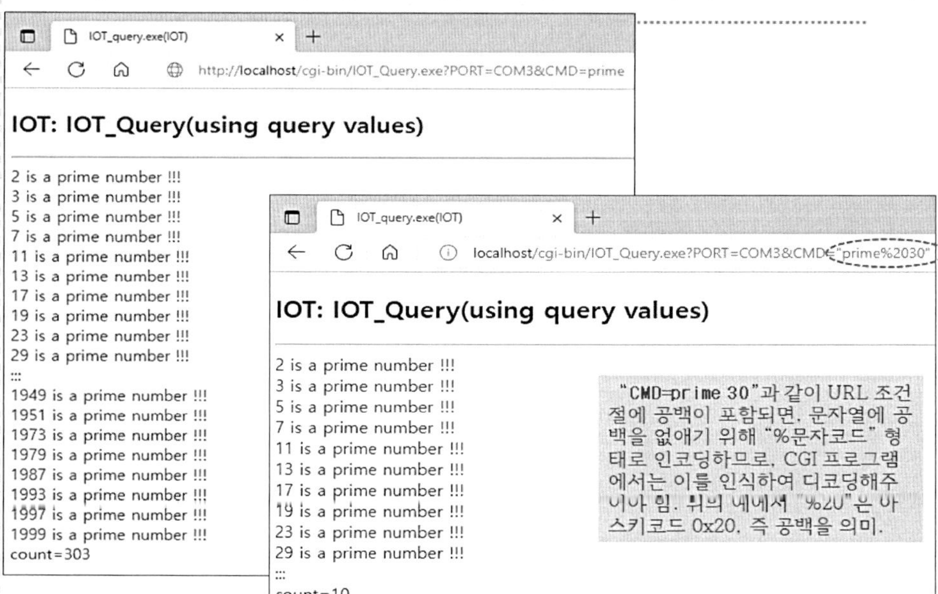

NOTE

% "http://localhost/cgi-bin/TC1047_COM3.exe?PORT=COM3&CMD=tc1047" 와 같이 URL 뒤에 "인수이름=값" 형태의 질의 조건을 덧붙이는 GET 방식에서는 질의 조건인 "PORT=COM3&CMD=tc1047" 부분이 "QUERY_STRING" 환경 변수를 통해 CGI 프로그램에게 전달됨.

% WIndows WIN32 API 프로그램에서는 _dupenv_S() 함수를 사용하여 환경 변수를 탐색할 수 있고, 유닉스/리눅스 프로그램에서는 getenv() 함수를 통해서 탐색할 수 있음.

2.20 Pjt20_IOT_Query(form)

Project #20(Pjt20_IOT_Query(form))

◈ Web form 개념

- 질의 조건을 URL에 직접 덧붙이는 대신, 웹 페이지의 폼에 질의 조건을 입력
  ➔ 입력이 편리함
- 해당 웹 폼에는 CGI 프로그램에 대한 URL을 링크(link)
  ➔ "submit" 속성의 버튼으로 CGI 프로그램 호출

° 아래의 폼에서 두개의 입력 창을 각각 질의 조건 "PORT"와 "CMD"로 대응
° "submit" 속성의 "Send" 버튼은 여기에 연결된 URL 호출

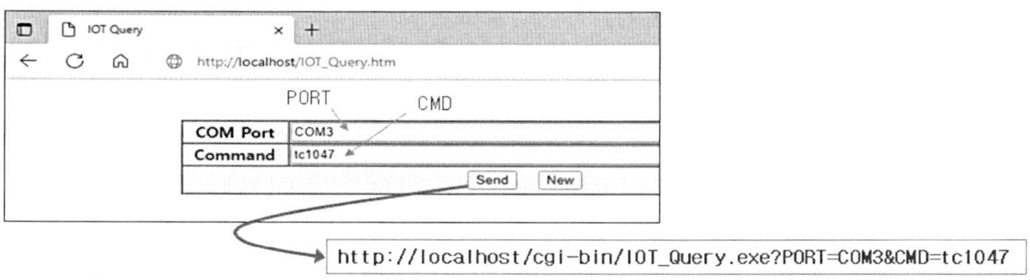


```
<html>
<title> IOT_Query.htm </title>

<STYLE TYPE="text/css"> </STYLE>
<body bgcolor=#FFFFFF>
<p align=center><br> </p>

<form ENCTYPE="multipart/form-data" action="cgi-bin/IOT_Query.exe" method="GET">
   <input type="hidden" name="IOT" value="PUT">
     <div align=center>
     <table border="1" cellspacing="0">

       <tr>
          <td width="100" bgcolor="#D7F2F1"><p align="center"><strong>COM Port</strong></p> </td>
          <td bgcolor="#E7E7E7"> <input type="text" size=74 name="PORT" ></td>
       </tr>

       <tr>
          <td width="100" bgcolor="#D7F2F1"><p align="center"><strong>Command</strong></p> </td>
          <td bgcolor="#E7E7E7"> <input type="text" size=74 name="CMD" ></td>
       </tr>

       <tr>
            <td colspan="2" bgcolor="#EDF0D9">
               <div align="center"><center>
               <table border="0">
                 <tr>
                    <td width="50"><input type="submit" value="Send"> </td>
                    <td width="10">  </td>
                    <td>           <input type="reset"  value="New">  </td>
                 </tr>
               </table>
               </div>
            </td>
       </tr>
    </table> </center>
    </div>
</form>

</body>
</html>
```

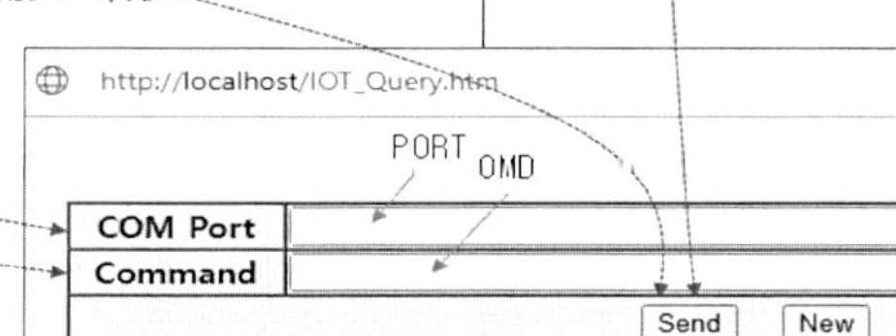

Project #20(Pjt20_IOT_Query(form))

◈ 입력 폼 페이지 작성(IOT_Query.htm)

```
<html>
<title> IOT_Query.htm </title>
<STYLE TYPE="text/css"> </STYLE>

<body bgcolor=#FFFFFF>
<p align=center><br> </p>

<form ENCTYPE="multipart/form-data" action="cgi-bin/IOT_Query.exe" method="GET">

   <input type="hidden" name="IOT" value="PUT">
     <div align=center>
     <table border="1" cellspacing="0">

       <tr>
          <td width="100" bgcolor="#D7F2F1"><p align="center"><strong>COM Port</strong></p> </td>
          <td bgcolor="#E7E7E7"> <input type="text" size=74 name="PORT" ></td>
       </tr>

       <tr>
          <td width="100" bgcolor="#D7F2F1"><p align="center"><strong>Command</strong></p> </td>
          <td bgcolor="#E7E7E7"> <input type="text" size=74 name="CMD" ></td>
       </tr>
```

다음 슬라이드에 계속

```
       <tr>
            <td colspan="2" bgcolor="#EDF0D9">
               <div align="center"><center>
               <table border="0">
                 <tr>
                    <td width="50"><input type="submit" value="Send"> </td>
                    <td width="10"> </td>
                    <td>           <input type="reset"  value="New"> </td>
                 </tr>
               </table>
               </div>
            </td>
       </tr>

    </table> </center>

    </div>
</form>

</body>

</html>
```

Project #20(Pjt20_IOT_Query(form))

◈ Web form을 이용한 질의 과정

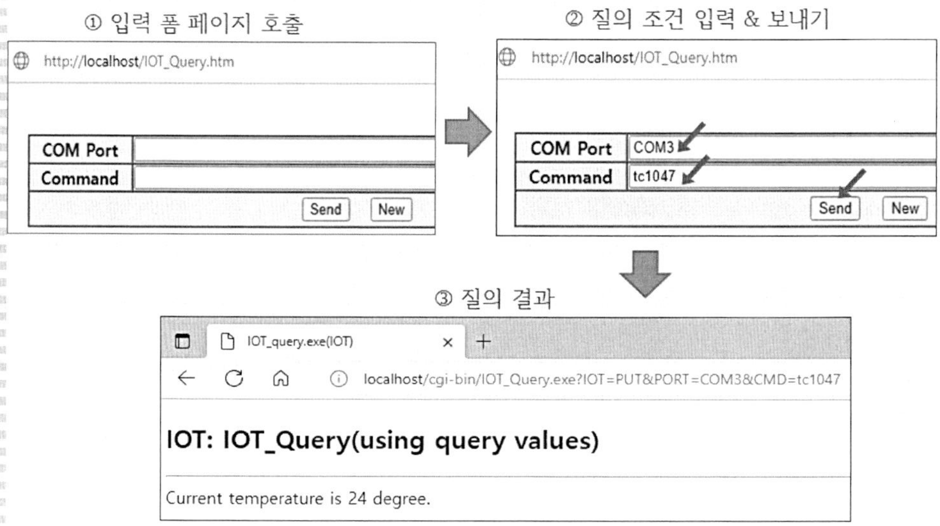

NOTE

% 질의 조건은 URL에 직접 덧붙여 사용하는 것 보다는 폼 페이지를 사용하는 경우가 일반적임.

2.21 Pjt21_IOT_Console(MyTerm)

Project #21(Pjt21_IOT_Console(MyTerm))

◈ Console의 개념

- 컴퓨터 관리가 가능한 모니터 창
  - ➔ PC를 포함함 모든 컴퓨터는 반드시 관리용 모니터가 장착되어 있음
- 모트를 관리하기 위해서는 UART 통신으로 명령어와 응답을 주고 받을 수 있는 단말기 소프트웨어가 콘솔 기능을 담당
  - ➔ 지금까지 사용했던 "TeraTerm"이 그 중의 하나
  - ➔ "TeraTerm"과 동일 기능을 갖는 프로그램 구현이 가능함→MyTerm
- 콘솔 프로그램의 기본 기능은
  - ① 키보드(stdin)에서 읽은 문자를 포트(예:COM3)를 통해 모트로 보내고
  - ② 모트가 보내온 문자를 포트(예:COM3)에서 읽어 모니터(stdout)로 출력함

Project #21(Pjt21_IOT_Console(MyTerm))

◈ Terminal(단말기) 소프트웨어 구현

- 키보드(stdin) 입력을 모트와 연결된 시리얼 포트(COM port)로 출력
- 시리얼 포트에서 읽어 모니터 화면(stdout)으로 출력
- 키보드나 시리얼 포트에서 읽기를 시도할 때, 입력이 있을 때까지 진행을 할 수 없어, 반대편 입력이 있더라도 처리를 못함➔봉쇄(block) IO➔DOS
- 스레드를 이용하여 방향별 독립 처리
- VisualStudio WIN32 API Console 형 프로그램(*.exe)

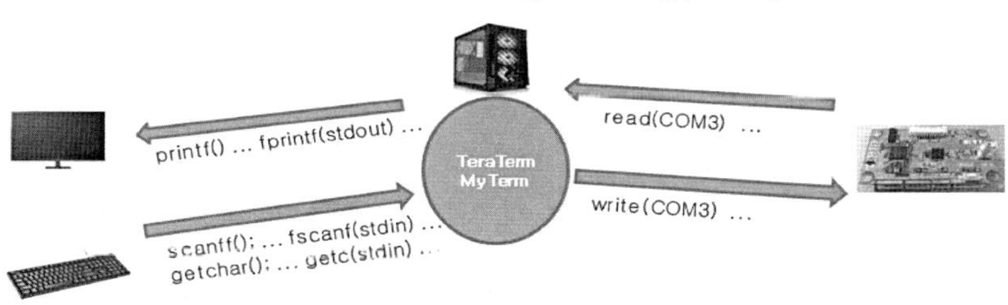

Project #21(Pjt21_IOT_Console(MyTerm))

◈ 스레드란?

- 프로그램이 실행되는 흐름 줄기
- 보통 프로세스는 하나의 실행 줄기 즉, 하나의 스레드를 가짐(단일 스레드 프로세스)

  예) C 프로그램의 main() 함수에서부터 시작하는 실행 줄기

```
#include <stdio.h>
int main() {
        int      s;
        s = sum(100);
        printf( "s=%d\n" , s);
        return 0;
}

int  sum(int  n)
{
        int      i, s;
        for (i = 1, s = 0; i <= n; i++)
                s = s + i;
        return(s);
}
```

Project #21(Pjt21_IOT_Console(MyTerm))

◈ 다중 스레드란?

- 프로세스(프로그램)는 하나이지만, 여러 개의 실행 줄기(스레드)를 가짐
- 운영체제는 스레드별로 독립적인 상태 천이를 관리함
- 즉, 스레드별로 독립적인 처리(관리)를 해 줌
- 프로세스의 기계 명령어 위를 여러 개의 CPU가 지나는 것과 동일함

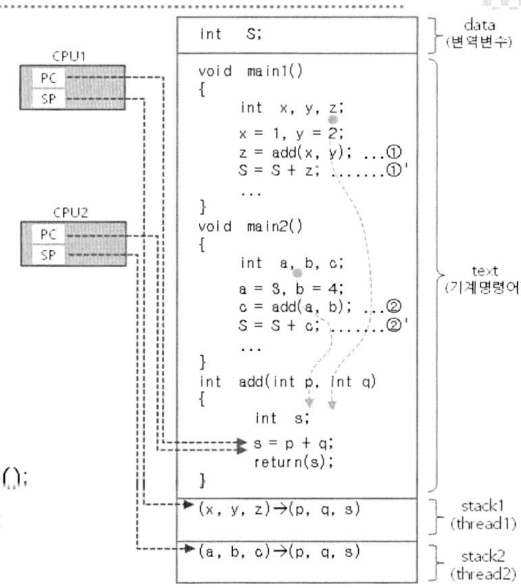

◈ 스레드 생성

- 유닉스/리눅스(POSIX) : pthread_create();
- Windows(WinAPI 32) : CreateThread();

Project #21(Pjt21_IOT_Console(MyTerm))

◈ Console 프로그램 코딩 & 컴파일(Visual Studio)

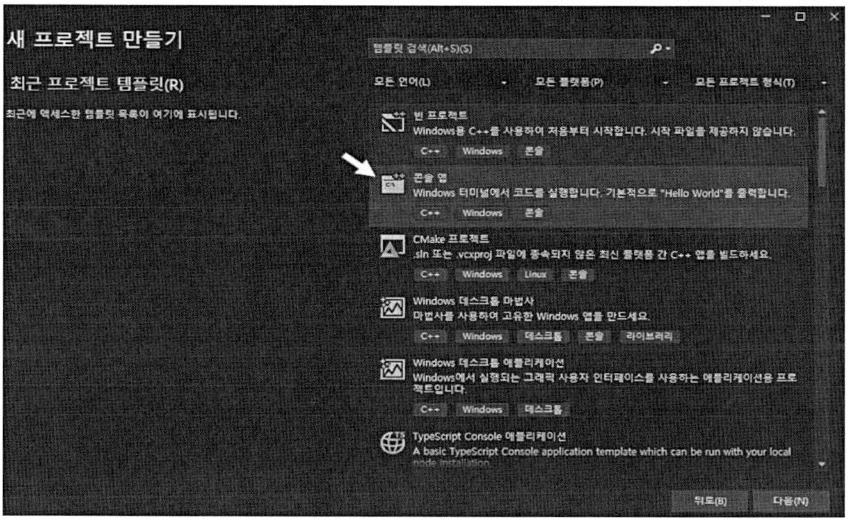

Project #21(Pjt21_IOT_Console(MyTerm))

◈ Console 프로그램 코딩 & 컴파일(Visual Studio)

```
// serialTerm.c

#include <Windows.h>
#include <stdio.h>
#include <stdlib.h>
#include "serialTerm.h"

HANDLE openPort(char* port, char* msg) {      // COM 포트를 개방함
    HANDLE       hSerial;
    wchar_t      portNo[20], portBuf[20];
    DCB          dcbSerialParams = { 0, };   // DCB for Serial port
    COMMTIMEOUTS timeOuts = { 0 };

    MultiByteToWideChar(CP_ACP, 0, port, 8, portBuf, 16);
    swprintf_s(portNo, 20, L"₩₩₩₩.₩₩%s", portBuf);

    // Open the Serial COM port
    hSerial = CreateFile(portNo,
        GENERIC_READ | GENERIC_WRITE,       // Read/Write Access
        0,                                  // No Sharing, ports cant be shared
        NULL,                               // No Security
        OPEN_EXISTING,                      // Open existing port only
        0,                                  // Non Overlapped I/O
        NULL);                              // Null for Comm Devices

    if (hSerial == INVALID_HANDLE_VALUE) {
        //strcpy_s(msg, 64, "₩nError: Open the serial port...₩n₩n");
        sprintf_s(msg, 64, "₩nError: Open the serial port(%s)...₩n₩n", port);
        return INVALID_HANDLE_VALUE;
    }
```
다음 슬라이드에 계속

```
    //  Configure the Serial port parameter(DCB structure)
    dcbSerialParams.DCBlength = sizeof(dcbSerialParams);
    if (GetCommState(hSerial, &dcbSerialParams) == FALSE) {
        strcpy_s(msg, 64, "₩nError: Get the COM state...₩n₩n");
        CloseHandle(hSerial); return INVALID_HANDLE_VALUE;
    }

    dcbSerialParams.BaudRate = CBR_115200;     // BaudRate = 115200
    dcbSerialParams.ByteSize = 8;              // ByteSize = 8
    dcbSerialParams.StopBits = ONESTOPBIT;     // StopBits = 1
    dcbSerialParams.Parity = NOPARITY;         // Parity = None
    if (SetCommState(hSerial, &dcbSerialParams) == FALSE) {
        strcpy_s(msg, 64, "₩nError: Set the COM state(DCB Structure)...₩n₩n");
        CloseHandle(hSerial);  return INVALID_HANDLE_VALUE;
    }
    // Set timeout to the Serial port
    timeOuts.ReadIntervalTimeout = 10;
    timeOuts.ReadTotalTimeoutConstant = 10;
    timeOuts.ReadTotalTimeoutMultiplier = 0;
    timeOuts.WriteTotalTimeoutConstant = 10;
    timeOuts.WriteTotalTimeoutMultiplier = 10;

    if (SetCommTimeouts(hSerial, &timeOuts) == FALSE) {
        strcpy_s(msg, 32, "₩nError: Set timeout to the Serial port...₩n₩n");
        CloseHandle(hSerial); return INVALID_HANDLE_VALUE;
    }
    return hSerial;

} // openPort() 함수 끝
```
다음 슬라이드에 계속

```
DWORD con2SerialThread(LPVOID lpParam) {
    HANDLE      hPort = *(HANDLE*)lpParam;
    DWORD       nBytesRead, nBytesWritten, Status;
    HANDLE      stdinHandle = GetStdHandle(STD_INPUT_HANDLE);    // for stdin
    char        ch;

    GetConsoleMode(stdinHandle, &consoleMode);
    consoleMode &= ~(ENABLE_LINE_INPUT | ENABLE_ECHO_INPUT);
    SetConsoleMode(stdinHandle, consoleMode);

    ch =  '₩n';      // first enter key to receive  $'  prompt
    do {
        Status = WriteFile(hPort, &ch, 1, &nBytesWritten, NULL); // ch=getchar();

        if (Status == FALSE) {
            printf_s("₩nError: Write to the Serial port₩n₩n");
            return 0;
        }
        Status = ReadFile(stdinHandle, &ch, sizeof(ch), &nBytesRead, NULL);

        if (Status == FALSE || ch == BELL) {    // Ctrl-G
            consoleMode |= ENABLE_LINE_INPUT | ENABLE_ECHO_INPUT;
            SetConsoleMode(stdinHandle, consoleMode);
            return 1;
        }

    } while(1);
} // con2SerialThread() 함수 끝
```

다음 슬라이드에 계속

```
DWORD serial2ConThread(LPVOID lpParam) {
    HANDLE      hPort = *(HANDLE*)lpParam;
    char        ch;
    DWORD       nBytesRead;

    do {
        if (ReadFile(hPort, &ch, sizeof(ch), &nBytesRead, NULL) == FALSE)
            return 0;
        if (nBytesRead > 0) {
            printf_s("%c", ch);
        }
    } while (1);
} // serial2ConThread() 함수 끝
```

serialTerm.c 끝

```
//
// serialTerm.h
//

#pragma once

#define   BELL      0x07      // Ctrl-G

HANDLE    openPort(char* port, char* msg);
DWORD     con2SerialThread(LPVOID lpParam);
DWORD     serial2ConThread(LPVOID lpParam);
```

Project #21(Pjt21_IOT_Console(MyTerm))

```c
//
// MyTerm_main.c
//

#include <Windows.h>
#include <stdio.h>
#include <string.h>

#include "serialTerm.h"

int main(void)
{
    HANDLE      hSerialPort;                    // Handle for Serial port
    char        port[16];                       // COM port name
    char        errmsg[64];

    printf_s("   Enter the Com Port: ");    // Enter the com port id: ex) COM3

    scanf_s("%s", port, (unsigned)_countof(port));

    if ((hSerialPort = openPort(port, errmsg)) == INVALID_HANDLE_VALUE) {
        printf_s(errmsg);
        system("pause");
        return 1;
    }
```

다음 슬라이드에 계속

```c
    printf_s("\n   ==========================================\n"
             "              Welcome to MyTerm !!!           \n"
             "   Use ctrl-G key to exit from this terminal.\n"
             "   ==========================================\n");

    DWORD c2sThreadId = 0, s2cThreadId = 0;

    HANDLE c2sThread = CreateThread(NULL, 0, con2SerialThread, &hSerialPort, 0,
                                                                  &c2sThreadId);

    HANDLE s2cThread = CreateThread(NULL, 0, serial2ConThread, &hSerialPort, 0,
                                                                  &s2cThreadId);

    (void)WaitForSingleObject(c2sThread, INFINITE);
    CloseHandle(hSerialPort);
    (void)WaitForSingleObject(s2cThread, INFINITE);

    return 0;

} // main() 함수 끝
```

MyTERM_main.c 끝

제 3 장 컴파일러 최적화와 경쟁상황

3.1 컴파일러 최적화(Compiler Optimization) 개념

컴파일러 최적화란 사용자가 작성한 프로그램을 좀 더 효율적으로 개선하기 위해 컴파일러가 임으로 프로그램의 문장을 수정·재배치·제거하여 번역하는 과정을 말한다. 이를테면 [코드3-1]에서 문장 ①은 제거되어도 그 결과에는 전혀 문제가 되지 않기 때문에 컴파일러는 이 문장을 제거하고 번역한다. 그러나, 프로그램 작성자는 실행시간 측정 등을 위해 이 문장을 꼭 필요로 할 수 있는데, 이 문장이 제거되었다는 사실을 알지 못한다. 즉, 컴파일러는 효율적인 코드에 의한 성능 향상에 주안점을 둔다.

```
#include <stdio.h>
main()
{
        int     a, b, c;
        a = 10; ......①
        b = 20;
        a = 30; ......②
        c = a + b;
        printf("a=%d, b=%d, c=%d₩n, a, b, c);
}
```

[코드 3-1] 컴파일러 최적화 적용 예 1

일반 서버나 데스크탑 PC에서 이루어지는 대부분의 응용 프로그램은 컴파일러 최적화에 의한 성능 개선을 용인하고 기대하므로 문제가 되지 않으며, 필요한 경우에는 컴파일러 옵션에 의한 최적화 거부를 지시할 수도 있다. 컴파인러의 최적화 분야는 이론적 정립이 잘 되어 있으며, 상수 대치, 상수 전파, 공통 수식 제거, 대수적 간편화 등이 있다.

3.2 컴파일러 최적화 기법들

컴파일러의 최적화 분야는 이론적으로 잘 정립되어 있으며, 상수 대치, 상수 전파, 공통 수식 제거, 대수적 간편화 등이 있다.

■ 상수 접기(constant folding)

상수 접기란 둘 이상의 상수들이 사칙 연산 등 연산식으로 표현되어 있을 때 이를 미리 계산하여 하나의 상수로 대신해 준다. 즉, 여러 개의 상수들을 연산자를 기준으로 접어 하나의 상수로 대치한다는 의미이다. 아래의 [코드 3-2]의 예에서 수식 항 "2 * 3.14"를 반으로 접어 그 결과인 6.28로 대신할 수 있고, 이는 해당 프로그램이 실행될 때 "2 * 3.14"를 계산하는 시간을 단축할 수 있다. 그렇다고, 사용자가 처음부터 "s = 6.28 * r"와 같이 미리 계산하여 얻은 결과로 코딩하면 코드 가독성(이해성) 저하된다.

```
#include <stdio.h>
main()                                          // 원주 구하기
{
        int     r;
        float   l;

        scanf("%d", &r);
        l = 2 * 3.14 * r;  ⇒ 6.28 * r;
        printf("r=%d, l=%f₩n", r, l);
}
```

[코드 3-2] 컴파일러의 상수 접기 최적화 예

■ 상수 전파(constant propagation)

수식은 변수로 표현되어 있으나, 그 변수의 값이 상수로 알려지고 중간에 변화되지 안을 경우 해당 변수 자리를 해당 상수로 대치하고, 그 결과를 기준으로 또 다른 최적화가 가능한 지 탐색한다. [코드 3-3]에 그 예를 보였다.

```
#include <stdio.h>
main()                                              // 원의 넓이 구하기
{
        int     r;
        float   s;

        r = 5;
        s = 3.14 * r * r; ⇒ 3.14 * 5 * 5 ⇒ 15.7 * 5 ⇒ 78.5
        printf("r=%d, s=%f₩n", r, s);
}
```

[코드 3-3] 컴파일러의 상수 전파 최적화 예1

아래 [코드 3-4]에서는 변수 n의 값 0이 상수로서 if 구문에 전파되어 관계식 "0 > 1"이 false로 결정되고, 이에 따라 if 구문 전체를 소스 코드에서 제거한다.

```
#include <stdio.h>
main()                                              // 2ⁿ 구하기
{
        int     n, en, i;

        n = 0;
        en = 1;
        if (n > 1) { //⇒ if (0 > 1) ⇒ false 결정 ⇒ if 구문 전체 제거
                for (i = 1; i <= n; i++)
                        en = en * 2;
        }
        printf("n=%d, en=%d₩n", n, en);
}
```

[코드 3-4] 컴파일러의 상수 전파 최적화 예2

■ 공통 부분수식 대입(common subexpression elimination)

여러 개의 수식에 동일한 계산 부분이 포함되어 있다면 이를 각 수식마다 반복적으로 계산하지 않고, 이 부분에 대하여 한 번 계산하여 그 결과를 활용하면 실행 시 계산 시간을 단축할 수 있다. [코드 3-5]의 예에는 상수 접기와 공통 부분수식 대입 최적화 가능 요소가 혼합되어 있다. 이런 경우에는 어느 쪽 이득이 더 큰가에 따라 최적화가 이루어질 것임은 당연하다.

```
#include <stdio.h>
main()                                    // 원의 원주, 넓이, 부피 구하기
{
        int     r;
        float   l, s, v;

        scanf("%d", &r);
        l = 2 * 3.14 * r;  ⇒ t = 3.14 * r  ⇒ 2 * t
        s = 3.14 * r * r;  ⇒ t * r
        v = 4.0 / 3.0 * 3.14 * r * r * r;  ⇒ 1.33... * t * r * r

        printf("r=%d, l=%f, s=%f, v=%f\n", r, l, s, v);
}
```

[코드 3-5] 컴파일러의 공통 부분수식 대입 최적화 예

■ 루프(반복) 불변 대입(loop invariant elimination)

공통 부분수식 대입 최적화와 유사한 개념으로 루프 불변 대입 최적화가 있다. 즉, 제어 구문에 포함된 수식은 반복 회수만큼의 동일한 수식이 나열된 형태와 동일하기 때문에, 이 수식 중 반복 횟수와 관련없는 공통 부분수식은 반복 시작 전에 미리 계산하여 대입하면 성능 향상에 큰 효과를 얻을 수 있다. [코드 3-6]에서 for 구문 안의 수식 "n * n"은 반복 카운터 i와 관계없이 반복적으로 계산되는 부분수식이므로 이를 미리 계산한 결과 값으로 대입한다.

```
#include <stdio.h>
main()                                // 제곱근에 가장 가까운 정수 구하기
{
        int     n, ii;

        scanf("%d", &n);
                                     ⇒ tt = n * n;
        for (i = 1;  ; i++) {
                ii = i * i;
                if (ii > n * n)   ⇒ if (ii > tt)
                        break;
        }
        if (ii - n * n >  n * n - (i - 1)*(i - 1))
                i--;

        printf("n=%d, i=%dn", n, i);
}
```

[코드 3-6] 컴파일러의 루프 불변 대입 최적화 예

MEMO

3.3 병렬(다중 스레드) 프로그래밍과 컴파일러 최적화

앞 절에서 살펴본 컴파일러의 최적화는 서버나 데스크 탑 PC에서 개발되는 응용 프로그램에서 매우 바람직하다. 그 이유는 일반적인 응용 프로그램의 실행 패턴, 즉 실행 흐름이 1차원적이기 때문이다. 여기서 1차원적이라는 의미는 실행 줄기(execution thread) 즉, 실행 문맥(execution context)이 하나여서 모든 변수들이 오직 한 문맥에서만 참조되므로 다른 숨어있는 참조를 걱정하지 않아도 된다는 것이다. 그러나, 다중 스레드 프로그래밍 등 병렬처리 환경에서는 두 개 이상의 실행 줄기가 동일 변수를 공유하면서 비동기적으로 참조할 수 가 있다. 이런 경우 컴파일러 최적화가 프로그래머의 의도를

```
#include <stdio.h>
#include <pthread.h>

void  *getv(void *ap);

int  main()
{
      pthread_t       th;
      int             v;

      pthread_create(&th, NULL, getv, (void *)&v);
      v = 0;
      while (v == 0) ; ...... ①
      printf("v=%d₩n", v);
      return (0);
}
void  *getv(void *ap)
{
      scanf("%d", (int *)ap);
      pthread_exit(0);
}
```

[코드 3-7] 병렬처리 상황에서 컴파일러 상수 전파 최적화 영향의 예

를 왜곡시켜 논리적 측면에서 오류를 유발시킬 수 있다. [코드 3-7]은 유닉스·리눅스 POSIX 환경에서 주 스레드가 변수 값을 입력받는 스레드를 생성하여 그 스레드가 값을 읽어줄 때까지 기다려 입력된 값을 출력하는 다중 스레드 프로그램이다. 즉, 이 프로그램의 문장 ①은 부분적으로 보면 영원한 무한 루프이지만, 전체적으로 보면 getv() 함수를 실행하는 다른 독립된 스레드에 의해 언젠가는 변수 v의 값이 입력될 것이라는 사실을 알 수 있다. 그러나, 컴파일러는 이러한 거시적 사실을 파악하지 못하고 문장 ①에 상수 전파 최적화를 적용하여 “v == 0" 부분을 "0 == 0”으로 해석하여 영원한 참으로 처리한다.

MEMO

3.4 인터럽트 핸들러와 컴파일러 최적화

다중 스레드와 아주 유사한 상황으로 병렬 처리는 아니지만 주 스레드와 인터럽트 핸들러(interrupt handler 혹은 interrupt service routine: ISR) 사이의 공유 변수에 적용되는 컴파일러 최적화를 들 수 있다. [코드 3-8]은 유닉스・리눅스 환경에서 주 스레드가 언제 일어날 지 알 수 없는 시그널 인터럽트에 의한 변수 값 입력을 기다려 그 결과를 출력하는 의도로 작성된 프로그램이다. 이 프로그램에서도 [코드 3-7]에서와 마찬가지로 상수 전파 최적화가 적용되면 문장 ①은 변수 v를 참조하지 않은 무한 루프로 변형된다.

```
#include <stdio.h>
#include <signal.h>

void  getv(int  );
int   v;
int  main()
{
      signal(SIGINT, getv);
      v = 0;
      while (v == 0) ; ...... ①
      printf("v=%d₩n", v);
      return (0);
}

void  getv(int  sign)
{
      scanf("%d", &v);
}
```

[코드 3-8] 인터럽트 핸들러 구현 시 컴파일러 상수 전파 최적화 영향의 예

3.5 Volatile 타입 변수

앞에서 살펴본 바와 같이 두 개 이상의 실행 줄기 사이에서 공유되는 변수에 적용되는 컴파일러 상수 전파 최적화로 인해 발생하는 문제는 병렬 처리 소프트웨어, 운영체제 디바이스 드라이버, 마이크로프로세서 기반 임베디드 소프트웨어 등의 개발 시 가장 주의해야 할 내용 중의 하나이다. 이를 해결하는 방법으로 컴파일러의 옵션을 지정하여 최적화를 제한할 수 있으나, 그 이전에 기본적이고 효과적인 방법으로 volatile 타입 변수를 들 수 있다. volatile 변수는 어떤 경로를 통하던 수시로 변하는 변수라는 뜻으로 그 변수에 대한 참조를 다른 상수로 대치하거나 건너뛰지 말라는 지시 의미를 담고 있다. [코드 3-8]을 [코드 3-9]와 같이 문장 ②에서 주 스레드와 인터럽트 핸들러 사이의 공유 변수 v를 volatile 타입으로 선언하면 컴파일러 최적화 수준과 관계없이 문장 ①의 "v == 0"의 관계식을 있는 그대로 두고 v 변수를 반복적으로 참조하여 관계식을 계산한다.

```
#include <stdio.h>
#include <signal.h>

void  getv(int  );
int   volatile v; ........... ②

int  main()
{
      signal(SIGINT, getv);
      v = 0;
      while (v == 0) ; ...... ①
      printf("v=%d₩n", v);
      return (0);
}
void  getv(int  sign)
{
      scanf("%d", &v);
}
```

[코드 3-9] volatile 타입에 의한 컴파일러 상수 전파 최적화 예방 예

3.6 임베디드 소프트웨어와 컴파일러 최적화

■ 메모리 맵 입·출력 포트 참조

[코드 3-10]의 예에서 _delay_ms()가 함수가 아닌 매크로로 처리되는 경우(AVR Studio), 문장 ①과 ②사이에서 메모리 맵 포트 LED_PORT 값이 참조될 가능성이 없기 때문에 최종 값을 결정하는 문장 ②만 필요하고, 문장 ①은 불필요한 것으로 판단한다. 무한 루프를 고려하면 아예 두 문장 모두 생략해도 무방하다. 이는 [코드 3-11]에서 문장 ①이 제거되어도 결과는 동일하고, 이는 오히려 성능 향상에 도움을 준다는 원리와 동일하다. 또한 이 프로그램에서 ③의 printf() 문이 없다면 변수 a, b, c의 존재 자체가 무의미해지므로 모든 문장의 생략이 가능하다.

```
#include <util/delay.h>
#define LED_DDR         (*(uint8_t *)0x10a)      // DDRL
#define LED_PORT        (*(uint8_t *)0x10b)      // PORTL

void  do_compile
{
        while(1) {
                _delay_ms(1000);
                LED_PORT = 0x00; .....①          // off all
                _delay_ms(1000);
                LED_PORT = 0xff; .....②          // on all
        }
}

int main()
{
        LED_DDR = 0xff;                          // output
        LED_PORT = 0xff;                         // off all

        do_compile();

        while(1); return(0);
}
```

[코드 3-10] 메모리 맵 입·출력에서 컴파일러 최적화 적용 예 1

```
int main()
{
        int     a, b, c;

        a = 1; ................①
        b = 3
        a = 2; ................②
        c = a + b;

        printf("c=%d₩n", c);...③
        return(0);
}
```

```
int main()
{
        int     a, b, c;

        a = 1; ...........①
        b = 3
        a = 2; ...........②
        c = a + b;

        return(0);
}
```

[코드 3-11] 불필요한 문장 제거 최적화 적용 예

MEMO

문장 모두가 사라지는 [코드 3-10]의 문제를 해결하기 위해 [코드 3-12]와 같이 문장 ①과 문장 ②사이에 delay() 함수를 도입하면 컴파일러는 함수 delay()에서 LED_PORT가 참조될 가능성이 있는 것으로 판단하여 문장들을 선불리 제거하지 못할 것으로 예상할 수 있다. 그런데, delay() 함수 내용이 _delay_ms()와 동일하므로 컴파일러는 결국 delay()를 매크로로 처리하여 [코드 3-10]에서와 동일하게 처리한다(문장 ①, ② 제거).

```
#include <util/delay.h>
#define LED_DDR       (*(uint8_t *)0x10a)     // DDRL
#define LED_PORT      (*(uint8_t *)0x10b)     // PORTL

void delay()
{
      _delay_ms(1000);
}

void do_compile()
{
      while(1) {
             delay(1000);
             LED_PORT = 0x00; .....①          // off all
             delay(1000);
             LED_PORT = 0xff; .....②          // on all
      }
}

int  main()
{
      LED_DDR = 0xff;                         // output all
      LED_PORT = 0xff;                        // off all

      do_compile();

      while(1); return(0);
}
```

[코드 3-12] 메모리 맵 입·출력에서 컴파일러 최적화 적용 예 2

만약 [코드 3-12]를 [코드 3-13]과 같이 delay() 함수를 단순히 아래로 내려서 코딩하면, 컴파일러는 문장 ③의 delay() 함수를 int 타입으로 간주하는데, 이는 문장 ④의 void 타입과 일치하지 않으므로 delay() 함수를 매크로로 처리하지 않아 문장 ①, ②를 제거하지 않는다.

```
#include <util/delay.h>
#define LED_DDR        (*(uint8_t *)0x10a)      // DDRL
#define LED_PORT       (*(uint8_t *)0x10b)      // PORTL

void do_compile()
{
      while(1) {
              delay(1000);
              LED_PORT = 0x00; .....①           // off all
              delay(1000);
              LED_PORT = 0xff; .....②           // on all
      }
}

void delay()
{
      _delay_ms(1000);
}

int main()
{
      LED_DDR = 0xff;                           // output all
      LED_PORT = 0xff;                          // off all

      do_compile(); while(1);
}
```

[코드 3-13] 메모리 맵 입·출력에서 컴파일러 최적화 적용 예 3

그러나, [코드 3-14]의 문장 ⑤와 같이 함수 원형을 선언하여 함수 불일치 요소를 제거해주면, [코드 3-12]에서와 마찬가지로 정상적인 매크로로 처리하게 되어 문장 ①, ②를 제거한다.

참고로 AVR Studio 환경에서 _delay_ms(상수)는 CPU clock speed(F_CPU: 주파수)를 참조하여 nop 기계 명령어의 실행 시간을 도출하고, 정확히 '상수'ms 기간 동안에 해당되는 횟수만큼 nop 기계 명령어를 반복 실행한다. 따라서 _delay_ms(변수)와 같이 매크로 인수에 상수가 아닌 변수를 줄 수 없다.

```
#include <util/delay.h>
#define LED_DDR        (*(uint8_t *)0x10a)      // DDRL
#define LED_PORT       (*(uint8_t *)0x10b)      // PORTL
void delay();

void do_compile()
{
        while(1) {
                delay(1000);
                LED_PORT = 0x00; //.....①      // off all
                delay(1000);
                LED_PORT = 0xff; //.....②      // on all
        }
}
void delay()
{
        _delay_ms(1000);
}
int main()
{
        LED_DDR = 0xff;                         // output all
        LED_PORT = 0xff;                        // off all

        do_compile(); while(1);
}
```

[코드 3-14] 메모리 맵 입·출력에서 컴파일러 최적화 적용 예 4

컴파일러 최적화로 인해 [코드 3-10] ~ [코드 3-14]에서 일어나는 불확실성을 제거하는 가장 효과적인 방법은 [코드 4-15]의 문장 ⑥과 같이 LED_PORT를 volatile 타입으로 지정하여 컴파일러로 하여금 함부로 제거하지 못하도록 한다. 즉, 컴파일러는 volatile 타입 의미에 따라 해당 변수(위치)가 다른 어느 곳에서 임의의 시점에 참조되거나 변경될 수 있기 때문에 원래의 소스 코드 그대로 유지하게 된다.

```
#include <util/delay.h>
#define LED_DDR        (*(uint8_t *)0x10a)     // DDRL
#define LED_PORT       (*(uint8_t volatile *)0x10b)    // PORTL

void  do_compile
{
      while(1) {
            _delay_ms(1000);
            LED_PORT = 0x00; .....①          // off all
            _delay_ms(1000);
            LED_PORT = 0xff; .....②          // on all
      }
}

int main()
{
      LED DDR = 0xff;                        // output
      LED_PORT = 0xff;                       // off all

      do_compile();

      while(1); return(0);
}
```

[코드 3-15] 메모리 맵 입·출력에서 컴파일러 최적화 적용 예 5

■ 주 프로그램과 인터럽트 핸들러의 사이의 변수 공유

[코드 3-16]은 ATmega2560의 Timer2를 이용하여 1 초의 시간을 측정하려는 프로그램으로 그 내용은 다음과 같다.

- 타이머로 하여금 매 1 초마다 인터럽트를 발생하도록 설정한다.
- 해당 타이머 인터럽트 핸들러는 인터럽트가 발생했음을 알리기 위해 전역 변수 time_flag를 1로 변경한다.
- 주 프로그램(주 스레드)은 변수 time_flag를 0으로 초기화한 후 그 값이 0으로 지속되는 동안 즉, 1이 될 때까지 기다림으로써 1 초가 지났음을 확인하고, time_flag를 다시 0으로 클리어 한 후 기다리는 과정을 반복한다.
- time_flag는 주 프로그램과 인터럽트 핸들러 사이에서의 공유 변수이다.

[코드 3-16]에서 문장 ①~② 부분만 좁혀보면 분명히 문장 ②는 영원한 무한 루프이므로 "while(true)" 형태로 최적화되어 프로그램의 목적 달성에 실패한다. 이 문제는 문장 ③의 변수 time_flag를 volatile 타입으로 선언하면서 해결된다.

MEMO

```
#include <avr/io.h>
#include <avr/interrupt.h>
#include <compat/deprecated.h>

#define LED_DDR         (*(uint8_t *)0x10a)      // DDRL
#define LED_PORT        (*(uint8_t *)0x10b)      // PORTL

uint8_t  /* volatile */  time_flag;  ............. ③
void      timer_init();
main()
{
        uint8_t   i;

        timer_init(); sei();
        LED_DDR = 0xff;                      // ouput all
        LED_PORT = 0xff;                     // off all
        for (i = 0;   ; i++) {
                time_flag = 0;  ..................... ①
                while (time_flag == 0) ............. ②
                        ;
                LED_PORT = ~i;
        }
}

ISR(TIMER1_OVF_vect)
{
        TCNT1 = 0xffff - (F_CPU/1024 -1);
        time_flag = 1;
}

void  timer_init(void)
{
        TCNT1 = 0xffff - (F_CPU/1024 -1);
        sbi(TIMSK1, TOIE1);      // 16bit timer 1, Overflow Int. Enable
        TCCR1B |= ((1 << CS12) | (0 << CS11) | (1 << CS10));
                                 // 7372800Hz/1024 ==> 7200Hz
}
```

[코드 3-16] 주 프로그램과 인터럽트 핸들러의 사이의 변수 공유에서 컴파일러 최적화 적용 예

MEMO

3.7 임베디드 소프트웨어에서 변수 참조 경쟁 상황(Race Condition)

컴파일러 최적화 관점과는 다르게, 주 프로그램과 인터럽트 핸들러가 공유 변수에 접근하여 단순 참조가 아닌 계산(업데이트)을 할 때는 경쟁 상황이 발생한다. 이 문제는 다중 스레드 기반 병렬처리 프로그램에서도 동일한 개념으로 발생하지만 여기서는 처리기(CPU)가 하나인 임베디드 소프트웨어에 주목하므로 주 프로그램과 인터럽트 핸들러 사이를 중심으로 경쟁 상황을 설명하기로 한다. 이를 위하여 운영체제의 입·출력 장치 구동기(디바이스 드라이버)의 일반적인 동작과 유사하게 아래의 시나리오에 따른 실험 환경을 구현한다.

- 주 프로그램은 랜덤 시간 간격으로 가상 데이터 하나씩을 출력해야 하는데, 이를 위하여 그 때마다 해당 데이터를 버퍼에 저장한다.
- 버퍼에 저장된 데이터는 주변장치의 인터럽트에 의한 인터럽트 핸들러가 호출될 때마다 하나씩 주변 장치로 출력된다.
- 인터럽트 핸들러는 버퍼의 데이터가 소진될 때까지 연속해서 호출되어야 하고, 버퍼가 텅 비면 인터럽트를 off시켜 인터럽트 호출이 일어나지 않도록 한다.
- 주 프로그램은 버퍼에 출력 데이터를 저장할 때 주변장치 인터럽트가 활성화되어 있지 않으면 on시켜 인터럽트 핸들러 호출이 시작되도록 한다.
- 주 프로그램은 출력 데이터를 버퍼에 저장하는 처리를 데이터 카운터를 하나 증가시키는 것으로 대신한다.
- 인터럽트 핸들러는 버퍼의 데이터 하나에 대한 출력 완료 처리를 데이터 카운터를 하나 감소시키는 것으로 대신한다.
- 주 프로그램은 버퍼가 가득 찬 경우, 데이터가 출력되어 저장 공간이 확보될 때까지 기다린다.
- 어느 시점에서 보았을 때, 주 프로그램이 보낸 총 데이터의 양과 인터럽트 핸들러가 받아 처리한 총 데이터 양은 같아야 한다.

[코드 3-17]은 위의 시나리오를 구현한 실험 소스 코드인데, 주 프로그램의 문장 ②와 인터럽트 핸들러의 문장 ③이 경쟁 상황을 유발한다. 주 프로그

```
#include <stdio.h>
#include <stdlib.h>
#include <avr/io.h>
#include <avr/interrupt.h>
#include <compat/deprecated.h>

#define  MAX_DATA  3

uint8_t  volatile   buf_count;
uint16_t put_count, get_count;

void      uart_init(), timer_init();
inline   void timer_start(), timer_stop(), delay(int);

void  main()
{
      uint16_t        n, r1, r2;

      uart_init(); timer_init(); sei();
      r1 = rand(), r2 = rand();

      for (  ;  ; ) {
              n = (r1 % 150) + 60;  r1 += r2;
              delay(n);

              if (buf_count == 0) { .........................④
                      r1 = r2; r2 = rand();
                      printf("put:%u, get:%u₩n", put_count, get_count);
                      buf_count = buf_count + 1;  ........... ①
                      timer_start();
              }
              else {
                      while (buf_count == MAX_DATA)
                              ;
                      buf_count = buf_count + 1;  ........... ②
              }
              put_count++;
      }
}
```

[코드 3-17] 주 프로그램과 인터럽트 핸들러 사이에서 경쟁 상황 예(계속)

```
ISR(TIMER2_OVF_vect)
{
        if (buf_count > 0) {
                buf_count = buf_count - 1;  ................. ③
                get_count++;
                TCNT2 = 0xfe;               // for next interrupt
        }
        else
                timer_stop();
}

inline void timer_init()
{
        sbi(ASSR, AS2);                  // Asynchronous Timer/Counter2
        sbi(TIMSK2, TOIE2);              // Timer2 Overflow Int. Enable
}

inline void timer_start()
{
        TCNT2 = 0xfe;
        sbi(TCCR2B, CS20);               // 32KHz ==> 2 tic=30x2=60us
}

inline void timer_stop()
{
        cbi(TCCR2B, CS20);
}

inline void delay(int  n)
{
        int     j;

        for (j = 0; j < n; j++)
                asm("nop");
}
```

[코드 3-17] 주 프로그램과 인터럽트 핸들러 사이에서 경쟁 상황 예(계속)

```
int  uart_putchar(char ch, FILE *stream)
{
      while( !(UCSR0A & (1 << UDRE0)) )
              ;
      if (ch == '₩n')
              uart_putchar('₩r', stdout);
      UDR0 = ch;
      return(1);
}

FILE Mystdout = FDEV_SETUP_STREAM (uart_putchar, NULL,_FDEV_SETUP_WRITE);

void  uart_init()
{
      uint16_t        baudrate;

      baudrate = F_CPU/16/115200 -1;   // 115200bps
      UBRR0H = baudrate >> 8;
      UBRR0L = baudrate;
      sbi(UCSR0B, TXEN0);              // TX enable
      stdout = &Mystdout;
}
```

[코드 3-17] 주 프로그램과 인터럽트 핸들러 사이에서 경쟁 상황 예

램의 문장 ①은 인터럽트가 off 상태이고 따라서 인터럽트 핸들러가 호출될 가능성이 없기 때문에 경쟁 상황과 관계없다.

위 [코드 3-17]의 문장 ②와 ③ 사이에 존재하는 경쟁 상황에 의해 오류가 일어나는 시나리오 예는 아래와 같다.

- 현재 공유 변수 buf_count 값을 2로 가정한다.
- 주 프로그램 ②에서 CPU가 buf_count를 계산하기 위해 현재 값 2를 레지스터에 로드한다(LDS R0,buf_count).
- 로드한 값에 1을 더한다(INC R0).
- 인터럽트 발생으로 인터럽트 핸들러로 점프한다(인터럽트 핸들러 호출).
  + R0 레지스터 등 실행 문맥(context)을 보관한다.

+ 인터럽트 핸들러 ③에서 CPU가 buf_count를 계산하기 위해 현재 값 2를 레지스터에 로드한다(LDS R0,buf_count).
+ 로드한 값에서 1을 감한다(DEC R0).
+ 계산된 결과 값 1을 변수에 저장한다(STS R0,buf_count).
+ R0 레지스터 등 실행 문맥을 복구한다.

- 인터럽트 직전 실행 예정이었던 주 프로그램의 명령어 실행을 계속한다. 즉, R0에 1 증가시켜 저장해 놓았던 결과값 3을 변수에 저장한다(STS R0,buf_count).

위 시나리오 결과 원래 최종 값은 2가 되어야 하지만 3으로 잘못 계산된다. 즉, 출력할 데이터가 계산 과정에서 하나 증가한 셈이 되는 것이다. 따라서 위 실험 코드를 실행하면 get_count < put_count로 나타난다.

이들 문제를 해결하기 위해서는 주 프로그램의 문장 ②가 완료될 때까지 한시적으로 인터럽트 핸들러 호출되지 않도록 막아야 한다. 인터럽트 핸들러 호출을 막는 개념을 인터럽트 마스킹(masking)이라 부르고, 인터럽트가 마스킹된 상태에서 발생한 인터럽트는 내부적으로 걸려(pending)있다가 인터럽트 마스킹이 해제되는 순간 해당 인터럽트 핸들러 호출이 시행된다.

ATmega2560은 인터럽트 마스킹 여부를 상태 레지스터 SREG(Status Register)의 I 비트(비트 번호 7)에 표시한다. 비트 I가 0이면 마스킹 상태(interrupt disabled)이고 1이면 마스킹이 해제된 상태(interrupt enabled)이며, 초기 값은 마스킹된 상태이다. AVR Studio에서는 SREG의 I 비트를 on시키는 함수로 sei()를, off시키는 함수로 cli()를 각각 제공한다. [코드 3-18]에 주 프로그램의 문장 ②의 인터럽트로 인한 경쟁 상황 문제 해결을 위한 인터럽트 마스킹 코드를 보였다.

```
:
void  main()
{
        uint16_t          n, r1, r2;

        r1 = rand(), r2 = rand();

        for (  ;  ; ) {
                n = (r1 % 150) + 60;  r1 += r2;
                delay(n);

                if (buf_count == 0) {  ...................... ④
                        r1 = r2; r2 = rand();
                        printf("put:%u, get:%u₩n", put_count, get_count);
                        buf_count = buf_count + 1;
                        timer_start();
                }
                else {
                        while (buf_count == MAX_DATA)
                                ;
                        cli();
                        buf_count = buf_count + 1;  ........... ②
                        sei();
                }
                put_count++;
        }
}
:
```

[코드 3-18] 주 프로그램과 인터럽트 핸들러 사이의 경쟁 상황 해결 1

만약 아래 [코드 3-19]와 같이 인터럽트 마스킹 영역을 넓혀 버퍼가 가득 찬 경우 기다리는 코드 부분까지 포함시키면 어떻게 될까? 이렇게 되면 버퍼가 꽉 찬 경우 버퍼의 데이터를 출력해 줄 인터럽트 핸들러가 호출될 수 없어 상황 변화가 이루어지지 않기 때문에 무한 루프에 빠진다.

```
:
void  main()
{
        uint16_t          n, r1, r2;
        r1 = rand(), r2 = rand();
        for (  ;  ; ) {
                n = (r1 % 150) + 60;  r1 += r2;
                delay(n);
                if (buf_count == 0) {  ....................... ④
                        r1 = r2; r2 = rand();
                        printf("put:%u, get:%u\n", put_count, get_count);
                        buf_count = buf_count + 1;
                        timer_start();
                }
                else {
                        cli();
                        while (buf_count == MAX_DATA)
                                ;
                        buf_count = buf_count + 1;  ........... ②
                        sei();
                }
                put_count++;
        }
}
:
```

[코드 3-19] 주 프로그램과 인터럽트 핸들러 사이의 경쟁 상황 해결 2

[코드 3-18]에서 아래의 실행 시나리오가 일어나면 어떻게 될까?

- buf_count의 현재 값이 1인 상황에서 주 프로그램이 문장 ④의 if 문을 위하여 buf_count 값 1을 로드한다(LDS R0,buf_count).
- 로드한 값이 0인가를 비교한다(CPI R0,0).
- 인터럽트 발생으로 인터럽트 핸들러로 점프한다(인터럽트 핸들러 호출).
  + SREG와 R0 레지스터 등 실행 문맥(context)을 보관한다.
  + 인터럽트 핸들러 ③에서 CPU가 buf_count를 계산하기 위해 현재 값 1을 레지스터에 로드한다(LDS R0,buf_count).
  + 로드한 값에서 1을 감한다(DEC R0).
  + 계산된 결과 값 0을 변수에 저장한다(STS R0,buf_count).
  + SREG와 R0 레지스터 등 실행 문맥을 복구한다.
- 인터럽트 직전에 실행 예정이었던 주 프로그램의 다음 명령어 실행을 계속한다. 즉, 이전에 로드했던 buf_count 값은 0이 아니었으므로 문장 ②에서 단순히 데이터를 버퍼에 저장함으로써 buf_count가 1이 된다.
- 이 데이터는 다음 번 인터럽트 핸들러 호출에서 정상적으로 출력된다.

위 시나리오에서는 잘 못된 판단 과정이 진행되었지만, 인터럽트 핸들러가 마지막 데이터를 출력한 후 반드시 다시 한 번 더 호출됨으로써 문제가 해소된다. 그러나 [코드 3-20]과 같이 인터럽트 핸들러가 마지막 데이터를 출력

```
:
ISR(TIMER2_OVF_vect)
{
        buf_count = buf_count - 1;  ................. ③
        get_count++;
        if (buf_count > 0)
                TCNT2 = 0xfe;          // for next interrupt
        else
                timer_stop();
}
:
```

[코드 3-20] 주 프로그램과 인터럽트 핸들러 사이의 경쟁 상황 해결 2

함과 동시에 정지된다면, 위 시나리오의 결과 인터럽트 핸들러를 활성화 시킬 기회가 영원히 사라지고, 주 프로그램은 꽉 찬 버퍼 상태에서 무한 루프에 빠진다. 이 문제를 해결하기 위해서는 주 프로그램의 buf_count 값을 체크 하는 문장 ④와 그 결과에 따라 buf_count 값을 업데이트하는 문장 ② 사이에 인터럽트 핸들러가 끼어들면 안된다. 이와 같이 중단 없이 연속해서 실행되어야 하는 코드 부분을 임계 영역(critical section)이라 부른다.

임계 영역을 도입하여 인터럽트 핸들러 [코드 3-20]을 위한 주 프로그램의 해결 방안을 [코드 3-21]에 보였다.

```
:
        for ( ; ; ) {
                n = (r1 % 150) + 60;  r1 += r2;
                delay(n);
                cli();
                if (buf_count == 0) {  ...................... ④
                        sei();
                        r1 = r2; r2 = rand();
                        printf("put:%u, get:%u₩n", put_count, get_count);
                        buf_count = buf_count + 1;
                        timer_start();
                }
                else {
                        while (buf_count == MAX_DATA) {
                                sei(); delay(2); cli();
                        }
                        buf_count = buf_count + 1;  ........... ②
                        sei();
                }
                put_count++;
        }
:
```

[코드 3-21] 주 프로그램과 인터럽트 핸들러 사이의 경쟁 상황 해결 3

MEMO

제 4 장 ATmega2560 MCU 플래시 · EEPROM 쓰기와 읽기

4.1 ATmega2560 메모리 구성

ATmega2560의 메모리(저장장치)는 [표 4-1]과 같이 크게 Flash(플래시), SRAM, EEPROM 등 크게 세 가지로 구성된다. Flash는 컴파일된 목적 프로그램을 저장하는 부분으로 세 가지 메모리 중 가장 큰 256Kbyte이고, ROM의 특성을 가진다. SRAM은 흔히 말하는 RAM의 특성을 갖는 메모리로 프로그램 실행 시 변수와 스택 용으로 사용되고, 용량은 8Kbyte이다. EEPROM은 프로그램의 목적 코드가 아닌 일반 데이터나 설정값을 저장하는 메모리로서 ROM 특성을 가지며 크기는 4Kbyte이다.

[표 4-1] ATmega2560 메모리 구성

구 분	성 격	용 도	크 기
Flash	ROM	목적 프로그램 저장	256Kbyte
SRAM	RAM	실행 시 변수와 스택	8Kbyte
EEPROM	ROM	데이터 혹은 설정 값 등	4KByte

4.2 ATmega2560 플래시(flash) 메모리

■ 주소 지정(addressing)

ATmega2560의 256Kbyte 플래시는 바이트 단위의 읽기가 가능하지만, 실행 시 PC(Program Counter, 프로그램 계수기)는 2 바이트 word 단위 주소를 사용하므로 128Kword 주소 영역을 사용한다. 즉, 17 비트의 PC는 0x00000 ~ 0x20000-1 즉, 0x00000 ~ 0x1ffff 범위의 값을 가진다. 16 비트 2 바이트 0xffff가 64K이므로 17 비트는 0x1ffff이고, 이는 64K의 두 배인 128K라고 생각하면 이해가 쉽다. 이 사실로부터 ATmega2560 CPU의 모든 인스트럭션(기계 명령어)의 크기는 word 즉, 2 바이트 단위로 이루어져 있을 것임을 짐작할 수 있다.

■ 어플리케이션 영역과 부트 프로그램(부트 로더) 영역

ATmega2560의 플래시는 어플리케이션 프로그램 저장 영역과 부트로더 저장 영역 등 두 영역으로 분리되어 있고, 분리 경계는 설정에 의해 4 가지 중 하나를 선택할 수 있다. 즉, 부트 로더의 크기에 따라 적절한 조합을 설정하도록 한다. [그림 4-1]에 ATmega2560의 메모리 경계 조합을 보였다.

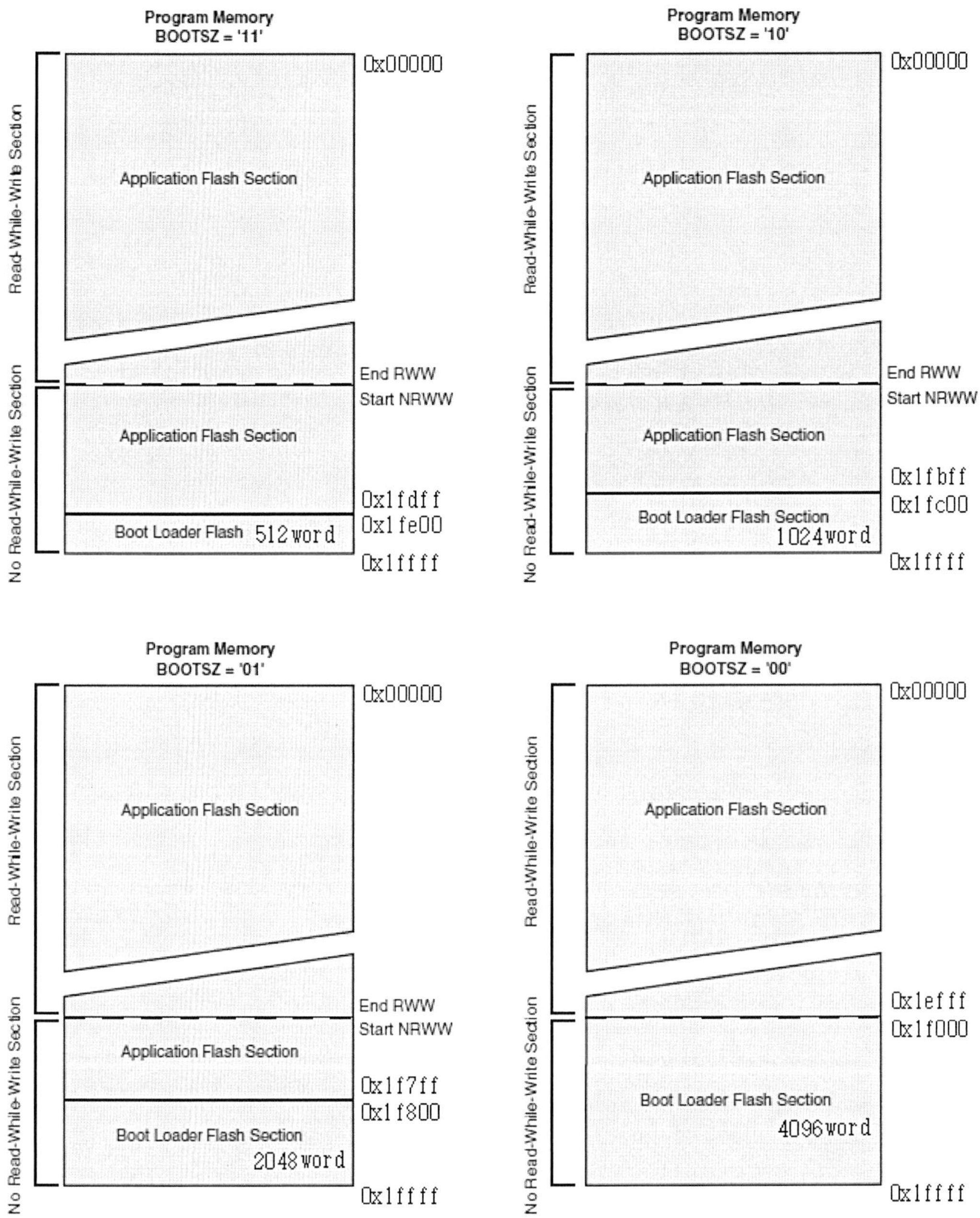

[그림 4-1] ATmega2560 메모리 분리 경계 조합

■ 플래시 분리 경계 설정

ATmega2560 플래시의 어플리케이션 프로그램과 부트 로더 영역간 분리는 [표 4-2]와 같이 2 비트로 구성된 BOOTSZ 퓨즈(fuse) 설정으로 결정된다(그림 1 참조). BOOTSZ 퓨즈는 CPU 기계 명령어로 접근할 수 없고 JTAG 등 ICE(In-circuit emulator)나 Serial/Parallel 프로그래밍(쓰기, 굽기) 도구를 이용해야 한다. [그림 4-2]에 AVRStudio→JTAGICE에서 BOOTSZ를 쓰거나(굽거나)(Program) 읽는(Read) 메뉴를 보였다(5.4 절 참조).

[표 4-2] BOOTSZ1,2 퓨즈에 의한 ATmega2560 플래시 부트 영역 분리

구 분	00	01	10	11
어플리케이션 영역	124Kword (248Kbyte)	126Kword (252Kbyte)	127Kword (254Kbyte)	127.5Kword (255Kbyte)
부트로더 영역	4Kword (8Kbyte) 0x1f000~	2Kword (4Kbyte) 0x1f800~	1Kword (2Kbyte) 0x1fc00~	0.5Kword (1Kbyte) 0x1fe00~

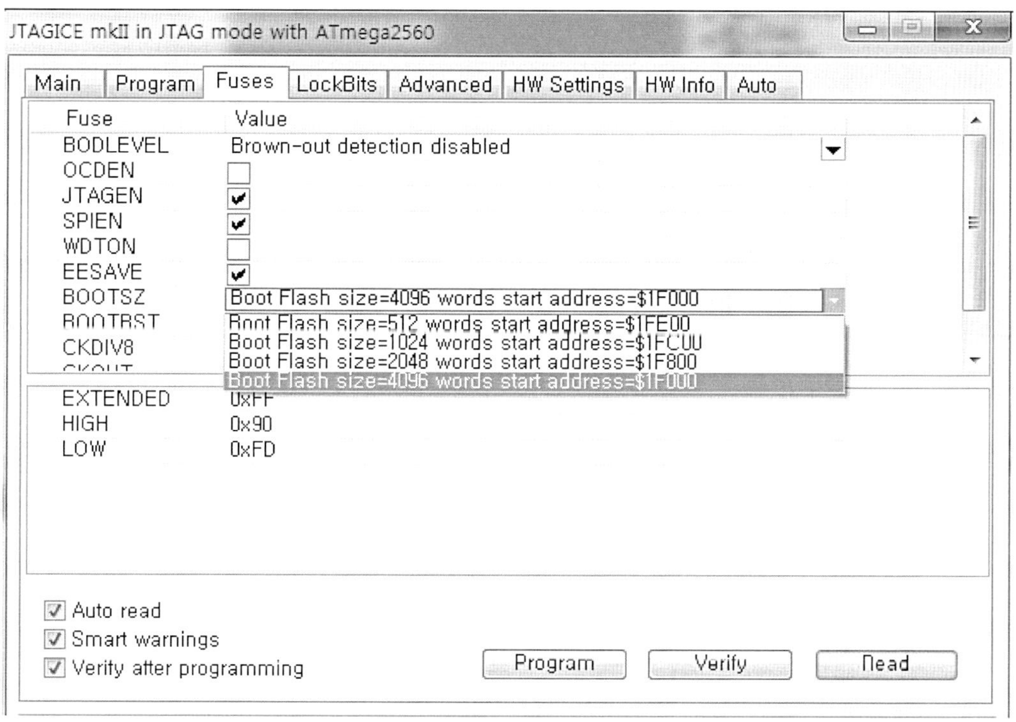

[그림 4-2] BOOTSZ 굽기(AVRStudio→JTAGICE)

■ 플래시 쓰기(Atmel JTAGICE mkII)

플래시에 어떤 프로그램도 저장되어있지 않은 초기 상태나 저장 내용이 망가진 경우에는 반드시 쓰시(굽기) 도구를 사용해야 한다. [그림 4-3]은 AVRStudio→JTAGICE를 이용하여 컴파일 후 생성된 hex 포맷의 목적 프로그램을 쓰는 모습인데, 어플리케이션 영역이나 부트 로더 영역 양쪽 모두 가능하다. 다만, MCU 전체를 초기화(Erase)한 후 쓰기 작업이 이루어진다는 점을 유념해야 한다(5.4 부트 로더 쓰기 참조).

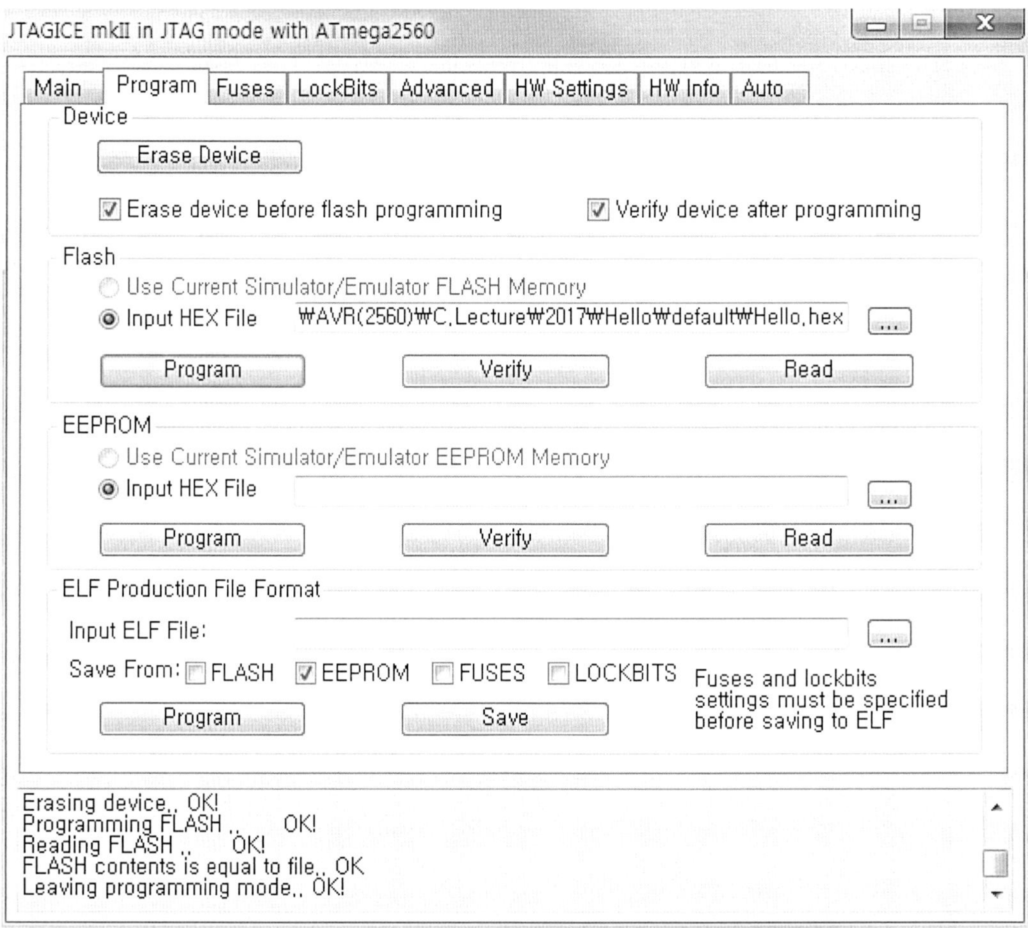

[그림 4-3] 플래시 쓰기(AVRStudio→JTAGICE)

■ 플래시 쓰기(MCU 기계 명령어)

ATmega2560 MCU는 플래시 쓰기를 위한 일련의 기계 명령어 실행 절차를 제공한다. 따라서, 이들 기계 명령어를 이용하여 플래시에 쓰는 프로그램 즉, 부트 로더를 JTAGICE 등 굽기 도구를 이용하여 기록해두면, 이 후부터는 UART(시리얼 통신) 등을 통해 내려받은 어플리케이션을 플래시에 저장할 수 있다. MCU 기계 명령어를 이용한 플래시 쓰기 작업을 위해서는 플래시에 대한 아래와 같은 몇 가지 사항에 대한 이해가 필요하다.

◦ 플래시의 읽기/쓰기(굽기) 단위

앞에서 언급한 바와 같이 플래시의 읽기 단위는 1 바이트이다. 그러나 플래시를 굽는(쓰는) 작업은 바이트 단위 기반의 페이지 단위로 이루어져야 한다. ATmega2560의 플래시 페이지 크기는 256 바이트(128 word)이다.

◦ 플래시의 쓰기 전 지우기(초기화)

플래시는 ROM의 일종으로 현재 상태에 전자적 and 혹은 or 등의 비트 연산을 가하여 새로운 내용으로 변경하게 되므로, 굽기 전 초기화 즉, 지우기가 반드시 필요하다. ATmega2560는 NOR 플래시를 사용하므로 초기화되면 모든 저장 소자는 0xff 값을 가진다.

위 사실로부터 플래시 쓰기를 위해서는 원하는 페이지에 대하여 지우기와 쓰기 등 크게 **2 단계 작업**이 필요함을 알 수 있다. 또한, 하나의 플래시 쓰기 기계 명령어에 페이지 내용 전체 256 바이트의 데이터(피연산자)를 지정하는 것은 불가능하므로, 해당 페이지 데이터를 일정한 곳에 모아둔 후 그 내용을 쓰도록는 기계 명령어 형식을 예측할 수 있다.

◦ 플래시 페이지 번호와 페이지 주소

플래시를 구성하는 페이지 번호는 바이트 단위를 기반으로 계산된다. 이를테면 [그림 4-4]의 1K 바이트 플래시라면 256 바이트 페이지 4 개로구성되고, 페이지 번호로는 각각 0, 1, 2, 3 번을 가진다.

페이지 주소는 페이지 번호와 다르게 플래시를 바이트 단위로 보았을

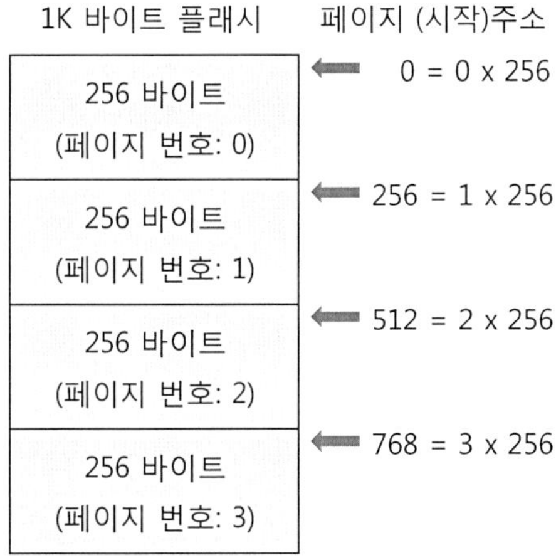

[그림 4-4] 플래시 페이지 구성 예(페이지 번호 및 페이지 주소)

때 해당 페이지가 시작하는 주소를 의미한다. 즉, 페이지 주소는 아래의 식으로 구할 수 있다.

페이지 주소 = 페이지 번호 × 페이지 크기.

위 페이지 주소의 2진 표현을 그림으로 표시하면 그림 4와 같다. 이 그림으로부터 "페이지 번호 × 256"는 “페이지 번호 << 8"와 동일함을 알 수 있다. 페이지를 지우거나 쓸 때, 페이지 주소는 [그림 4-5]와 같이

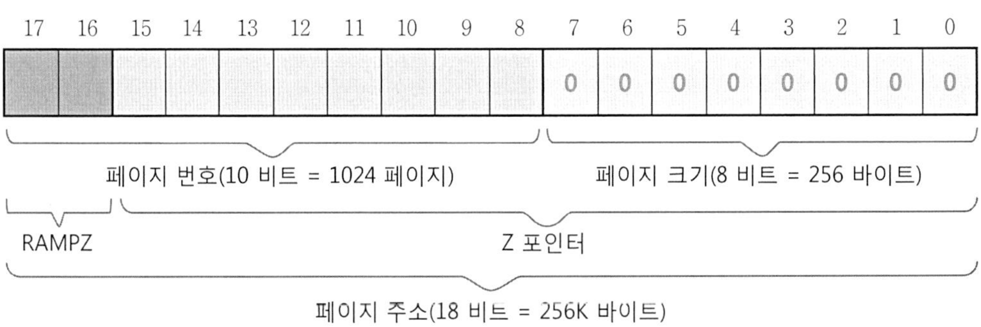

[그림 4-5] 플래시 페이지 주소의 2진 표현

Z와 RAMPZ 레지스터에 지정한다. 이 때, Z 포인터 16 비트는 ZL(R30)와 ZH(R31) 등 두 개의 8 비트 레지스터 조합으로 이루어진다.

◦ 플래시 페이지 지우기(초기화): 플래시 쓰기 절차 1

플래시를 지우기 위한 절차는 아래와 같다.

(플래시 지우기 절차)

① SPMCSR 레지스터의 SPMEN(비트 번호 0) 비트를 체크하여 이전의 SPM 기계 명령어가 아직 완료되지 않았다면 완료될 때까지 기다린다.
② RAMPZ와 Z 포인터 레지스터에 페이지 번호로부터 변환된 페이지 주소를 지정한다.
③ SPMCSR 레지스터의 PGERS(Page Erase, 비트 번호 1)와 SPMEN(비트 번호 0) 비트를 1(on)로 설정한다.
④ SPM 기계 명령어를 실행한다.

C 언어와 어셈블리 언어로 구현한 플래시 지우기 함수 flash_page_erase(uint16_t pg_num)를 [코드 4-1]과 [코드 4-2]에 각각 보였다. 이들 코드에서 SPM 기계 명령어 기능이 완료되기까지는 3~5ms의 긴 시간이 소요되므로 SPM 완료 인터럽트를 이용하여 이 기간 동안 다른 처리를 병렬로 진행할 수도 있으니 여기서는 단순히 기다리는 형식을 따르고 있다. 그 밖에 특별히 짚어볼 사항은 아래와 같다.

- WinAVR 컴파일러는 함수 매개변수를 순서에 따라 (R24~R25), (R22~R23), (R20~R21), .. 의 레지스터 쌍에 전달한다. uint8_t 타입의 1 바이트인 경우에도 해당 레지스터 쌍이 대응되지만 상위 레지스터는 사용하지 않는다.
- Z 포인터 레지스터는 (R30~R31) 레지스터 쌍을 사용하므로 별도의 I/O 맵 메크로를 제공하지 않는다.
- RAMPZ, SPMCSR 레지스터는 메모리 맵 방식이나 입·출력 방식으로 접근이 가능하다.
- C 언어 소스 중에 asm() 디렉티브를 이용해 어셈블리 코드를 삽입할 수 있다.

```
// mcu1_flash_erase.c

#include <avr/io.h>

#define ZPNTR        (*(uint16_t *)0x1E)              // R30~R31

void   do_SPM(uint16_t  pg_num, uint8_t  spm_cmd), wait_for_SPM(void);

void   flash_page_erase(uint16_t  pg_num)
{
       uint16_t   pag_addr;

       RAMPZ = pg_num >> 8;                          // 2 bits
       pg_addr = (pg_num & 0xff) << 8;               // 8 bits
       do_spm(pg_addr, (1 << PGERS) | (1 << SPMEN));
}

void   do_SPM(uint16_t  pg_addr, uint8_t spm_cmd)
{
       wait_for_SPM();

       ZPNTR = pg_addr;               // asm("MOVW  R30, R24")
       SPMCSR = cmd;                  // asm("OUT   0x57-0x20, R22");
       asm("SPM");
}

void   wait_for_SPM()
{
       while(SPMCSR & (1 << SPMEN))
              ;
}                                                    // mcu1_flash_erase.c
```

[코드 4-1] 플래시 지우기 함수(C 언어)

```
#include <avr/io.h>
.text
; void  flash_page_erase(uint16_t pg_num)
.global flash_page_erase
.func   flash_page_erase
flash_page_erase:
      OUT     RAMPZ-0x20, R25          ; RAMPZ = pg_num_hi
      MOV     R25, R24                 ; pg_addr_hi = pg_num_lo (<<8)
      LDI     R24, 0x00                ; ph_addr_lo = 0x00
      LDI     R22, (1 << PGERS) | (1 << SPMEN)
      RCALL   do_SPM
      RET
.endfunc

; void do_SPM(uint16_t pg_addr, uint8_t spm_cmd)
.global   do_SPM
.func     do_SPM
do_SPM:
      RCALL   wait_for_SPM
      MOV     R26, R1                  ; save R1 for WinAVR compiler
      MOVW    R30, R24                 ; Z(R30:R31)= pg_addr
      OUT     SPMCSR-0x20, R22         ; = STS  SPMCR, R22
      SPM
      MOV     R1,R26                   ; restore R1
      RET
.endfunc

; void wait_for_SPM(void)
.global   wait_for_SPM
.func     wait_for_SPM
wait_for_SPM:
      IN      R0, SPMCRS-0x20          ; = LDS  R0, SPMCSR
      SBRC    R0, SPMEN                ; skip if SPMEN bit is cleared

      RJMP    wait_for_SPM
      RET
.endfunc
```

[코드 4-2] 플래시 지우기 함수(어셈블리 언어)

◦ 플래시 페이지 버퍼 쓰기: 플래시 쓰기 절차 4-1

앞에서 언급한 바와 같이 플래시는 반드시 페이지 단위로 쓰기 작업이 이루어져야 하는데, 기계 명령어 하나에 페이지에 쓸 데이터 전체를 지정할 수 없으므로, 페이지를 쓰기 전에 그 내용을 우선 MCU가 제공하는 페이지 버퍼에 채워 넣도록 한다. 그 후 페이지 지우기와 유사한 절차로 SPM 기계 명령어에 의해 최종 쓰기 작업을 완료한다. 플래시 페이지 버퍼와 관련된 주요 사항은 아래와 같다.

- 플래시 페이지 버퍼는 한 번에 2 바이트 word를 기록할 수 있다.
- <저장 위치, 2 바이트 word> 쌍이 각각 Z 포인터(R30~R31)와 (R0~R1)에 지정된 후, SPM 기계 명령어를 실행하면 해당 버퍼의 해당 위치에 데이터가 기록된다.
- 저장 위치는 바이트 단위의 옵셋(offset)을 의미하므로 0, 2, 4, .. 형식으로 증가하여 (페이지 크기 / 2)만큼 반복되어야 한다.

플래시 버퍼를 채우는 절차는 아래와 같다.

(플래시 버퍼 채우기 절차)

① SPMCSR 레지스터의 SPMEN(비트 번호 0) 비트를 체크하여 이전의 SPM 기계 명령어가 아직 완료되지 않았다면 완료될 때까지 기다린다. ② 버퍼 내 위치(offset)를 Z 포인터 레지스터에, 2 바이트 word 데이터를 R0~R1에 각각 지정한다. ③ SPMCSR 레지스터의 SPMEN(비트 번호 0) 비트를 1(on)로 설정한다. ④ SPM 기계 명령어를 실행한다. ⑤ 버퍼 위치와 데이터를 업데이트하며 위 과정을 [페이지 크기 / 2] 만큼 반복한다.

C 언어와 어셈블리 언어로 구현한 플래시 페이지 버퍼 쓰기 함수 flash_page_buffer_write(uint8_t pg_buf[], uint16_t pg_bytesz)를 [코드 4-3]과 [코드 4-4]에 각각 보였다.

```
// mcu2_flash_buf_write.c
#include <avr/io.h>

#define R01          (*(uint16_t *)0x00)          // R00
#define PGBUF        (*(uint16_t *)0x00)          // R00~R01
#define ZPNTR        (*(uint16_t *)0x1E)          // R30~R31

void   wait_for_SPM(void);
void   flash_page_buffer_word_write(uint16_t wd_off, uint16_t wd);

void  flash_page_buffer_write(uint8_t pg_buf[], uint16_t pg_bytesz)
{
       uint16_t  wd_off, *wbp;

       for (wd_off = 0, wbp = (uint16_t *)pg_buf;
                              wd_off < pg_bytesz; wd_off += 2, wbp++)
              flash_page_buffer_word_write(wd_off, *wbp);
}

void  flash_page_buffer_word_write(uint16_t wd_off, uint16_t wd)
{
       uint8_t  r01 = R01;            // R01 register should be reserved

       wait_for-SPM();

       PGBUF = wd;                    // R00-R01
       ZPNTR = wd_off;                // R30-R31

       SPMCSR = (1<<SPMEN);

       asm("SPM");

       R01 = r01;                     // restore R01 register
}                                              // mcu2_flash_buf_write.c
```

[코드 4-3] 플래시 페이지 버퍼 쓰기 함수(C 언어)

```
#include <avr/io.h>

.text

; void  flash_page_buffer_write(uint16_t pg_buf[], uint16_t pg_bytesz)
.global flash_page_buffer_write

.func   flash_page_buffer_write
flash_page_buffer_write:
        PUSH   R1

        PUSH   R28
        PUSH   R29

        MOVW  XL,R24                ; X(R26:R27) = pg_buf(R24:R25)
        MOVW  YL,R22                ; Y(R28:R29) = pg_bytesz(R22:R23)

        LDI    R24,0                ; wd_off = 0
        LDI    R25,0

  for:  LD     R22,X+
        LD     R23,X+               ; wd = pg_buf[wd_off]

        RCALL  flash_page_buffer_word_write

        ADIW   R24,2                ; wd_off += 2

        SBIW   YL,2
        BRNE   for

        POP    R29
        POP    R28

        POP    R1

        RET
.endfunc
```

[코드 4-4] 플래시 페이지 버퍼 쓰기 함수(Assembly 언어)-계속

```
; void   flash_page_buffer_word_write(uint16_t wd_off, uint16_t wd)
.global flash_page_buffer_word_write
.func   flash_page_buffer_word_write
flash_page_buffer_word_write:
        MOVW  R0,R22               ; BUF = wd
        RCALL wait_for_SPM
        LDI   R22,1<<SPMEN
        RCALL do_SPM               ; do_SPM(uint16_t addr, uint8_t cmd)
        RET
.endfunc
```

[코드 4-4] 플래시 페이지 버퍼 쓰기 함수(Assembly 언어)

◦ 플래시 페이지 쓰기: 플래시 쓰기 절차 4-2

플래시 페이지 버퍼에 채워진 데이터는 아래의 플래시 페이지 쓰기 절차를 거쳐 최종적으로 플래시에 기록된다. 이 작업 역시 SPM 기계 명령어 실행 후 쓰기가 완료되기까지 3~5ms 정도의 시간을 필요로 한다.

(플래시 페이지 쓰기 절차)

① SPMCSR 레지스터의 SPMEN(비트 번호 0) 비트를 체크하여 이전의 SPM 기계 명령어가 아직 완료되지 않았다면 완료될 때까지 기다린다.
② RAMPZ 레지스터와 Z 포인터에 쓰려고 하는 페이지 주소를 지정한다.
③ SPMCSR 레지스터의 PGWRT(Page Write. 비트 번호 2)와 SPMEN(비트 번호 0) 비트를 1(on)로 설정한다.
④ SPM 기계 명령어를 실행한다.

C 언어와 어셈블리 언어로 구현한 플래시 버퍼 쓰기 함수 flash_page_write(uint16_t pg_num)를 [코드 4-5]와 [코드 4-6]에 각각 보였다.

```
// mcu3_flash_write.c

#include <avr/io.h>

void   do_SPM(uint16_t   pg_num, uint8_t   spm_cmd);

void flash_page_write(uint16_t pg_num)
{
        uint16_t  pg_addr;

        RAMPZ = pg_num >> 8;
        pg_addr = (pg_num & 0xff) << 8;

        do_SPM(pg_addr, (1<<PGWRT ) | (1<<SPMEN));
}                                                   // mcu3_flash_write.c
```

[코드 4-5] 플래시 페이지 쓰기 함수(C 언어)

```
; void flash_page_write(uint16_t pg_num)
.global flash_page_write

.func   flash_page_write
flash_page_write:

        OUT     RAMPZ-0x20,R25                  ; Z = pg_num_hi
        MOV     R25,R24                         ; pg_addr_hi = pg_num_lo
        LDI     R24,0x00                        ; ph_addr_lo = 0x00

        LDI     R22,(1<<PGWRT) | (1<<SPMEN)

        RCALL do_SPM            ; void   do_SPM(uint16_t addr, uint8_t cmd)
        RET
.endfunc
```

[코드 4-6] 플래시 페이지 쓰기 함수(Aaaembly 언어)

플래시를 지우거나 쓸 때 SPM 기계 명령어에 의해 Z 레지스터 값이 내부적으로 보관되기 때문에, SPM 기계 명령어가 끝나자 마자 Z 포인터 레지스터는 다른 용도로 사용해도 무방하다. 즉, 지우기나 쓰기 작업이 완료될 때까지 Z 레지스터를 보호할 필요가 없다.

■ RWW(Read-While-Write) 영역과 NRWW(No Read-While-Write) 영역

◦ RWW와 NRWW의 개념

SPM 기계 명령어에 의한 플래시 페이지를 지우거나 쓰기가 완료되기까지는 3~5ms의 많은 시간을 필요로 한다. 이 때, SPM 기계 명령어를 실행하는 MCU에게는 두 가지 선택이 있을 수 있다. 첫 번째는 지우기나 쓰기 작업(업데이트 작업)이 완전히 완료될 때까지 다음 기계 명령어 실행을 보류하고 기다리는 선택이다. 이를 CPU halt라 하는데 절차 지향적인 측면에서 자연스럽고 당연하다. 두 번째 선택은 플래시 페이지 업데이트를 일종의 입·출력 개념으로 보고 그 시간 동안 다른 일을 하여 효율을 높일 수 있도록 SPM 기계 명령어 실행 이후 명령어 실행을 즉시 계속하도록 하는 것이다. 이 경우는 나중에 플래시 페이지 업데이트 완료를 폴링으로 플래그를 체크하거나 인터럽트 메커니즘으로 확인할 수 있도록 해야 한다.

위의 두 가지 관점에 따라 ATmega2560은 플래시를 [그림 2-1]과 같이 크게 두 가지 영역으로 고정 분할하여 한 쪽 영역은 플래시 업데이트 시 CPU가 halt 되지 않아 실행을 계속할 수 있고, 다른 한 쪽 영역은 업데이트 시 CPU가 halt 되도록 한다. CPU가 halt되지 않는다는 것은 내부적으로 플래시 페이지 쓰기가 진행되는 동안 CPU는 계속해서 기계 명령어를 읽어 실행할 수 있다는 의미이므로 이에 해당되는 플래시 부분을 RWW(Read-While_Writing) 영역이라 부른다. 반대로, CPU가 halt되면 플래시 페이지 쓰기가 완료될 때까지 이 후의 기계 명령어 실행이 중단되므로 이에 해당되는 플래시 부분을 NRWW(No RWW) 영역이라 부른다. 이를 요약하면 아래 [표 4-3]과 같다.

[표 4-3] 플래시의 RWW 영역과 NRWW 영역의 구분

플래시 영역	특 징
RWW 영역	지우거나 쓰기 등 업데이트 시 CPU가 halt되지 않음
NRWW 영역	지우거나 쓰기 등 업데이트 시 CPU가 halt됨

◦ RWW와 NRWW 개념의 필요성 및 적용 규칙

앞에서 설명한 바와 같이 RWW 특성의 필요성은 플래시 업데이트 시간 동안 다른 작업을 할 수 있다는 효율성 측면에서 충분한 설득력이 있다. 그렇다면 모든 플래시를 RWW 영역으로 하면 될 것을, 굳이 NRWW 영역을 두는 이유는 무엇일까? 그 이유는 플래시 업데이트가 완료될 때까지는 MCU가 다른 할 일이 없는 경우에는 RWW가 오히려 번거롭기 때문이다. 즉, RWW 영역이라면 SPM 기계 명령어 실행 후에 플래시 업데이트가 완료되었지를 반드시 체크해야 하지만, NRWW 영역에서는 SPM 기계 명령어 자체에서 자동적으로 대기가 이루어지기 때문에 편리하다. 그 외에 SPM 이후의 기계 명령어가 무의미하여 실행되어서는 안될 때도 있다.

위와 같은 RWW와 NRWW 특성은 어플리케이션 프로그램 영역 및 부트 로더 영역과 각각 일맥 상통한다. 부트 로더 프로그램이 어플리케이션 프로그램을 내려받아 플래시에 쓸 때에는 플래시 쓰기와 내려받기 작업의 병렬화가 가능하고 이에 따른 시간 단축이라는 장점을 얻울 수 있다. 반면에 부트 로더가 자신의 일부를 새로 내려받아 스스로를 업데이트하는 기교스러운 경우에는 기존의 기계 명령어가 덮어쓰일 예정이므로 SPM 다음에 위치한 기계 명령어는 의미가 없다.

ATmega2560에서 RWW 영역과 NRWW 영역, 어플리케이션 영역과 부트 로더 영역 등 두 가지 분류 기준 사이에 설정된 적용 규칙은 아래와 같고 이를 그림으로 표현하면 [그림 4-6]과 같다.

(플래시 특성분류 및 적용규칙)

- RWW 영역은 플래시 앞 쪽에 배치하고 어플리케이션 프로그램을 이 곳에 저장한다.
- NRWW 영역은 플래시 뒤 쪽에 배치하고 부트 로더를 이 곳에 저장한다.
- RWW 영역에서 실행되는 코드, 즉 어플리케이션 프로그램 코드는 NRWW 영역의 플래시를 업데이트할 수 없다.

- NRWW 영역에서 실행되는 코드, 즉 부트 로더 코드는 모든 영역의 플래시를 업데이트할 수 있다.
- 만약 BOTSZ 퓨즈 설정에 의해 부트 로더 영역 크기가 NRWW 보다 작아 어플리케이션 코드 일부가 NRWW 영역에 위치하는 경우, 이 부분의 코드는 부트 로더와 마찬가지로 모든 영역의 플래시를 업데이트할 수 있다.

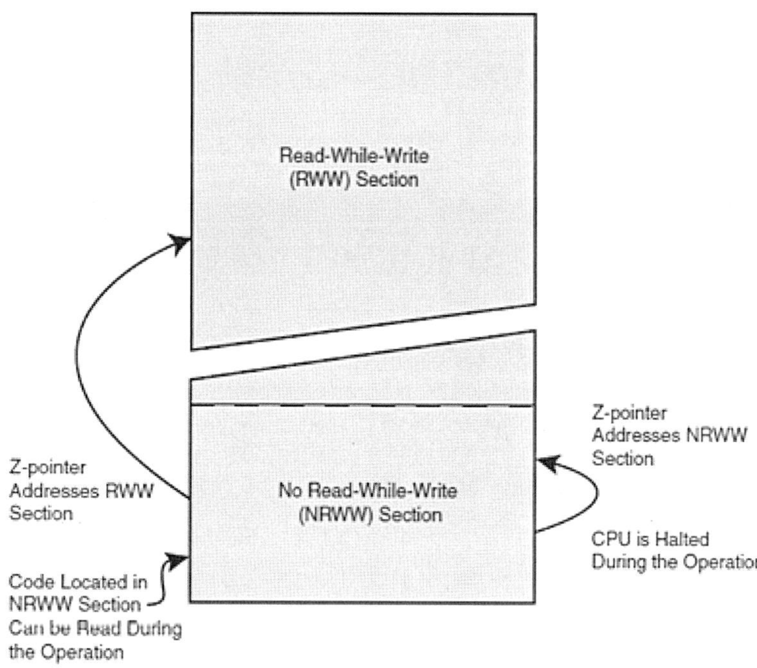

[그림 4-6] RWW, NRWW 영역간 플래시 업데이트(지우기쓰기) 특성

◦ 플래시 업데이트 진행 중 접근 제한

NRWW 영역에 대한 업데이트는 그 작업이 완료될 때까지 CPU가 다음 기계 명령어를 실행하지 않으므로 업데이트 진행 중 접근이란 개념이 성립하지 않는다. 그러나, RWW 영역에 대한 업데이트는 그 시작과 함께 CPU가 다음 기계 명령어 처리를 계속하므로 업데이트 진행 중 플래시 접

근에 관한 제한은 없는지를 명확히 할 필요가 있다. 이를테면 현재 업데이트가 진행 중인 플래시에 대한 단순 읽기나 코드 실행을 위한 읽기 접근은 당연히 불가능하다. 이와 같은 몇 가지 접근 제한은 아래와 같다.

(플래시 업데이트 진행 중 접근규칙)

- RWW 영역 플래시 페이지 업데이트가 진행 중일 때 적용된다.
- 업데이트가 진행 중일 때는 SPMCSR 레지스터에 RWWSB(RWW Section Busy, 비트 6) 비트가 1로 표시되고, RWW 영역 전체에 대한 모든 유형의 접근이 제한된다.
- 만약 인터럽트, 점프, 서브 루틴 호출, 플래시 읽기(LPM 기계 명령어) 등에 의해 RWW 영역의 코드 읽기가 시도되면 그 결과는 예측할 수 없다.
- RWWSB 비트는 업데이트가 완료된 이후에도 사라지지 않으므로, RWW 특성을 재생하여 다시 접근하기 위해서는 이 비트를 off 시켜주어야 한다.

◦ 플래시 업데이트 후 RWW 특성 재생

"페이지 지우기"→"페이지 버퍼 채우기"→"페이지 쓰기" 과정으로 페이지 업데이트가 완료된 RWW 영역의 플래시 전체는 여전히 RWW Busy 상태로 남아 접근 제한 상황이 지속된다. 이를 해소하기 위해서는 SPMCSR 레지스터의 RWWSB 비트를 명시적으로 클리어해 주어야 한다. 이를 위한 절차를 아래에 보였고, 구현된 RWW 특성 재생 함수 flash_RWW_clearSB()의 C 언어 코드와 어셈블리 언어 코드를 [코드 4-7]과 [코드 4-8]에 가각 보였다.

(플래시 RWW 특성 재생 절차)

① SPMCSR 레지스터의 SPMEN(비트 번호 0) 비트를 체크하여 이전의 SPM 기계 명령어가 완료되었는지 확인한다..
② SPMCSR 레지스터의 PGWRT(비트 번호 2)와 RWWSRE(RWW Section Re Enable, 비트 번호 4) 비트를 1(on)로 설정한다.
③ SPM 기계 명령어를 실행한다.
④ 곧바로 다음 읽기 작업이 가능하도록 SPM의 완료를 기다린다.

```
// mcu4_flash_clearSB.c
#include <avr/io.h>
void  do_SPMuint16_t  pg_num, uint8_t  spm_cmd);
void  flash_RWW_clearSB()
{
      do_SPM(0, (1<<RWWSRE) | (1<<SPMEN)); // 0 is dummy pg_addr
      wait_for_SPM();
}                                            // mcu4_flash_clearSB.c
```

[코드 4-7] RWW 특성 재생 함수(C 언어)

```
; void  flash_RWW_clearSB()
.global flash_RWW_clearSB
.func   flash_RWW_clearSB
flash_RWW_clearSB:
        LDI    R25,0x00
        LDI    R24,0x00                    ; dummy for pg_addr
        LDI    R22,(1<<RWWSRE) | (1<<SPMEN)
        RCALL do_SPM          ; void  do_SPM(uint16_t addr, uint8_t cmd)
        RCALL wait_for_SPM                 ; for immediate read
        RET
.endfunc
```

[코드 4-8] RWW 특성 재생 함수(Aaaembly 언어)

■ 플래시 읽기(Atmel JTAGICE mkII)

[그림 4-7]은 AVRStudio→JTAGICE를 이용하여 256Kbyte(128Kword) 플래시의 전체 내용을 hex 파일 형태로 읽어 파일로 저장하는 모습인데, 이때 플래시 내용 전체를 hex 포맷으로 지정한 파일에 저장해준다(5.4 부트 로더 쓰기 참조).

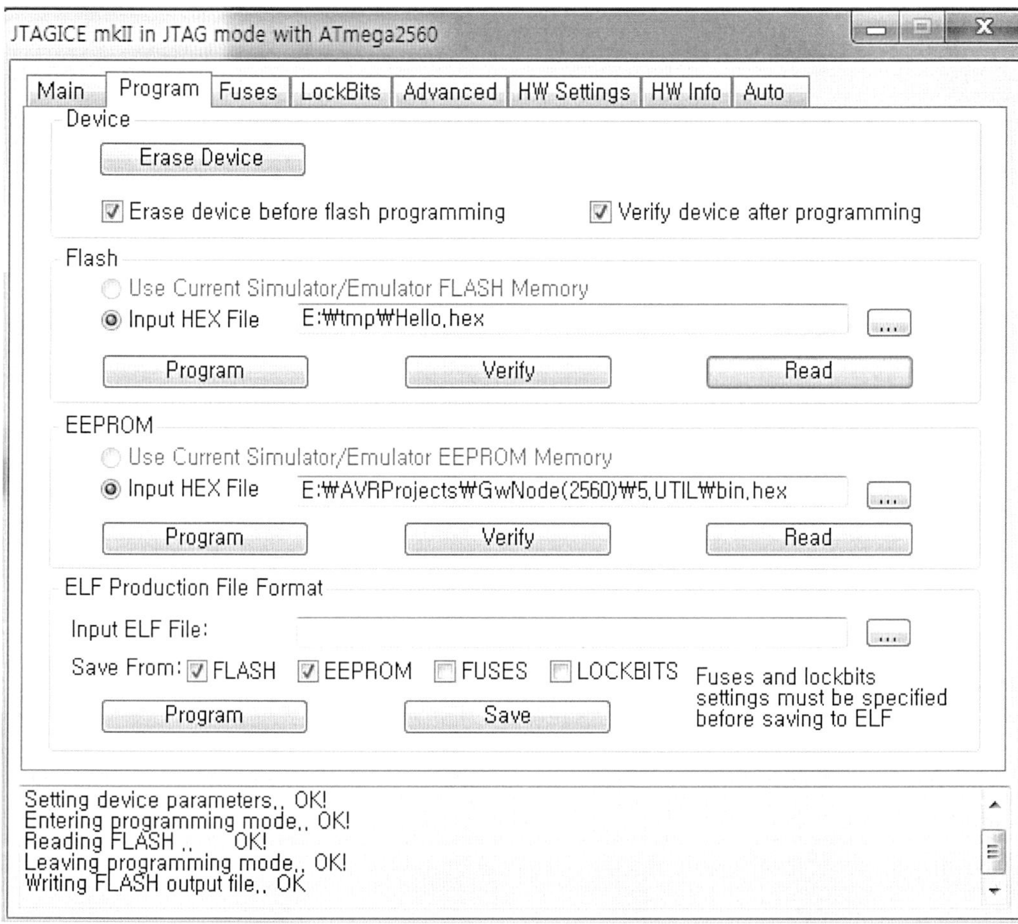

[그림 4-7] 플래시 읽기(AVRStudio→JTAGICE)

■ 플래시 읽기(MCU 기계 명령어)

플래시를 읽는 절차는 플래시를 쓰는 절차와 다르게 load/store의 load와 유사한 개념의 (E)LPM 기계 명령어를 사용한다. load/store에 해당되는 LD/ST 기계 명령어는 SRAM에 적용되는 명령어이고, (E)LPM은 "ELPM Rd, Z" 형태의 포맷으로 플래시 메모리 읽기에 적용된다. 플래시 읽기는 SRAM과 마찬가지로 바이트 단위 접근이 가능하지만, 편리를 위해 1 바이트 단위 읽기와 2 바이트 워드 단위 읽기 함수를 설계하는 것이 좋다.

플래시를 읽는 절차는 아래와 같고 이를 위한 구현 함수 flash_byte_read(uint16_t pw_addr)와 flash_word_read(uint16_t pw_addr)의 C 언어 코드와 어셈블리 언어 코드를 [코드 4-9]와 [코드 4-10]에 각각 보였다.

(플래시 읽기 절차)

① SPMCSR 레지스터의 SPMEN(비트 번호 0) 비트를 체크하여 이전의 SPM 기계 명령어가 아직 완료되지 않았다면 완료될 때까지 기다린다(업데이트 중이 아니라면 생략한다).
② Z 포인터 레지스터에 바이트 기반 플래시 주소를 설정한다.
③ ELPM Rd,Z 혹은 ELPM Rd,Z+ 기계 명령어를 실행한다. 이 때 Rd는 R0 등 범용 레지스터를 의미하고, Z는 고정으로 사용되어야 한다. 또한, Z+는 읽은 후 Z 포인터 내용을 1 증가시켜 연속 접근 시 편리성을 제공한다.

플래시 읽기를 위한 LPM 기계 명령어는 SPMCSR 레지스터에 BLBSET (Boot Lock Bit Set, 비트 번호 3) 비트를 설정하고, Z 포인터에 정해진 값을 지정한 후 실행하면 플래시가 아닌 부트 락 비트(boot lock bit)나 퓨즈 비트(fuse bits) 등 다른 특수 메모리로 접근하므로 유의해야 한다(5.4 절 프로그램 보호 참조).

```
// mcu5_flash_read.c

#include  <avr/io.h>

#define ZPNTR          (*(uint16_t *)0x1E)               // R30~R31

void    do_LPM_byte(uint16_t pb_addr);
void    do_LPM_word(uint16_t pw_addr);

void flash_byte_read(uint16_t pb_addr)
{                                        // pb_addr = pg_addr +  by_off
        do_LPM_byte(pb_addr);
}

void flash_word_read(uint16_t pw_addr)
{                                        // pw_addr = pg_addr +  wd_off
        do_LPM_word(pw_addr);
}

void  do_LPM_byte(uint16_t pb_addr)
{
        ZPNTR = pb_addr;

        asm("ELPM   R24,Z+ ");
}

void  do_LPM_word(uint16_t pw_addr)
{
        ZPNTR = pw_addr;

        asm("ELPM   R24,Z+ ");
        asm("ELPM   R25,Z+ ");
}                                                 // mcu5_flash_read.c
```

[코드 4-9] 플래시 읽기 함수(C 언어)

```
; uint8_t flash_byte_read(uint16_t pb_addr)
.global flash_byte_read
.func   flash_byte_read
flash_byte_read:
        RCALL  do_LPM_byte
        RET
.endfunc

; uint16_t flash_word_read(uint16_t pw_addr)
.global flash_word_read
.func   flash_word_read
flash_word_read:
        RCALL  do_LPM_word
        RET
.endfunc

; uint8_t   do_LPM_byte(uint16_t pb_addr)
.global do_LPM_byte
.func   do_LPM_byte
do_LPM_byte:
        MOVW   ZL,R24                   ; Z(R30:R31) = pb_addr
        ELPM   R24,Z                    ; return value
        RET
.endfunc

; uint8_t   do_LPM_word(uint16_t pw_addr)
.global do_LPM_word
.func   do_LPM_word
do_LPM_word:
        MOVW   ZL,R24
        ELPM   R24,Z+
        ELPM   R25,Z
        RET
.endfunc
```

[코드 4-10] 플래시 읽기 함수(Aaaembly 언어)

■ 플래시 검증하기

플래시 쓰기 절차를 걸쳐 쓰기가 완료된 뒤에는 오류가 없는지를 확인해야 한다. 그런데, SPM 기계 명령어의 최후 성공 여부에 대한 결과가 어느 곳에도 표시되지 않기 때문에, 쓰기 결과에 대한 확인은 해당 플래시 페이지를 읽어서 원래의 쓰고자 했던 내용과 일치하는 지를 비교하는 방법 외에는 불가능하다. [코드 4-11]에 플래시 쓰기 작업을 검증하기 위한 flash_page_verify() 함수를 위한 C 언어 구현 코드를 보였다.

```
// mcu6_flash_verify.c

uint16_t  flash_word_read(uint16  pw_addr);

uint8_t  flash_page_verify(uint16_t pg_num, uint8_t pg_buf[],
                                                  uint16_t pg_bytesz)
{
        uint16_t pg_addr, wd_off, wd, *wbp;

        RAMPZ = pg_num >> 8;
        pg_addr = (pg_num & 0xff) << 8;

        for (wd_off = 0, wbp = (uint16_t *)pg_buf; wd_off < pg_bytesz;
                                         wd_off += 2, wbp++) {
                wd = flash_word_read(pg_addr + wd_off);
                if (wd != *wbp)
                        return 0;         // failure
        }

        return 1;                         // success
}
                                              // mcu6_flash_verify.c
```

[코드 4-11] 플래시 검증 함수

MEMO

4.3 ATmega2560 EEPROM

EEPROM(Electrically Erasable Programmable Read-Only Memory)도 플래시와 유사하게 전자적으로 지우고 기록하는 형태의 ROM 특성을 가진다. 다만 플래시는 블록(페이지) 단위의 업데이트만 가능하지만 EEPROM은 바이트 단위의 업데이트가 가능하다는 점이 다르다. 이러한 차이점을 해석해보면 EEPROM은 바이트 단위의 독립된 회로를 지원하기 때문에 집적도가 낮아지고 비용이 많이 든다고 말할 수 있다. 따라서, EEPROM은 프로그램을 저장하는 등의 대용량이 요구되는 분야보다는, id나 주소, 옵션 등 주로 소량의 설정 데이터를 저장하는 용도로 사용된다.

■ 주소지정(addressing)

ATmega2560은 4Kbyte 용량의 EEPROM을 제공하고, 읽기·쓰기에서 바이트 단위의 주소를 사용한다. 따라서, EEPROM은 0~0xfff의 주소 공간이 필요하고 이는 12 비트로 표시가 가능하다. 플래시의 읽기·쓰기에서는 RAMPZ와 Z 포인터 레지스터에 주소를 표시했으나, EEPROM의 읽기·쓰기에서는 EEARL/EEARH(EEPROM Address Register Hi/Lo)의 8 비트 레지스터를 두 개로 구성된 EEAR 레지스터를 사용하되, high 바이트의 상위 4비트는 사용하지 않는다.

■ EEPROM 쓰기(Atmel JTAGICE mkII)

아래의 [크기:주소:타입:데이터:체크섬] 형태로 구성된 hex 포맷으로 작성된 EEPROM 저장 데이터는 [그림 4-7]과 같이 AVRStudio→JTAGICE를 이용하여 저장할 수 있다. 여기서 읽기는 EEPROM 전체를 읽어 hex 파일로 저장해준다(5.4 부트로더 쓰기 참조).

(hex 파일 포맷)

크기	주소	타입	데이터	체크섬
:10	0000	00	a1220000000000000000000000000000	3d
:00	0000	01	FF	

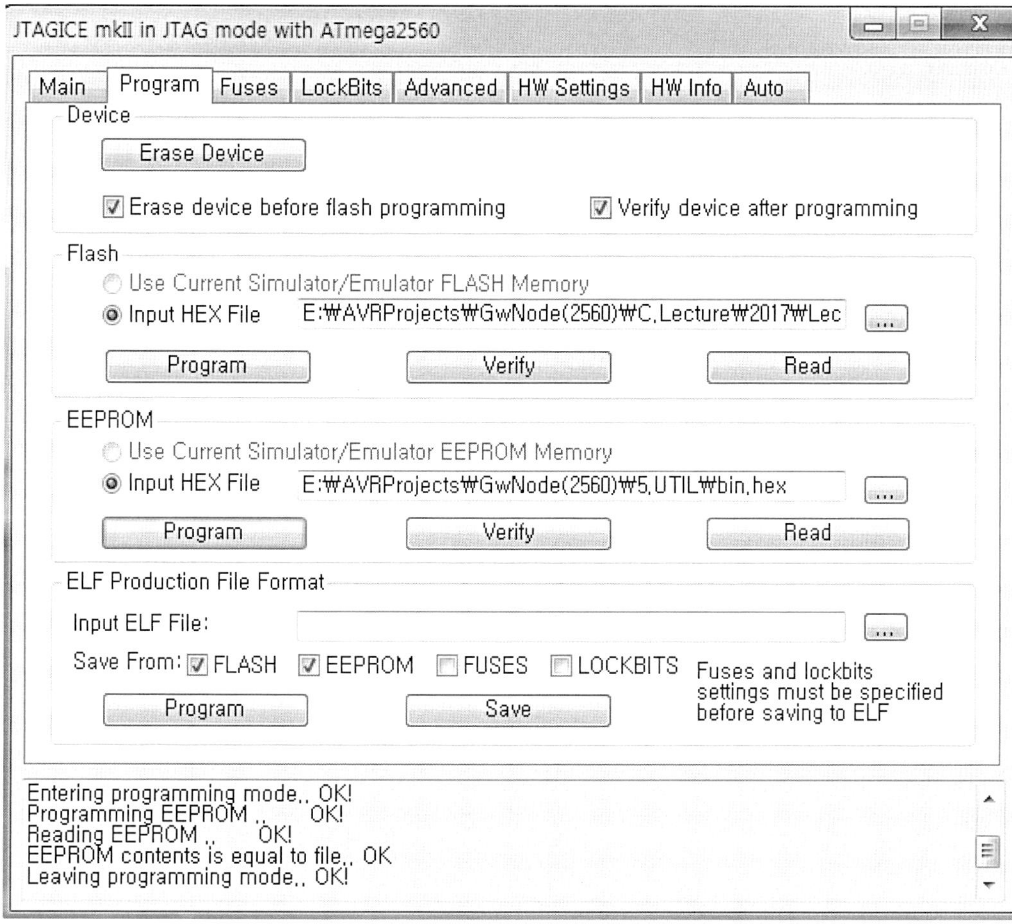

[그림 4-7] EEPROM 쓰기(AVRStudio→JTAGICE)

■ EEPROM 쓰기(MCU 기계 명령어)

플래시와 마찬가지로 ATmega2560 MCU는 EEPROM을 쓰기 위한 일련의 기계 명령어 실행 절차를 제공한다. 따라서, 이들 기계 명령어를 이용하여 부트 로더의 일부 기능으로 UART(시리얼 통신) 등을 통해 내려받은 EEPROM 데이터를 저장하게 할 수 있다. MCU 기계 명령어를 이용한 EEPROM 쓰기 작업은 플래시와 마찬가지로 현재 상태를 초기화한(지운) 후 써야한다. 다만 플래시와 다르게 이 과정을 바이트 단위로 진행해야 하고, 지우기와 쓰기를 두 번에 걸쳐 나누어 독립적으로 할 수도 있고, 두 작업을 한 번에 지시할 수도 있다.

EEPROM을 지우거나 쓰기 위한 절차는 아래와 같다.

(EEPROM 지우기 · 쓰기 절차)

① EECR(EEPROM Control Register)의 EEPE(EEPROM Programming Enable)(비트 번호 1) 비트를 체크하여 이전의 EEPROM 업데이트 작업이 아직 완료되지 않았다면 완료될 때까지 기다린다.

② 만약 플래시 작업도 동시에 진행 중이라면 플래시 쓰기에서와 마찬가지로 SPMCSR 레지스터의 SPMEN(비트 번호 0) 비트를 체크하여 이전의 SPM 기계 명령어가 아직 완료되지 않았다면 완료될 때까지 기다린다.

③ 2 바이트 EEAR에 업데이트하고자 하는 EEPROM의 주소를, EEDR(EEPROM Data Register)에 1 바이트 데이터를 설정한다.

④ EECR의 EEMPE(EEPROM Master Programming Enable)(비트 번호 2) 비트를 1(on)로 설정하여 업데이트 작업을 예고한다.

⑤ EECR의 EEPE(비트 번호 1)를 1로 설정하여 업데이트 작업 시작을 지시한다. 이 때, 두 개의 EEPM(EEPROM Programming Mode)(비트 번호 4~5) 비트의 설정 조합에 따라 지우기 · 쓰기, 지우기, 쓰기 등 세 가지 유형의 작업을 선택할 수 있다. 지우기만 할 때는 ③의 데이터 설정 과정은 불필요하다.

EEPM1(비트 번호 5)	EEPM1(비트 번호 4)	작업 유형
0	0	지우기 · 쓰기
0	1	지우기
1	0	쓰기

C 언어와 어셈블리 언어로 구현한 EEPROM 지우기 함수 eeprom_byte_erase(uint16_t eep_addr), 쓰기 함수 eeprom_byte_write(uint16_t eep_addr, uint8_t eep_data), 지우고 · 쓰기 함수 eeprom_byte_erase_write(uint16_t eep_addr, uint8_t eep_data)를 [코드 4-9] ~ [코드 4-14]에 보였다.

```
#include <avr/io.h>

void   eeprom_byte_erase(int16_t   eep_addr)
{
       wait_for_EEP();
       EEAR = eep_addr;
       EECR  = (1 << EEMPE);                  // should clear other bits
       EECR |= (0 << EEPM1) | (1 << EEPM0) | (1 << EEPE);
}

void   wait_for_EEP()
{
       while (EECR & (1 << EEPE))
              ;
}
```

[코드 4-9] EEPROM 바이트 지우기 함수(C 언어)

```
; void eeprom_byte_erase(uint16_t   eep_addr)
.global eeprom_byte_erase
.func   eeprom_byte_erase
eeprom_byte_erase:
        RCALL  wait_for_EEP
        STS    EEARL,R24
        STS    EEARH,R25
        LDI    R25,(1 << EEMPE)
        OUT    EECR-0x20,R25          ; master enable, clear other bits
        SBI    EECR-0x20,EEPM0
        SBI    EECR-0x20,EEPE         ; enable programming
        RET
.endfunc

;void wait_for_EEP(void)
.global wait_for_EEP
.func wait_for_EEP
wait_for_EEP:
        SBIC   EECR-0x20,EEPE
        RJMP   wait_for_EEP
        RET
.endfunc
```

[코드 4-10] EEPROM 바이트 지우기 함수(Aaaembly 언어)

```
#include <avr/io.h>

void    eeprom_byte_write(int16_t   eep_addr, uint8_t   eep_data)
{
        wait_for_EEP();

        EEAR = eep_addr;
        EEDR = eep_data;

        EECR  = (1 << EEMPE);                  // should clear other bits
        EECR |= (1 << EEPM1) | (1 << EEPM0);
        EECR |= (1 << EEPE);
}
```

[코드 4-11] EEPROM 바이트 쓰기 함수(C 언어)

```
; void eeprom_byte_write(uint16_t   eep_addr, uint8_t   eep_data)
.global eeprom_byte_write
.func   eeprom_byte_write
eeprom_byte_write:
        RCALL  wait_for_EEP

        OUT    EEARL-0x20,R24        ; =STS   EEARL,R24
        OUT    EEARH-0x20,R25        ; =STS   EEARH,R25
        OUT    EEDR-0x20,R22         ; =STS   EEDR,R22

        LDI    R25,(1 << EEMPE)
        OUT    EECR-0x20,R25         ; master enable, clear other bits

        LDI    R25,(1 << EEPM1) | (0 << EEPM0) | (1 << EEPE)
        OUT    EECR-0x20,R25         ; =STS EECR,R25

        RET
.endfunc
```

[코드 4-12] EEPROM 바이트 쓰기 함수(Aaaembly 언어)

```
#include <avr/io.h>

void   eeprom_byte_erase_write(int16_t  eep_addr, uint8_t  eep_data)
{
       wait_for_EEP();

       EEAR = eep_addr;
       EEDR = eep_data;

       EECR  = (1 << EEMPE);                // should clear other bits
       EECR |= (0 << EEPM1) | (0 << EEPM0);
       EECR |= (1 << EEPE);
}
```

[코드 4-13] EEPROM 바이트 지우고 쓰기 함수(C 언어)

```
; void eeprom_byte_erase_write(uint16_t  eep_addr, uint8_t  eep_data)
.global eeprom_byte_erase_write
.func  eeprom_byte_erase_write

eeprom_byte_erase_write:
       RCALL  wait_for_EEP

       STS    EEARL,R24             ; =OUT  EEARL-0x20,R24
       STS    EEARH,R25             ; =OUT  EEARH-0x20,R25
       STS    EEDR,R22              ; =OUT  EEDR-x020,R22

       LDI    R25,(1 << EEMPE)
       STS    EECR,R25              ; master enable, clear other bits

       LDI    R25,(0 << EEPM1)  |(0 << EEPM0) | (1 << EEPE)
       STS    EECR,R25              ; =OUT EECR-0x20,R25

       RET
.endfunc
```

[코드 4-14] EEPROM 바이트 지우고 쓰기 함수(Aaacmbly 언어)

MEMO

제 5 장 부트 로더

5.1 부트 로더(Boot Loader)란?

부트 로더란 원래 윈도우, 유닉스, 리눅스 등 주변 장치에 저장된 운영체제 목적 프로그램을 읽어서 메모리에 적재한 후 그 운영체제가 실행을 시작하도록 도와주는 프로그램을 의미한다. ATmega2560과 같은 임베디드 시스템 환경에서는 통신을 통해서 외부에서 응용 프로그램의 목적 코드를 내려받아 플래시에 저장해주는 프로그램을 부트 로더라 한다.

부트 로더에 의해 응용 프로그램의 저장이 끝나면 플래시에는 응용 프로그램과 부트 로더 등 두 개의 프로그램이 존재하게 된다. 그렇다면 전원을 인가했을 때 둘 중 어느 프로그램이 실행될까?

■ 플래시의 응용 프로그램 영역과 부트 로더 영역

[그림 2-1], [표 2-2]에서 설명한 바와 같이 ATmega2560 플래시는 앞부분의 응용 프로그램 영역과 뒤 부분의 부트 로더 영역으로 분리되고, 그 경계는 퓨즈 BOOTSZ(BOOTSZ1, BOOTSZ0)의 조합에 의해 [표 5-1]과 같이 결정된다.

[표 5-1] BOOTSZ1,2 퓨즈에 의한 ATmega2560 플래시 부트 영역 분리

구 분		00	01	10	11
어플리케이션 영역	크기	124Kword (248Kbyte)	126Kword (252Kbyte)	127Kword (254Kbyte)	127.5Kword (255Kbyte)
	시작	0x00000~	0x00000~	0x00000~	0x00000~
	끝	0x1efff	0x1e7fff	0x1fbff	0x1fdff
부트로더 영역	크기	4Kword (8Kbyte)	2Kword (4Kbyte)	1Kword (2Kbyte)	0.5Kword (1Kbyte)
	시작	0x1f000~	0x1f800~	0x1fc00~	0x1fe00~
	끝	0x1ffff	0x1ffff	0x1ffff	0x1ffff

BOOTSZ를 포함한 퓨즈 비트는 [그림 5-1]과 같이 high 바이트와 low 바이트 , 그리고 extended 바이트 등 총 3 바이트로 구성되는데, 이들은 JTAGICE 등 쓰기 도구에 의해서 수정과 읽기가 가능하고, 프로그램에서는

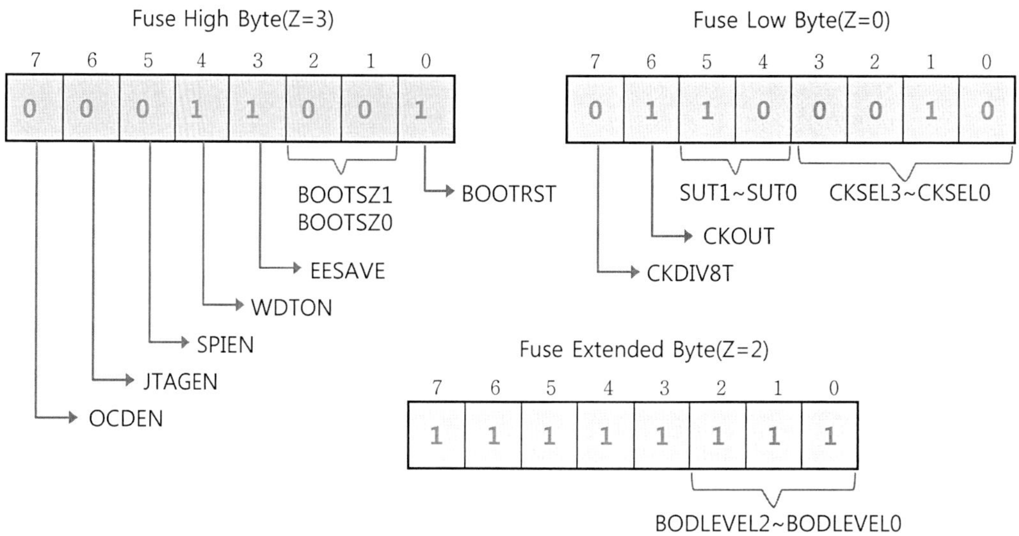

[그림 5-1] ATmega2560 퓨즈 바이트

읽기만 가능하다. 퓨즈 바이트를 읽기 위한 절차는 아래와 같다.

(퓨즈 바이트 읽기 절차)

① SPMCSR 레지스터의 SPMEN(비트 번호 0) 비트를 체크하여 이전의 SPM 기계 명령어가 아직 완료되지 않았다면 완료될 때까지 기다린다.
② Z 포인터 레지스터에 0(low 바이트), 3(high 바이트), 또는 2(extended 바이트)을 설정한다.
③ SPMCSR 레지스터의 BLBSET(Boot Lock Bit Set, 비트 번호 3) 비트와 SPMEN(비트 번호 0) 비트를 1(on)로 설정한다.
④ ELPM 기계 명령어를 실행한다.

위 절차에 따라 퓨즈 바이트를 읽기 위한 함수 fuse_lobyte_read(), fuse_hibyte_read(), fuse_exbyte_read()의 C 언어 코드와 어셈블리 코드를 [코드 5-1] ~ [코드 5-2]에 보였다.

```
#include <avr/io.h>

#define ZPNTR        (*(uint16_t *)0x1E)            // R30~R31

void  do_LPM_byte_lbfs(uint16_t lf_addr, uint8_t lpm_cmd);

uint8_t fuse_lobyte_read()
{
      return(do_LPM_byte_lbfs(0, (1<<BLBSET) | (1<<SPMEN)));
}

uint8_t fuse_hibyte_read()
{
      return(do_LPM_byte_lbfs(3, (1<<BLBSET) | (1<<SPMEN)));
}

uint8_t fuse_exbyte_read()
{
      return(do_LPM_byte_lbfs(2, (1<<BLBSET) | (1<<SPMEN)));
}

void  do_LPM_byte_lbfs(uint16_t lf_addr, uint8_t lpm_cmd)
{                                   // for lockbit & fuse byte
      wait_for_SPM();

      ZPNTR = lf_addr;

      SPMCSR = lpm_cmd;

      asm("ELPM  R24,Z");            // return value
}
```

[코드 5-1] 퓨즈 바이트 읽기 함수(C 언어)

```
;uint8_t fuse_lobyte_read(void);
.global fuse_lobyte_read
.func fuse_lobyte_read
fuse_lobyte_read:
        LDI     R24,0x00
        LDI     R25,0x00
        LDI     R22,(1<<BLBSET) | (1<<SPMEN)
                        ; void  do_LPM_byte_lbfs(uint16_t addr, uint8_t cmd)
        RCALL do_LPM_byte_lbfs
        RET
.endfunc

;uint8_t fuse_hibyte_read(void);
.global fuse_hibyte_read
.func fuse_hibyte_read
fuse_hibyte_read:
        LDI     R24,0x03
        LDI     R25,0x00
        LDI     R22,(1<<BLBSET) | (1<<SPMEN)
                        ; void  do_LPM_byte_lbfs(uint16_t addr, uint8_t cmd)
        RCALL do_LPM_byte_lbfs
        RET
.endfunc

;uint8_t fuse_exbyte_read(void);
.global fuse_exbyte_read
.func fuse_exbyte_read
fuse_exbyte_read:
        LDI     R24,0x02
        LDI     R25,0x00
        LDI     R22,(1<<BLBSET) | (1<<SPMEN)
                        ; void  do_LPM_byte_lbfs(uint16_t addr, uint8_t cmd)
        RCALL do_LPM_byte_lbfs
        RET
.endfunc
```

[코드 5-2] EEPROM 바이트 지우고 쓰기 함수(Aaaembly 언어, 계속)

```
; uint8_t   do_LPM_byte_lbfs(uint16_t lf_addr, uint8_t lpm_cmd)
.global do_LPM_byte_lbfs

.func  do_LPM_byte_lbfs
do_LPM_byte_lbfs:
        MOVW  ZL,R24                    ; ZPR(R30:R31) = lfaddr
        STS   SPMCSR,R22

        ELPM  R24,Z
        RET
.endfunc
```

[코드 5-2] EEPROM 바이트 지우고 쓰기 함수(Aaaembly 언어)

■ 리셋 벡터(reset vector)

리셋이란 MCU 하드웨어가 초기 상태에서 다시 시작하는 과정을 말하는데 전원이 다시 인가되는 경우와 전원이 인가된 상태에서 리셋 버튼을 누르는 경우 등 두 가지가 있다. 전원 리셋과 버튼 리셋은 구별되고, MCU 실행 시작 위치를 [표 5-2]와 같이 서로 다르게 설정할 수 있다. 즉, 전원을 새로 인가하는 경우는 무조건 어플리케이션 영역이 실행되고, 리셋 버튼을 누른 경우에는 [그림 5-1]의 high 퓨트 바이트에 위치하는 BOOTRST의 설정에 따라 어플리케이션 영역 혹은 부트 로더 영역이 실행된다.

응용 프로그램을 한창 개발하고 있는 단계에서는 BOOTRST를 수정 상태로 설젛하여 리셑 버튼을 누를 때마다 부트 로더로 하여금 새롭게 변경된 어플리케이션 목적 코드를 플래시에 다시 저장할 수 있도록 해야 한다. 이 때, 부트 로더는 일정 시간 동안 기다린 후, 통신 응답이 없으면 응용 프로그램을 실행해주도록 작성하면 편리하다.

[표 5-2] 리셋 유형에 따른 리셋 벡터

리셋구분	BOOTRST 퓨즈 비트	시작 위치(리셋 백터)
전원	N/A	어플리케이션 영역(0x00000)
버튼	1(초기상태)	어플리케이션 영역(0x00000)
	0(수정상태)	부트 로더 영역(설정된 경계)

[그림 5-2]에 AVRStudio→>JTAGICE를 통해 BOOTRST 퓨즈를 설정하는 모습을 보였다. 이 화면에서 읽기(Read) 탭은 현재 설정된 내용을 읽어 표시해주고, 쓰기(Program) 탭은 화면에 설정한 퓨즈 내용을 기록한다. 이때, ☑ 표시는 수정 상태(0)를, ☐ 표시는 초기 상태(1)를 의미한다(5.4 부트 로더 쓰기 참조).

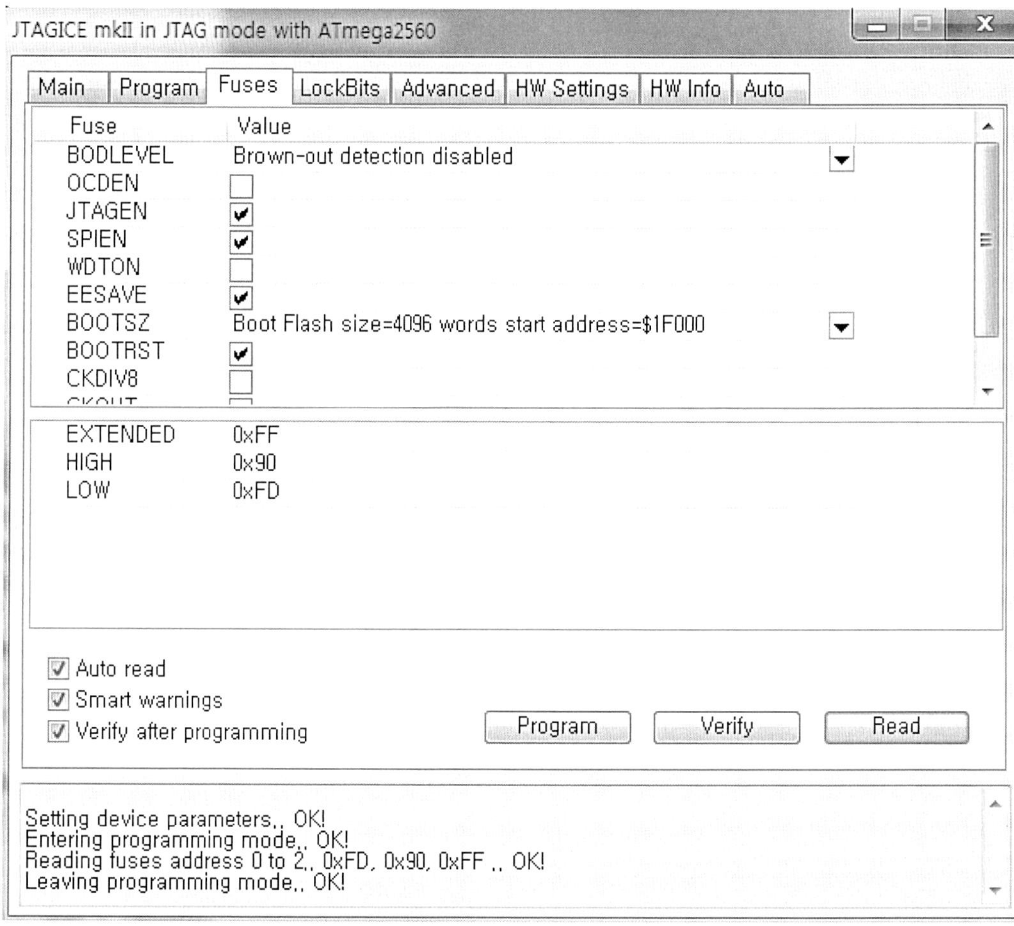

[그림 5-2] BOOTRST 퓨즈 비트 쓰기와 읽기(AVRStudio→JTAGICE)

5.2 UART(직렬 통신) 기반 부트 로더

■ 일반적인 부트 로더 알고리즘

MCU 플래시의 부트 로더 영역에서 실행되는 부트 로더가 외부에 존재하는 프로그램을 내려받는 통신 수단으로 이더넷(LAN), 와이파이(WiFi), UART(RS232C 직렬 통신) 등을 들 수 있지만, ATmega2560과 같은 소형 MCU의 부트 로더 대부분은 간편하고 PC와의 접근성이 좋은 UART를 사용한다. 이 경우, 부트 로더는 PC에서 대기 중인 부트 로더 서버 프로그램과의 UART 통신을 통하여 목적 코드를 내려받아 플래시의 응용 프로그램 영역에 기록하고, 기록이 끝나면 응용 프로그램 영역의 시작점으로 점프한다.

부트 로더의 개략적인 실행 과정(알고리즘)은 아래와 같다.

(일반적인 부트 로더 알고리즘)

① UART를 PC의 부트 로서 서버와 일치하도록 설정한다.
② UART로 HELLO 코드를 보내고, 일정 시간 동안 FINE 코드 응답이 있는지 체크하며 기다린다. 만약 응답이 없다면 어플리케이션 영역으로 점프한다.
③ 플래시 크기, 부트 영역 크기, 페이지 크기 등 MCU 관련 특성 정보를 보낸다.
④ FLASH 코드를 보내 응용 프로그램 목적 코드를 페이지 번호와 함께 페이지 단위로 보내주도록 요청한다.
⑤ 페이지 번호와 페이지 내용(목적 코드)을 수신하여 버퍼에 저장한다. 이 때, CRC 체크섬을 조사하여 데이터의 무결성을 검증하고, 만약 오류가 있다면 CKERR 코드를 보낸다.
⑥ 플래기 쓰기 절차를 이용하여 내려 받은 응용 프로그램 목적 코드를 해당 플래시 페이지에 기록한다. 기록에 성공하면 WROK 코드를, 실패하면 WRERR 코드를 보낸다.
⑦ 응용 프로그램 전체에 대한 쓰기가 완료될 때까지 ⑤~⑥ 과정을 반복한다.
⑧ 응용 프로그램 영역으로 점프한다.

■ PC 부트 로더 서버(MegaLoad)

MCU의 부트 로더에 응답하는 PC의 부트 로더 서버 프로그램은 위 절차에 따라 동작할 수 있도록 새롭게 작성해도 되지만, 여기서는 공개 소프트웨어로 널리 보급되어 있는 MegaLoad를 활용하도록 한다. MegaLoad는 [그림 5-3]과 같이 AVR 시리즈 MCU의 부트 로더 요청에 따라 플래시, EEPROM, 부트 락 등 세 가지 데이터를 내려보낼 수 있다.

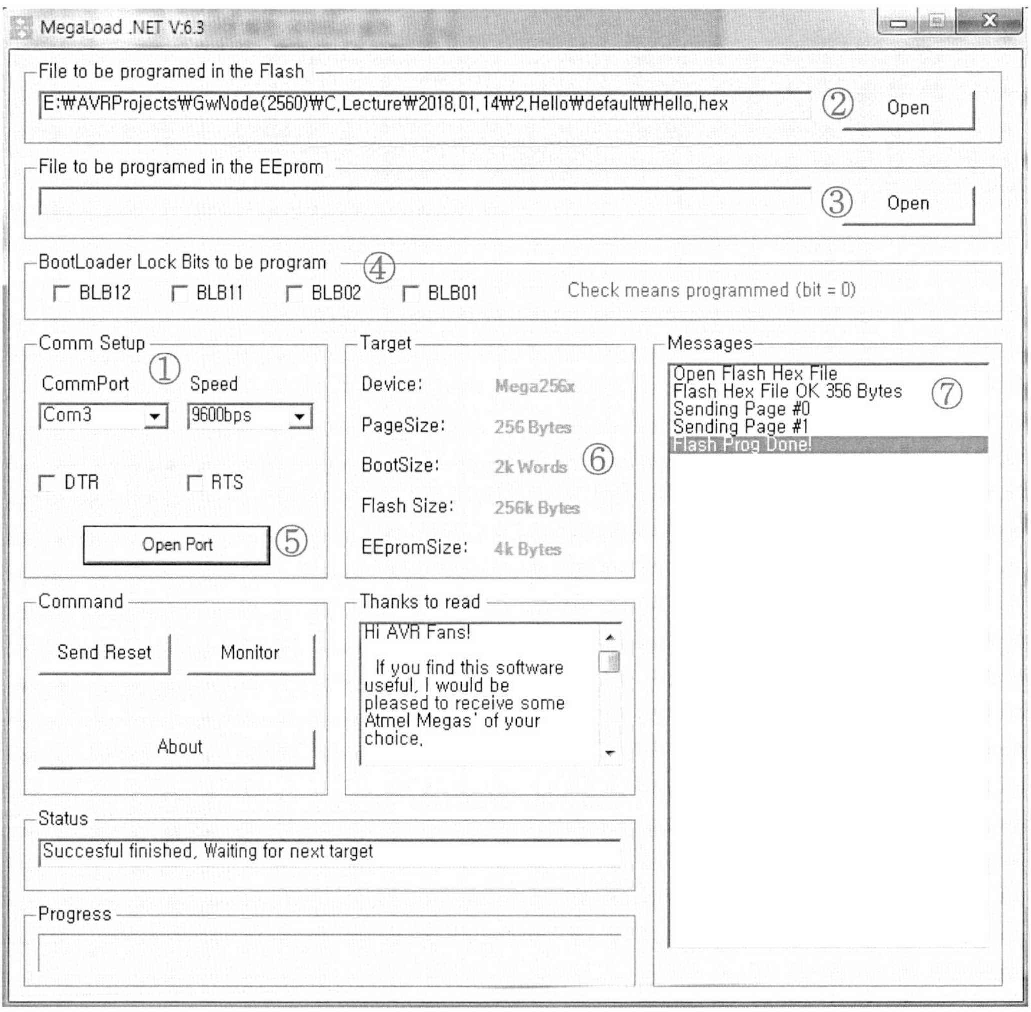

[그림 5-3] MegaLoad 실행 화면

◦ MegaLoad UART 설정(①)

MCU와 PC를 연결하는 RS232C 케이블을 접속한 UART COM 포트를 선택하고 원하는 통신 속도를 설정한다.

◦ MegaLoad 플래시 파일 설정(②)

Hex 포맷으로 구성된 내려받을 응용 프로그램 목적코드 파일을 선택한다(AVR Studio에서 생성된 hex 파일). Hex 포맷은 아래 그림과 같다.

(hex 파일 포맷)

크기	주소	타입	데이터	체크섬
:10	0000	00	a1220000000000000000000000000000	2d
:00	0000	01	FF	

◦ MegaLoad EEPROM 파일 설정(③)

만약 MCU 부트 로더에서 EEPROM 데이터도 내려받기 원한다면, 역시 hex 포맷으로 구성된 EEPROM 데이터 파일을 선택한다(메모장 등으로 작성 가능).

◦ MegaLoad 부트 락 비트(boot lock bit) 설정(④)

만약 MCU 부트 로더에서 부트 락 비트 설정을 원한다면(5.5 절 메모리 보호 참조) 부트 락 탭을 클릭하여 원하는 미리 표시(설정)해 둔다(이 때, ☑ 표시는 수정 상태(0)를, ☐ 표시는 초기 상태(1)를 의미함).

◦ MegaLoad 대기 상태 전환(⑤)

MCU 부트 로더로부터의 요청을 받을 수 있도록 COM 포트를 개방한다.

◦ MegaLoad 상태 표시(⑥~⑦)

MCU 부트 로더가 연결을 시작하여 디바이스 정보를 보내오면 해당 정보를 표시하고(⑥), 내려보내는 페이지 상태를 디스플레이한다(⑦).

■ MCU 부트 로더와 PC MegaLoad 간 프로토콜

PC MegaLoad를 활용하기 위해서는 MegaLoad가 요구하는 절차를 따라야 한다. [그림 5-4]에 MCU 부트 로더와 PC MegaLoad 간 상세 프로토콜을 보였다.

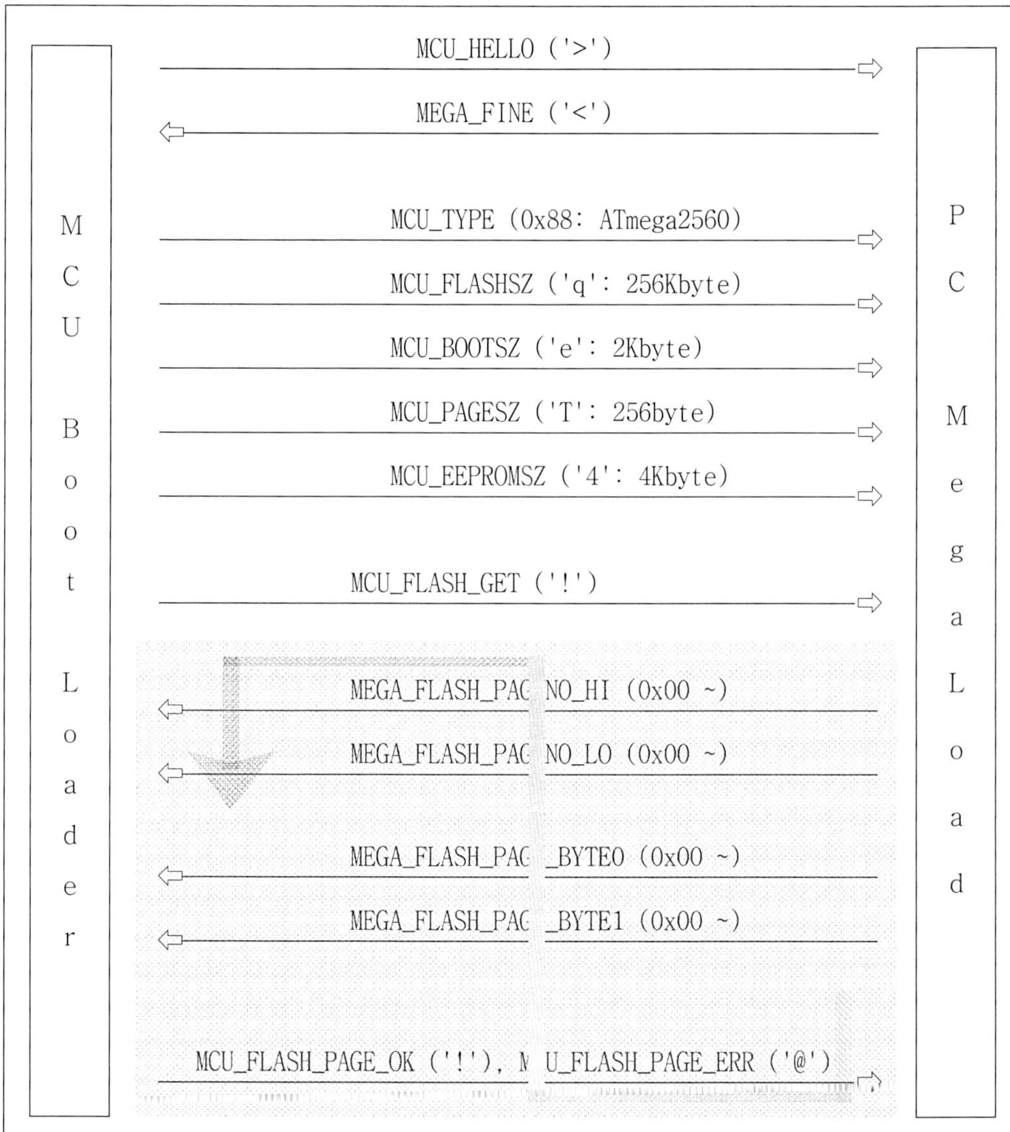

[그림 5-4] MegaLoad를 위한 ATmega2560 MCU 부트 로더 상세 프로토콜

■ MCU 부트 로더 구현

◦ UART 통신 모듈

UART 통신은 인터럽트 기반 입·출력보다는 바쁜 대기 형식으로 간단하게 구현하는 것이 좋다. [코드 5-3]에 UART 통신관련 코드를 보였다. GEMS-CRC 모트는 콘솔용으로 UART0를 사용한다.

```
// mcu7_uart.c

#include <avr/io.h>

void  uart_init()
{
        uint16_t baudrate;

        baudrate = F_CPU/16/9600 -1; // 9600bps
        UBRR0H = baudrate >> 8;
        UBRR0L = baudrate;
        UCSR0B |= (1 << TXEN0) | (1 << RXEN0);
}
uint8_t uart_RX_empty(void)
{
        return(!(UCSR0A & (1<<RXC0)));
}
uint8_tuart_RX_clear(void)
{
        return(UDR0);
}
uint8_t uart_RX_byte(void)
{
        while(!(UCSR0A & (1 << RXC0)));
        return(UDR0);
}
void  uart_TX_byte(uint8_t by)
{
        while(!(UCSR0A & (1 << UDRE0)));
        UDR0 = by;
}                                                    // mcu7_uart.c
```

[코드 5-3] ATmega2560 MCU 부트 로더 코드(UART 모듈)

◦ MCU 디바이스 및 부트 로더 프로토콜 패킷 id 정의 모듈

PC MegaLoad는 MCU 타입, 플래시 크기, 페이지 크기, EEPROM 크기 등에 각각 고유 코드를 부여하여 활용하므로 이와 일치된 코드를 적절하게 정의하여 사용하면 편리하다. 이를테면 AVR 시리즈 MCU들의 플래시 크기는 1Kbyte ~ 256Kbyte인데, 이들 각각에 'g' ~ 'q'의 코드를 대응시켜 통신에 활용하면 통신의 복잡성을 크게 줄일 수 있다. 부트 영역 크기는 설정된 경계에 따라 적절하게 정의한다. [표 5-3]에 MegaLoad의 대응 코드를 보였고, [코드 5-4]에는 ATmega2560 MCU를 위한 코드 정의를 보였다.

[표 5-3] PC MegaLoad의 대응코드

대 응 항 목	범 위	대 응 코 드
MCU 타입	Atmega128 ~ Atmega2560	'D' ~ 0x88
플래시 크기	1Kbyte ~ 256Kbyte	'g' ~ 'q'
페이지 크기	32byte ~ 256byte	'Q' ~ 'T'
EEPROM 크기	256byte ~ 4096byte	'0' ~ '4'
부트 영역 크기	128word ~ 4096word	'a' ~ 'f'

```
// mcu.h

#define  MCU_TYPE              0x88         // Mega2560
#define  MCU_FLASHSZ           'q'          // Flash256k
#define  MCU_PAGESZ            'T'          // Page256
#define  MCU_EEPROMSZ          '4'          // EEPROM4096
#define  PageByteSize          256          // Page size in bytes
#define  MCU_BOOTSZ                 'e'     // Boot2048

#define  MCU_HELLO                  '>'     // MCU boot loader s active
#define  MEGA_FINE                  '<'     // PC MegaLoad is ready
#define  MCU_FLASH_GET              '!'     // Wait for flash data(code)
#define  MCU_FLASH_PAGE_OK          '!'     // Current page is OKl
#define  MCU_FLASH_CKSUM_ERR        '@'     // checksum error
#define  MCU_FLASH_VRIFY_ERR        '@'     // Verification error
                                                              // mcu.h
```

[코드 5-4] ATmega2560 MCU 부트 로더 코드(대응 코드 정의 모듈)

◦ 페이지 번호와 페이지 데이터(코드) 수신 모듈

[코드 5-5]에 UART 통신 모듈을 이용하여 MCU 디바이스 정보를 송신하고 페이지 번호와 페이지 데이터를 수신하는 모듈을 보였다.

```
// mcu8_flash_get.c
#include "mcu.h"

void     uart_TX_byte(uint8_t by);
uint8_t  uart_RX_byte(void);

void  send_device_ID(void)
{
        uart_TX_byte(MCU_TYPE);
        uart_TX_byte(MCU_FLASHSZ);
        uart_TX_byte(MCU_BOOTSZ);
        uart_TX_byte(MCU_PAGESZ);
        uart_TX_byte(MCU_EEPROMSZ);
}
uint16_t get_flash_page_number(void)
{
        uint8_t pg_num_hi, pg_num_lo;

        pg_num_hi = uart_RX_byte();
        pg_num_lo = uart_RX_byte();

        return((uint16_t)((pg_num_hi << 8) + pg_num_lo));
}
uint8_t get_flash_page(uint8_t pg_buf[], uint16_t pg_bytesz)
{
        uint16_t i;
        uint8_t  checksum = 0, received_checksum;

        for (i = 0; i < pgbytesz; i++) {
                pgbuf[i] = uart_RX_byte();
                checksum += pgbuf[i];
        }
        received_checksum = uart_RX_byte();
        if (checksum == received_checksum)
                return 1;        // success
        else
                return 0;        // failure
}                                                    // mcu8_flash_get.c
```

[코드 5-5] ATmega2560MCU 부트 로더 코드(페이지 번호, 페이지 데이터 수신 모듈)

◦ 플래시 적재 드라이브 모듈

[코드 5-6]에 MCU 부트 로더의 드라이브 모듈 코드를 보였다.

```
// mcu9_flash_load.c
#include "mcu.h"
void        flash_page_buffer_write(uint8_t pg_buf[], uint16_t pg_bytesz),
            flash_page_erase(uint16_t pg_num),
            flash_page_write(uint16_t pg_num),
            flash_RWW_clearSB(void);
uint8_t     flash_page_verify(uint16_t pg_num. uint8_t pg_buf[],
                                                   uint16_t pg_bytesz);
void        uart_TX_byte(uint8_t by);
uint8_t     uart_RX_byte(void);
uint16_t    get_flash_page_number(void);
uint8       get_flash_page(uint8_t pgbuf, uint16_t pg_bytesz);

void    load_flash(void)
{
        uint8_t     page_buf[PageByteSize];
        uint16_t    page_num;
        uart_TX_byte(MCU_FLASH_GET);
        while(1) {
                page_num = get_flash_page_number();
                if (page_num == 0xffff)
                        return;
                if (get_flash_page(page_buf, sizeof(page_buf))) {
                        flash_page_buffer_write(page_buf, sizeof(page_buf));
                        flash_page_erase(page_num);
                        flash_page_write(page_num);
                        flash_RWW_clearSB();
                        if (flash_page_verify(page_num, page_buf,
                                                        sizeof(page_buf)))
                                uart_TX_byte(MCU_FLASH_PAGE_OK);
                        else
                                uart_TX_byte(MCU_FLASH_VRIFY_ERR);
                }
                else
                        uart_TX_byte(MCU_FLASH_CKSUM_ERR);
        }
}                                                  // mcu9_flash_load.c
```

[코드 5-6] ATmega2560 MCU 부트 로더 코드(드라이브 모듈)

◦ 기동(협상) 모듈

MCU 부트 로더가 첫 실행을 시작하면서 PC MegaLoad가 대기 중인지를 체크하고 자신의 사양을 전송하는 기동 모듈 코드를 [코드 5-7]에 보였다. MegaLoad로부터의 응답이 없는 경우 곧바로 응용 프로그램 영역으로 점프한다.

```
// boot_main.c
#include <avr/io.h>
#include <util/delay.h>
#include <compat/deprecated.h>
#include "mcu.h"
void    send_device_ID(void), load_flash(void);
int     main(void)
{
        uint8_t i;
        uart_init();
        uart_TX_byte(MCU_HELLO);
        for (i = 0; i < 10; i++) {
                _delay_ms(100);
                if (!uart_RX_empty())
                        break;
        }
        if (!uart_RX_empty()) {
                if (uart_RX_byte() == MEGA_FINE) {
                send_device_ID();
                load_flash();
        }
        exec_app_code();                // run to the application program
        return(0);
}
void exec_app_code(void)
{
        RAMPZ = 0;
        sbi(MCUCR, (1<<IVCE));          // enable interrupt vector select
        cbi(MCUCR, (1<<IVSEL));         // move interrupt vector to flash(0)
        asm("jmp 0x0000");              // run application code
}
                                                        // boot_main.c
```

[코드 5-7] ATmega2560 MCU 부트 로더 코드(기동 모듈)

5.3 부트 로더 배치

부트 로더를 위해 AVR Studio에 구성할 소스 코드 목록을 정리하면 아래와 같다.

· mcu1_flash_erase.c (188쪽)	· mcu2_flash_buf_write.c (191쪽)
· mcu3_flash_write.c (194쪽)	· mcu4_flash_clearSB.c (199쪽)
· mcu5_flash_read.c (202쪽)	· mcu6_flash_verify.c (204쪽)
· mcu7_uart.c (225쪽)	· mcu.h (226쪽)
· mcu8_flash_get.c (227쪽)	· mcu9_flash_load.c (228쪽)
. boot_main.c (229쪽)	

AVR Studio는 기본적으로 프로젝트 프로그램을 응용 프로그램으로 간주하고 플래시 메모리의 응용 프로그램 영역 시작 주소인 0x00000 번지로의 적재(배치)를 전제로 목적 코드를 생성한다. 그런데, 부트 로더는 플래시의 부트 로더 영역에 적재되어야 하므로 목적 코드의 시작 주소가 부트 로더 영역과 일치되어야 한다. 플래시의 부트 로더 영역은 BOOTSZ1과 BOOTSZ0 두 퓨즈 비트에 의해 아래 [표 5-3]과 같이 결정되므로, 이들 두 퓨즈 비트의 설정에 따라 목적 코드 배치의 시작 주소가 적절하게 주어져야 한다.

[표 5-3] BOOTSZ1,2 퓨즈에 의한 ATmega2560 플래시 부트 영역 경계

구 분		00	01	10	11
부트로더 영역	크기	4Kword (8Kbyte)	2Kword (4Kbyte)	1Kword (2Kbyte)	0.5Kword (1Kbyte)
	시작	0x1f000~	0x1f800~	0x1fc00~	0x1fe00~
	끝	0x1ffff	0x1ffff	0x1ffff	0x1ffff

AVR Studio에서 목적 코드의 배치(시작) 주소는 [그림 5-5]와 같이 'Project(①)→Configuration Options(②)→Memory Settings(③)→ADD(④)→작성(⑤)' 탭을 거쳐 설정할 수 있다. 이 그림의 예는 목적 코드의 .text 섹션(기계 명령어 섹션)을 플래시의 0x1f800 번지부터 적재한다는 의미이다.

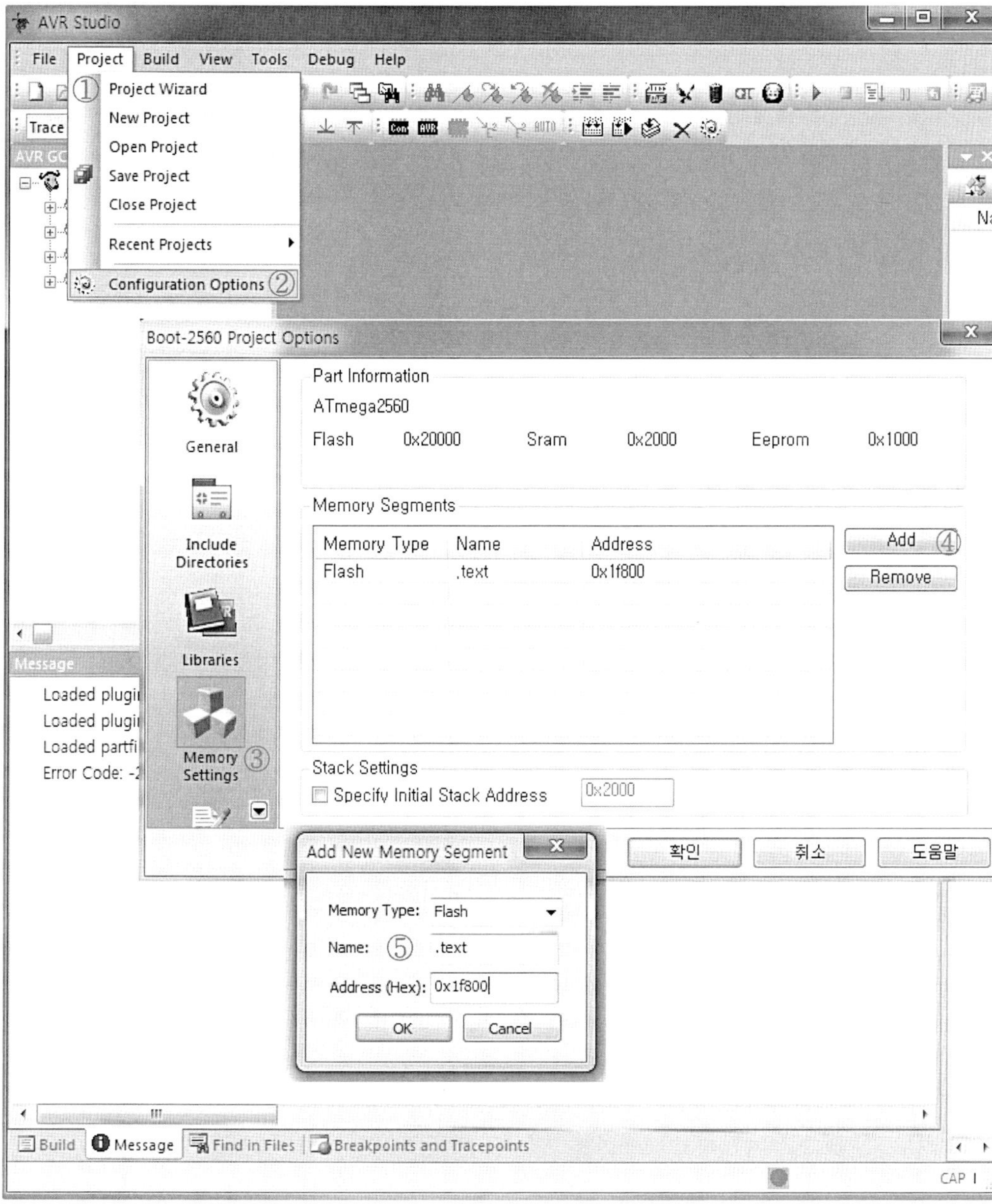

[그림 5-5] 부트 로더 적재 주소 설정

그런데, 부트 로더의 적재 주소가 부트 로더 영역 경계와 일치하지 않더라도 부트 로더의 실행에는 문제가 되지 않는 경우가 있다. 이를테면, [그림 5-6]과 같이 부트 로더가 부트 로더 영역 경계보다 더 아래 즉, 더 높은 주소에 적재된다면 리셋 벡터에 의해 MCU 실행은 부트 로더 영역 경계부터 시작하겠지만, 이 곳부터 부트 로더 적재 장소까지는 플래시의 초기 값 0xffff 들로 채워져 있고 이는 기계 명령어 NOP(No Operation)이기 때문에 지나치면서 부트 로더까지 다다를 수 있다.

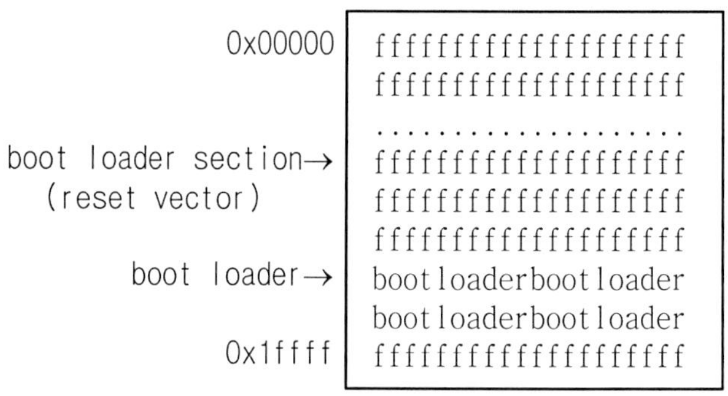

[그림 5-6] 부트 로더 적재 주소 설정

MEMO

5.4 부트 로더 써넣기

부트 로더는 플래시의 부트 로더 영역에 써넣어야 한다. 플래시에 쓰는 방법은 JTAGICE 등 쓰기 도구나 기계 명령어를 사용하는 프로그램에 의해서 가능하다. 그러나 플래시의 부트 로더 영역은 부트 로더 영역에 존재하는 프로그램 즉, 부트 로더만이 쓰기가 가능한데, 이는 부트 로더를 업데이트하는 또 다른 부트 로더가 있어야함을 의미한다. 이런 개념을 부츠트랩 로더(boot strap loader)라 한다.

위의 부츠트랩 로더 개념은 구현이 어려우므로 부트 로더를 플래시 쓰기 도구를 이용하면 편리하다. GEMS-CRC 모트는 JTAG(Joint Test Action Group) 표준 인터페이스를 따라 제작된 Atmel사의 JTAGICE mkII 연결 핀을 제공한다. AVR Studio를 설치하면 JTAGICE mkII 드라이버가 함께 설치된다.

■ Atmel JTAGICE mkII 연결

[그림 5-7]에 GEMS-CRC 모트와 Atmel JTAGICE mkII, 그리고 PC를 연결한 모습을 보였다. PC와 JTAGICE mkII는 UART 통신도 가능하지만 USB 케이블이 편리하므로 여기서는 USB 통신을 사용한다.

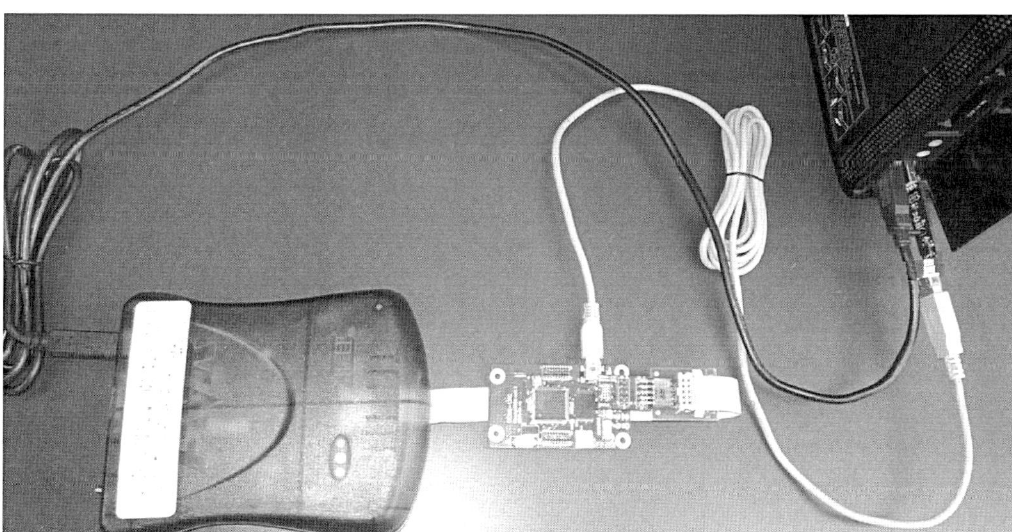

[그림 5-7] GEMS-CRC 모트와 Atmel JTAGICE mkII 케이블 연결

■ Atmel JTAGICE mkII 대화 실행

Atmel JTAGICE mkII와의 대화 상자는 [그림 5-8]에 보인 바와 같이 AVR Studio의 "con" 탭(①) 밑에 있는 "Connect" 탭(②)에 의해 열린 대화 상자에서 가능하다. 부트 로더는 대화 상자에서 플래시 hex 파일을 선택한 후(③), "Program" 탭(④)에 의해 쓸 수 있다.

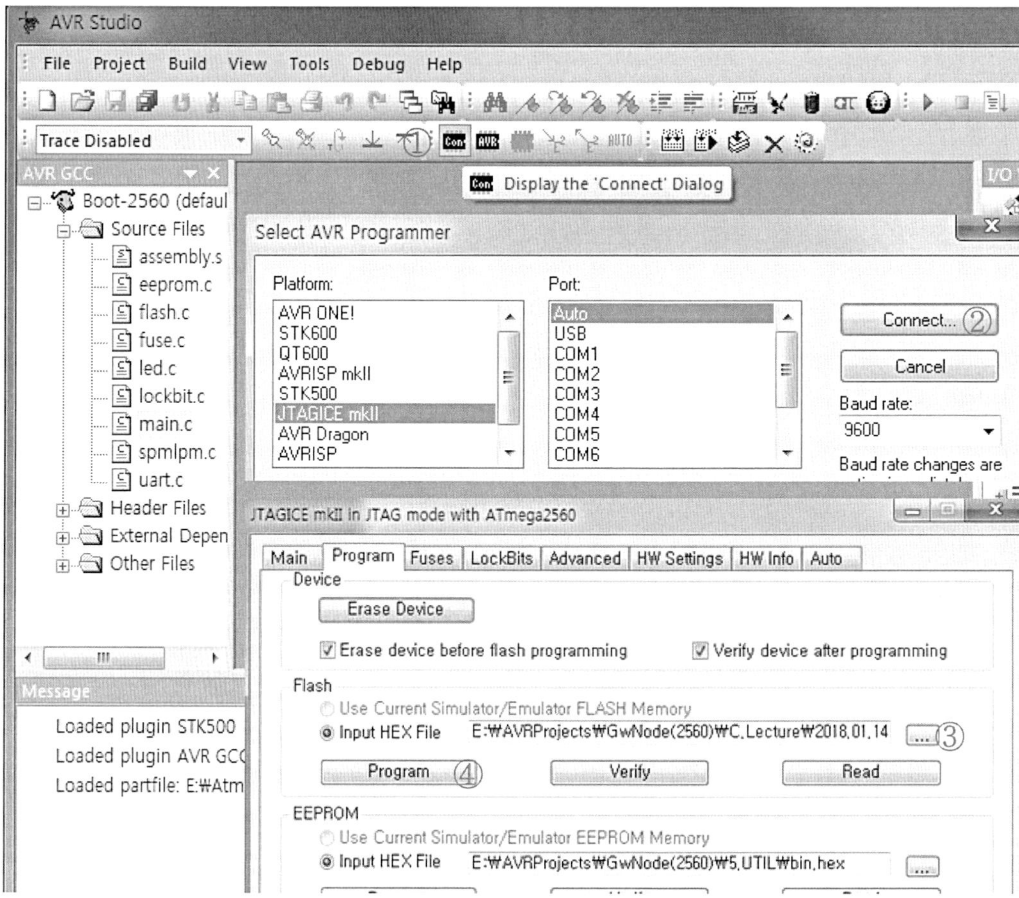

[그림 5-8] Atmel JTAGICE mkII 대화 상자

5.5 메모리(플래시, EEPROM, 퓨즈 바이트, 락 바이트) 보호

앞에서 언급한 바와 같이 플래시에 저장된 프로그램은 응용 프로그램과 부트 로더 등 두 가지가 있다. 이들 프로그램들은 실수 등에 의해 일어날 수 있는 서로 간에 의도하지 않는 변경이나 수정으로부터 보호할 수 있는 메커니즘이 필요하다. 이를 위해 ATmega2560은 원천적인 보호 규칙과 설정에 의한 보호 규칙을 제공한다.

■ 원천적 보호 규칙

(원천적 플래시 보호규칙)

① JTAGICE 등 쓰기 도구는 모든 메모리(플래시, EEPROM, 퓨즈 바이트, 락 바이트)를 읽거나 쓸 수 있다.

② SPM 기계 명령어에 의해 RWW 섹션 플래시 쓰기가 이루어지면 RWW 섹션 전체가 읽기·쓰기 모두 불가능한 동결 상태가 되고, 동결된 RWW 섹션은 다시 SPM 기계 명령어에 의해 해제될 수 있다.

③ 만약, RWW 섹션에 위치한 프로그램이 RWW 섹션 플래시 쓰기를 시도하면 다음 SPM 기계 명령어 자체를 실행할 수 없기 때문에 RWW 섹션 쓰기를 할 수 없다. 또한 이 프로그램은 NRWW 섹션에 대한 쓰기도 불가능한다 ⇨ RWW 섹션에 위치한 프로그램(응용 프로그램)은 플래시의 어떤 부분도 업데이트할 수 없다.

④ NRWW 섹션에 위치한 프로그램이 RWW 섹션 플래시 쓰기를 시도하면 RWW 섹션은 동결되지만 NRWW 섹션의 기계어 명령어는 계속 실행이 가능하므로 동결 상태를 해제할 수 있기 때문에 RWW 섹션에 대한 쓰기가 가능하다. 또한, 이 프로그램은 NRWW 섹션에 대한 쓰기도 가능하다 ⇨ NRWW 섹션에 위치한 프로그램(부트 로더)는 플래시의 모든 영역을 업데이트할 수 있다.

⑤ EEPROM은 영역과 관계 없이 어느 쪽 프로그램이든 쓰기 가능하고, 락 바이트는 NRWW 섹션 프로그램만이 쓰기 가능하다.

⑥ 영역과 관계 없이 어느 쪽 프로그램이는 플래시, EEPROM, 퓨즈 바이트, 락 바이트를 읽을 수 있다.

⑦ 퓨즈 바이트는 프로그램(기계 명령어)에 의한 수정이 불가능하다.

설정과 관계 없이 하드웨어적으로 적용되는 원천적 메모리 보호 정책은 위와 같다(2 장 플래시 메모리 쓰기 참조).

■ 설정 가능한 보호 규칙

원천적 보호 규칙 위에 락 비트(lock bit) 설정 규칙을 추가하여 보호 수준을 높일 수 있다. 락 비트는 [그림 5-9]의 락 바이트(lock byte)에 설정되고, 1은 초기 값을, 0은 수정 값을 의미한다. 락 비트는 크게 LB(Lock Bit), BLB0(Boot Lock Bit 0), BLB1(Boot Lock Bit 1) 등 세 가지로 분류되고, 각각 2 비트로 구성되며 각각의 보호 규칙 적용범위는 아래와 같다.

- LB : JTAGICE 등 MCU 쓰기 도구에 의한 플래시, EEPROM, 퓨즈 바이트, 락 바이트 등 메모리에 대한 전반적인 쓰기(writing or programming)·검증(verification) 허용 여부를 설정한다.
- BLB0 : 프로그램(SPM·LPM 기계 명령어)에 의한 플래시의 응용 프로그램 영역에 대한 읽기·쓰기 허용 여부를 설정한다.
- BLB1 : 프로그램(SPM·LPM 기계 명령어)에 의한 플래시의 부트 로더 영역에 대한 읽기·쓰기 허용 여부를 설정한다.

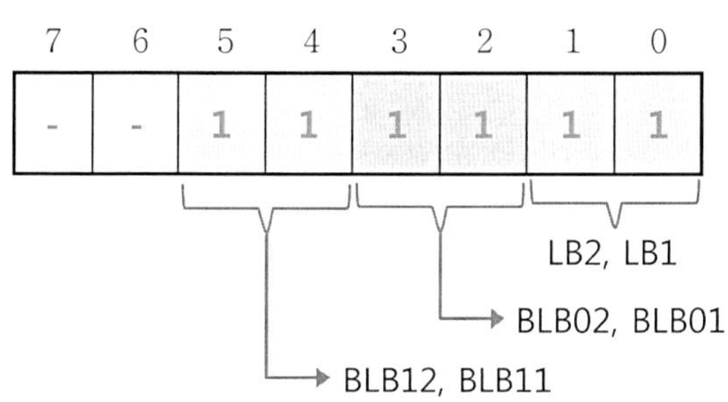

[그림 5-9] 락 바이트

◦ LB(LB2, LB1) 설정 보호 규칙

LB에 의한 플래시, EEPROM, 퓨즈 비트 바이트, 락 비트 바이트에 대한 설정 보호 규칙은 [표 5-4]와 같다. 만약 이들 설정 보호 규칙에 의해 쓰기(업데이트) 제한 설정이 이루어지면, 이 후부터는 부트 로더나 응용 프로그램 등에 대한 더 이상의 수정이 불가능한 상황이 발생할 수 있으므로 주의해야 한다.

[표 5-4] JTAGICE 등 쓰기 도구에 의한 플래시, EEPROM, 퓨즈 바이트, 락 바이트 쓰기 기능에 대한 LB 설정 보호 규칙

LB2	LB1	설 정 보 호 규 칙
1	1	어떤 제한도 추가하지 않음(모두 쓰기 가능)
1	0	플래시, EEPROM, 퓨즈 바이트에 대한 쓰기를 불허함
0	0	플래시, EEPROM 에 대한 쓰기 및 검증, 퓨즈 바이트와 락 바이트 자체에 대한 쓰기 불허함

◦ BLB0(BLB02, BLB01) 설정 보호 규칙

BLB0에 의한 플래시의 응용 프로그램 영역에 대한 설정 보호 규칙은 [표 5-5]와 같다.

[표 5-5] 프로그램에 의한 플래시의 응용 프로그램 영역 읽기·쓰기에 대한 BLB0 설정 보호 규칙

BLB02	BLB01	설 정 보 호 규 칙
1	1	LPM과 SPM(플래시 읽기·쓰기) 모두 허용함
1	0	SPM(플래시 쓰기)만 불허함
0	0	SPM(플래시 쓰기)을 불허하고, 부트 로더 영역에서의 LPM(플래시 읽기)을 불허함(응용 프로그램 영역에서의 LPM은 당연히 허용됨) * 만약 인터럽트 벡터가 부트 로더 영역에 위치하는 상황에서 응용 프로그램이 실행 중이라면 응용 프로그램 영역에 존재하는 인터럽트 핸들러를 실행할 수 없으므로 인터럽트가 마스킹(disable)됨.
0	1	부트 로더 영역에서의 LPM(플래시 읽기)만 불허함(인터럽트 벡터 위치와 관련해서 위와 동일)

◦ BLB1(BLB12, BLB11) 설정 보호 규칙

BLB1에 의한 플래시의 부트 로더 영역에 대한 설정 보호 규칙은 [표 5-6]과 같다.

[표 5-6] 프로그램에 의한 플래시의 부트 로더 영역 읽기·쓰기에 대한 BLB1 설정 보호 규칙

BLB12	BLB11	설 정 보 호 규 칙
1	1	LPM과 SPM(플래시 읽기·쓰기) 모두 허용함
1	0	SPM(플래시 쓰기)만 불허함
0	0	SPM(플래시 쓰기)을 불허하고, 응영 프로그램 영역에서의 LPM(플래시 읽기)을 불허함(부트 로더 영역에서의 LPM은 당연히 허용됨) * 만약 인터럽트 벡터가 응용 프로그램 영역에 위치하는 상황에서 부트 로더가 실행 중이라면 부트 로더 영역에 존재하는 인터럽트 핸들러를 실행할 수 없으므로 인터럽트가 마스킹(disable)됨.
0	1	응용 프로그램 영역에서의 LPM(플래시 읽기)만 불허함(인터럽트 벡터 위치와 관련해서 위와 동일)

MEMO

■ 락 바이트 읽기와 쓰기(Atmel JTAGICE mkII)

MCU 쓰기 도구인 JTAGICE를 이용해 락 비트를 설정·수정하는 모습을 [그림 5-10]에 보였다. 이 그림에서 'Program'은 쓰기를, 'Verify'는 검증을, 'Read'는 읽기를 각각 의미한다(5.4 부트 로더 쓰기 참조).

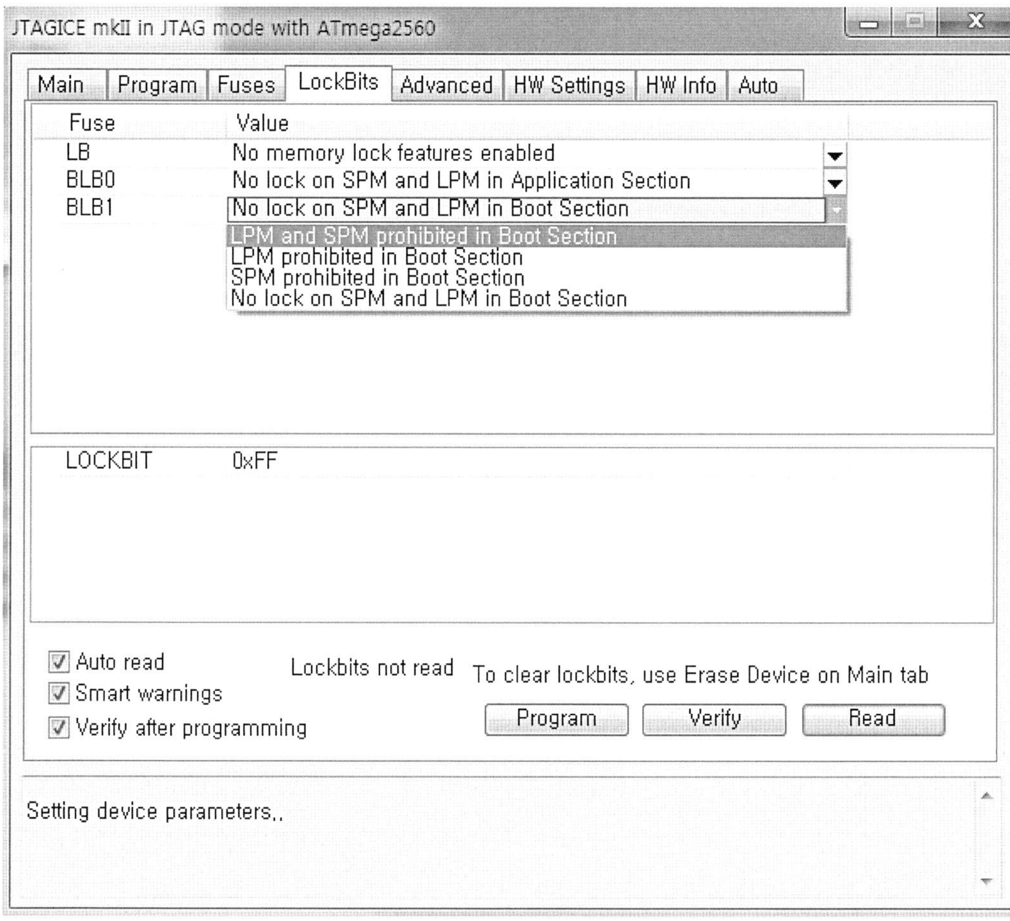

[그림 5-10] 락 바이트 읽기·쓰기(AVRStudio→JTAGICE)

■ 락 바이트 읽기(MCU 기계 명령어)

락 바이트를 프로그램에서 읽는 방법은 퓨즈 바이트 읽기와 동일하되, 다만 Z 포인터 값을 1로 설정한다는 점만이 다르다.

락 바이트를 읽기 위한 절차는 아래와 같다.

(락 바이트 읽기 절차)

① SPMCSR 레지스터의 SPMEN(비트 번호 0) 비트를 체크하여 이전의 SPM 기계 명령어가 아직 완료되지 않았다면 완료될 때까지 기다린다.
② Z 포인터 레지스터를 1로 설정한다.
③ SPMCSR 레지스터의 BLBSET(Boot Lock Bit Set, 비트 번호 3) 비트와 SPMEN(비트 번호 0) 비트를 1(on)로 설정한다.
④ ELPM 기계 명령어를 실행한다.

위 절차에 따라 락 바이트를 읽기 위한 함수 lock_byte_read()의 C 언어 코드와 어셈블리 코드를 [코드 5-8] ~ [코드 5-9]에 보였다.

```
#include <avr/io.h>

void  do_LPM_byte_lbfs(uint16_t lf_addr, uint8_t lpm_cmd);
uint8_t lockbit_byte_read(void)
{
        wait_for_SPM();
        return(do_LPM_byte_lbfs(1, (1<<BLBSET) | (1<<SPMEN));
}
```

[코드 5-8] 락 바이트 읽기 함수 코드(C 언어)

```
;uint8_t lockbit_byte_read(void);
.global lockbit_byte_read

.func lockbit_byte_read
lockbit_byte_read:
        RCALL  wait_for_SPM
        LDI    R24,0x01              ; Z pointer lo
        LDI    R25,0x00              ; Z pointer hi
        LDI    R22,(1<<BLBSET) | (1<<SPMEN)
                    ; void  do_LPM_byte_lbfs(uint16_t addr, uint8_t cmd)
        RCALL  do_LPM_byte_lbfs
        RET
.endfunc
```

[코드 5-8] 락 바이트 읽기 함수 코드(Assembly 언어)

■ 락 바이트 쓰기(MCU 기계 명령어)

프로그램으로는 수정이 불가능한 퓨즈 바이트와 달리, 락 바이트는 LB(LB1, LB0) 비트를 제외한 BLB0(BLB02, BLB01)와 BLB1(BLB12, BLB11) 비트는 프로그램에 의한 수정이 가능하다.

락 바이트를 쓰기 위한 절차는 아래와 같다.

(락 바이트 쓰기 절차)

① SPMCSR 레지스터의 SPMEN(비트 번호 0) 비트를 체크하여 이전의 SPM 기계 명령어가 아직 완료되지 않았다면 완료될 때까지 기다린다.
② R0 레지스터에 BLB0, BLB1 비트를 설정하고, 나머지 비트는 초기 값(1)으로 설정한다. Z 포인터 레지스터 값은 관여하지 않는다.
③ SPMCSR 레지스터의 BLBSET(Boot Lock Bit Set, 비트 번호 3) 비트와 SPMEN(비트 번호 0) 비트를 1(on)로 설정한다.
④ SPM 기계 명령어를 실행한다.

위 절차에 따라 락 바이트를 쓰기 위한 함수 lock_byte_write()의 C 언어 코드와 어셈블리 코드를 [코드 5-10] ~ [코드 5-11]에 보였다. [코드 5-10]에서 R0 레지스터 값 변화로 인해 do_SPM() 함수를 사용하지 않는다.

```
#include <avr/io.h>
#define  R00  (*(uint8_t  *)0x00)
void lockbit_byte_write(uint8_t bits)
{
        wait_for_SPM();

        R00 = bits | 0xc3;
        SPMCSR = (1<<BLBSET) | (1<<SPMEN);
        asm("SPM");
}
```

[코드 5-9] 락 바이트 쓰기 함수 코드(C 언어)

```
;void lockbit_byte_write(uint8_t  bits);
.global lockbit_byte_write

.func lockbit_byte_write
lockbit_byte_write:
        RCALL  wait_for_SPM

        MOV    R0,R24

        LDI    R24,0x01
        LDI    R25,0x00
        LDI    R22,(1<<BLBSET) | (1<<SPMEN)

        RCALL  do_SPM          ; void  do_SPM(uint16_t addr, uint8_t cmd)
        RET
.endfunc
```

[코드 5-10 락 바이트 쓰기 함수 코드(Assembly 언어)

찾 아 보기

'ㄱ' ~ 'ㄹ'

'ㅁ'

'ㅂ'

'ㅅ'

'ㅇ'

'ㅈ' ~ 'ㅋ'

'ㅌ' ~ 'ㅎ'

'a'

'b'

'c'

'i'

'j' ~ 'l'

'm' ~ 'n'

'o' ~ 'p'

'r'

[부록 1] ATmega2560 레지스터 목록

주 소	이 름	Bit 7	Bit 6	Bit 5	Bit 4	Bit 3	Bit 2	Bit 1	Bit 0
0x1FF~	-	-	-	-	-	-	-	-	-
0x136	UDR3	USART3 I/O Data Register							
0x135	UBRR3H	-	-	-	-	USART3 Baud Rate Register High Byte			
0x134	UBRR3L	USART3 Baud Rate Register Low Byte							
0x133	-	-	-	-	-	-	-	-	-
0x132	UCSR3C	UMSEL31	UMSEL31	UPM31	UPM30	USBS3	UCSZ31	UCSZ30	UCPOL3
0x131	UCSR3B	RXCIE3	TXCIE3	UDRIE3	RXEN3	TXEN3	UCSZ32	RXB83	TXB83
0x130	UCSR3A	RXC3	TXC3	UDRE3	FE3	DOR3	UPE3	U2X3	MPCM3
0x12F~	-	-	-	-	-	-	-	-	-
0x12D	OCR5CH	Timer/Counter5 - Output Compare Register C High Byte							
0x12C	OCR5CL	Timer/Counter5 - Output Compare Register C Low Byte							
0x12B	OCR5BH	Timer/Counter5 - Output Compare Register B High Byte							
0x12A	OCR5BL	Timer/Counter5 - Output Compare Register B Low Byte							
0x129	OCR5AH	Timer/Counter5 - Output Compare Register A High Byte							
0x128	OCR5AL	Timer/Counter5 - Output Compare Register A Low Byte							
0x127	ICR5H	Timer/Counter5 - Input Capture Register High Byte							
0x126	ICR5L	Timer/Counter5 - Input Capture Register Low Byte							
0x125	TCNT5H	Timer/Counter5 - Counter Register High Byte							
0x124	TCNT5L	Timer/Counter5 - Counter Register Low Byte							
0x123	-	-	-	-	-	-	-	-	-
0x122	TCCR5C	FOC5A	FOC5B	FOC5C	-	-	-	-	-
0x121	TCCR5B	ICNC5	ICES5	-	WGM53	WGM52	CS52	CS51	CS50
0x120	TCCR5A	COM5A1	COM5A0	COM5B1	COM5B0	COM5C1	COM5C0	WGM51	WGM50
0x11F~	-	-	-	-	-	-	-	-	-
0x10B	PORTL	PORTL7	PORTL6	PORTL5	PORTL4	PORTL3	PORTL2	PORTL1	PORTL0
0x10A	DDRL	DDL7	DDL6	DDL5	DDL4	DDL3	DDL2	DDL1	DDL0
0x109	PINL	PINL7	PINL6	PINL5	PINL4	PINL3	PINL2	PINL1	PINL0
0x108	PORTK	PORTK7	PORTK6	PORTK5	PORTK4	PORTK3	PORTK2	PORTK1	PORTK0
0x107	DDRK	DDK7	DDK6	DDK5	DDK4	DDK3	DDK2	DDK1	DDK0
0x106	PINK	PINK7	PINK6	PINK5	PINK4	PINK3	PINK2	PINK1	PINK0
0x105	PORTJ	PORTJ7	PORTJ6	PORTJ5	PORTJ4	PORTJ3	PORTJ2	PORTJ1	PORTJ0
0x104	DDRJ	DDJ7	DDJ6	DDJ5	DDJ4	DDJ3	DDJ2	DDJ1	DDJ0
0x103	PINJ	PINJ7	PINJ6	PINJ5	PINJ4	PINJ3	PINJ2	PINJ1	PINJ0
0x102	PORTH	PORTH7	PORTH6	PORTH5	PORTH4	PORTH3	PORTH2	PORTH1	PORTH0
0x101	DDRH	DDH7	DDH6	DDH5	DDH4	DDH3	DDH2	DDH1	DDH0
0x100	PINH	PINH7	PINH6	PINH5	PINH4	PINH3	PINH2	PINH1	PINH0
0xFF~	-	-	-	-	-	-	-	-	-
0xD6	UDR2	USART2 I/O Data Register							
0xD5	UBRR2H	-	-	-	-	USART3 Baud Rate Register High Byte			
0xD4	UBRR2L	USART3 Baud Rate Register Low Byte							
0xD3	-	-	-	-	-	-	-	-	-

주 소	이 름	Bit 7	Bit 6	Bit 5	Bit 4	Bit 3	Bit 2	Bit 1	Bit 0
0xD2	UCSR2C	UMSEL21	UMSEL21	UPM21	UPM20	USBS2	UCSZ21	UCSZ20	UCPOL2
0xD1	UCSR2B	RXCIE2	TXCIE2	UDRIE2	RXEN2	TXEN2	UCSZ22	RXB82	TXB82
0xD0	UCSR2A	RXC2	TXC2	UDRE2	FE2	DOR2	UPE2	U2X2	MPCM2
0xCF	-	-	-	-	-	-	-	-	-
0xCE	UDR1	USART1 I/O Data Register							
0xCD	UBRR1H	-	-	-	-	USART1 Baud Rate Register High Byte			
0xCC	UBRR1L	USART1 Baud Rate Register Low Byte							
0xCB	-	-	-	-	-	-	-	-	-
0xCA	UCSR1C	UMSEL11	UMSEL11	UPM11	UPM10	USBS1	UCSZ11	UCSZ10	UCPOL1
0xC9	UCSR1B	RXCIE1	TXCIE1	UDRIE1	RXEN1	TXEN1	UCSZ12	RXB81	TXB81
0xC8	UCSR1A	RXC1	TXC1	UDRE1	FE1	DOR1	UPE1	U2X1	MPCM1
0xC7	-	-	-	-	-	-	-	-	-
0xC6	UDR0	USART0 I/O Data Register							
0xC5	UBRR0H	-	-	-	-	USART0 Baud Rate Register High Byte			
0xC4	UBRR0L	USART0 Baud Rate Register Low Byte							
0xC3	-	-	-	-	-	-	-	-	-
0xC2	UCSR0C	UMSEL01	UMSEL01	UPM01	UPM00	USBS0	UCSZ01	UCSZ00	UCPOL0
0xC1	UCSR0B	RXCIE0	TXCIE0	UDRIE0	RXEN0	TXEN0	UCSZ02	RXB80	TXB80
0xC0	UCSR0A	RXC0	TXC0	UDRE0	FE0	DOR0	UPE0	U2X0	MPCM0
0xBF~	-	-	-	-	-	-	-	-	-
0xBD	TWAMR	TWAM6	TWAM5	TWAM4	TWAM3	TWAM2	TWAM1	TWAM0	-
0xBC	TWCR	TWINT	TWEA	TWSTA	TWSTO	TWWC	TWEN	-	TWIE
0xBB	TWDR	2-wire erial Interface Data Register							
0xBA	TWAR	TWA6	TWA5	TWA4	TWA3	TWA2	TWA1	TWa0	TWGCE
0xB9	TWSR	TWS7	TWS6	TWS5	TWS4	TWS3	-	TWS1	TWS0
0xB8	TWBR	2-wire erial Bit Rate Register							
0xB7~	-	-	-	-	-	-	-	-	-
0xB6	ASSR	-	EXCLK	AS2	TCN2UB	OCR2AUB	OCR2BUB	TCR2AUB	TCR2BUB
0xB5	-	-	-	-	-	-	-	-	-
0xB4	OCR2B	Timer/Counter2 Ouput Compare Register B							
0xB3	OCR2A	Timer/Counter2 Ouput Compare Register A							
0xB2	TCNT2	Timer/Counter2(8 Bit)							
0xB1	TCCR2B	FOC2A	FOC2B	-	-	WGM22	CS22	CS21	CS20
0xB0	TCCR2A	COM2A1	COM2A0	COM2B1	COM2B0	-	-	WGM21	WGM20
0xAF~	-	-	-	-	-	-	-	-	-
0xAD	OCR4CH	Timer/Counter4 - Output Compare Register C High Byte							
0xAC	OCR4CL	Timer/Counter4 - Output Compare Register C Low Byte							
0xAB	OCR4BH	Timer/Counter4 - Output Compare Register B High Byte							
0xAA	OCR4BL	Timer/Counter4 - Output Compare Register B Low Byte							
0xA9	OCR4AH	Timer/Counter4 - Output Compare Register A High Byte							
0xA8	OCR4AL	Timer/Counter4 - Output Compare Register A Low Byte							
0xA7	ICR4H	Timer/Counter4 - Input Capture Register High Byte							
0xA6	ICR4L	Timer/Counter4 - Input Capture Register Low Byte							

주 소	이 름	Bit 7	Bit 6	Bit 5	Bit 4	Bit 3	Bit 2	Bit 1	Bit 0
0xA5	TCNT4H	Timer/Counter4 - Counter Register High Byte							
0xA4	TCNT4L	Timer/Counter4 - Counter Register Low Byte							
0xA3	-	-	-	-	-	-	-	-	-
0xA2	TCCR4C	FOC4A	FOC4B	FOC4C	-	-	-	-	-
0xA1	TCCR4B	ICNC4	ICES4	-	WGM43	WGM42	CS42	CS41	CS40
0xA0	TCCR4A	COM4A1	COM4A0	COM4B1	COM4B0	COM4C1	COM4C0	WGM41	WGM40
0x9F~	-	-	-	-	-	-	-	-	-
0x9D	OCR3CH	Timer/Counter3 - Output Compare Register C High Byte							
0x9C	OCR3CL	Timer/Counter3 - Output Compare Register C Low Byte							
0x9B	OCR3BH	Timer/Counter3 - Output Compare Register B High Byte							
0x9A	OCR3BL	Timer/Counter3 - Output Compare Register B Low Byte							
0x99	OCR3AH	Timer/Counter3 - Output Compare Register A High Byte							
0x98	OCR3AL	Timer/Counter3 - Output Compare Register A Low Byte							
0x97	ICR3H	Timer/Counter3 - Input Capture Register High Byte							
0x96	ICR3L	Timer/Counter3 - Input Capture Register Low Byte							
0x95	TCNT3H	Timer/Counter3 - Counter Register High Byte							
0x94	TCNT3L	Timer/Counter3 - Counter Register Low Byte							
0x93	-	-	-	-	-	-	-	-	-
0x92	TCCR3C	FOC3A	FOC3B	FOC3C	-	-	-	-	-
0x91	TCCR3B	ICNC3	ICES3	-	WGM33	WGM32	CS32	CS31	CS30
0x90	TCCR3A	COM3A1	COM3A0	COM3B1	COM3B0	COM3C1	COM3C0	WGM31	WGM30
0x8F~	-	-	-	-	-	-	-	-	-
0x8D	OCR1CH	Timer/Counter1 - Output Compare Register C High Byte							
0x8C	OCR1CL	Timer/Counter1 - Output Compare Register C Low Byte							
0x8B	OCR1BH	Timer/Counter1 - Output Compare Register B High Byte							
0x8A	OCR1BL	Timer/Counter1 - Output Compare Register B Low Byte							
0x89	OCR1AH	Timer/Counter1 - Output Compare Register A High Byte							
0x88	OCR1AL	Timer/Counter1 - Output Compare Register A Low Byte							
0x87	ICR1H	Timer/Counter1 - Input Capture Register High Byte							
0x86	ICR1L	Timer/Counter1 - Input Capture Register Low Byte							
0x85	TCNT1H	Timer/Counter1 - Counter Register High Byte							
0x84	TCNT1L	Timer/Counter1 - Counter Register Low Byte							
0x83	-	-	-	-	-	-	-	-	-
0x82	TCCR1C	FOC1A	FOC1B	FOC1C	-	-	-	-	-
0x81	TCCR1B	ICNC1	ICES1	-	WGM13	WGM12	CS12	CS11	CS10
0x80	TCCR1A	COM1A1	COM1A0	COM1B1	COM1B0	COM1C1	COM1C0	WGM11	WGM10
0x7F	DIDR1	-	-	-	-	-	-	AIN1D	AIN0D
0x7E	DIDR0	ADC7D	ADC6D	ADC5D	ADC4D	ADC3D	ADC2D	ADC1D	ADC0D
0x7D	DIDR2	ADC15D	ADC14D	ADC13D	ADC12D	ADC11D	ADC10D	ADC9D	ADC8D
0x7C	ADMUX	REFS1	REFS0	LDLAR	MUX4	ADC11D	ADC10D	ADC9D	ADC8D
0x7B	ADCSRB	-	ACME	-	-	MUX5	ADTS2	ADTS1	ADTS0
0x7A	ADCSRA	ADEN	ADSC	ADATE	ADIF	ADIE	ADPS2	ADPS1	ADPS0
0x79	ADCH	ADC Data Register High Byte							

주 소	이 름	Bit 7	Bit 6	Bit 5	Bit 4	Bit 3	Bit 2	Bit 1	Bit 0
0x78	ADCL	ADC Data Register Low Byte							
0x77~	-	-	-	-	-	-	-	-	-
0x75	XMCRB	XMBK	-	-	-	-	XMM2	XMM1	XMM0
0x74	XMCRA	SRE	SRL2	SRL1	SRL0	SRW11	SRW10	SR001	SRW00
0x73	TIMSK5	-	-	ICIE5	-	OCIE5C	OCIE5B	OCIE5A	TOIE5
0x72	TIMSK4	-	-	ICIE4	-	OCIE4C	OCIE4B	OCIE4A	TOIE4
0x71	TIMSK3	-	-	ICIE3	-	OCIE3C	OCIE3B	OCIE3A	TOIE3
0x70	TIMSK2	-	-	-	-	-	OCIE2B	OCIE2A	TOIE2
0x6F	TIMSK1	-	-	ICIE1	-	OCIE1C	OCIE1B	OCIE1A	TOIE1
0x6E	TIMSK0	-	-	-	-	-	OCIE0B	OCIE0A	TOIE0
0x6D	PCMSK2	PCINT23	PCINT22	PCINT21	PCINT20	PCINT19	PCINT18	PCINT17	PCINT16
0x6C	PCMSK1	PCINT15	PCINT14	PCINT13	PCINT12	PCINT11	PCINT10	PCINT9	PCINT8
0x6B	PCMSK0	PCINT7	PCINT6	PCINT5	PCINT4	PCINT3	PCINT2	PCINT1	PCINT0
0x6A	EICRB	ISC71	ISC70	ISC61	ISC60	ISC51	ISC50	ISC41	ISC40
0x69	EICRA	ISC31	ISC30	ISC21	ISC20	ISC11	ISC10	ISC01	ISC00
0x68	PCICR	-	-	-	-	-	PCIE2	PCIE1	PCIE0
0x67	-	-	-	-	-	-	-	-	-
0x66	OSCCAL	Oscillator Calibration Register							
0x65	PRR1	-	-	PRTIM5	PRTIM4	PRTIM3	PRUSART3	PRUSART2	PRUSART1
0x64	PRR0	PRTWI	PRTIM2	PRTIM0	-	PRTIM1	PRSPI	PRUSART0	PRADC
0x63~	-	-	-	-	-	-	-	-	-
0x61	CLKPR	CLKPCE	-	-	-	CLKPS3	CLKPS2	CLKPS1	CLKPS0
0x60	WDTCSR	WDIF	WDIE	WDP3	WDCE	WDE	WDP2	WDP1	WDP0
0x5F(0x3F)	SREG	I	T	H	S	V	N	Z	C
0x5E(0x3E)	SPH	SP15	SP14	SP13	SP12	SP11	SP10	SP9	SP8
0x5D(0x3D)	SPL	SP7	SP6	SP5	SP4	SP3	SP2	SP1	SP0
0x5C(0x3C)	EIND	-	-	-	-	-	-	-	EIND0
0x5B(0x3B)	RAMPZ	-	-	-	-	-	-	RAMPZ1	RAMPZ0
0x5A(0x3A)	-	-	-	-	-	-	-	-	-
0x57(0x37)	SPMCSR	SPMIE	RWWSB	SIGRD	RWWSRE	BLBSET	PGWRT	PGERS	SPMEN
0x56(0x36)	-	-	-	-	-	-	-	-	-
0x55(0x35)	MCUCR	JTD	-	-	PUD	-	-	IVSEL	IVCE
0x54(0x34)	MCUSR	-	-	-	JTRF	WDRF	BORF	EXTRF	PORF
0x53(0x33)	SMCR	-	-	-	-	SM2	SM1	SM0	SE
0x52(0x32)	-	-	-	-	-	-	-	-	-
0x51(0x31)	OCDR	OCDR7	OCDR6	OCDR5	OCDR4	OCDR3	OCDR2	OCDR1	OCDR0
	MONDR	Monitor Data Register							
0x50(0x30)	ACSR	ACD	ACGB	ACO	ACI	ACIE	ACIC	ACIS1	ACIS0
0x4F(0x2F)	-	-	-	-	-	-	-	-	-
0x4E(0x2E)	SPDR	SPI Data Register							
0x4D(0x2D)	SPSR	SPIF	WCOL	-	-	-		-	SPI2X
0x4C(0x2C)	SPCR	SPIE	SPE	DORD	MSTR	CPOL	CPHA	SPR1	SPR0
0x4B(0x2B)	GPIOR2	Gerneral Purpose I/O Register2							

[부록 1] ATmega2560 레지스터 목록

주 소	이 름	Bit 7	Bit 6	Bit 5	Bit 4	Bit 3	Bit 2	Bit 1	Bit 0
0x4B(0x2B)	GPIOR2	Gerneral Purpose I/O Register2							
0x4A(0x2A)	GPIOR1	Gerneral Purpose I/O Register1							
0x49(0x29)	-	-	-	-	-	-	-	-	-
0x48(0x28)	OCR0B	Timer/Counter0 Output Compare Register B							
0x47(0x27)	OCR0A	Timer/Counter0 Output Compare Register A							
0x46(0x26)	TCNT0	Timer/Counter0(8 Bit)							
0x45(0x25)	TCCR0B	FOC0A	FOC0B	-	-	WGM02	CS02	CS01	CS00
0x44(0x24)	TCCR0A	COM0A1	COM0A0	COM0B1	COM0B0	-	-	WGM01	WGM00
0x43(0x23)	GTCCR	TSM	-	-	-	-	-	PSRASY	PSRSYNC
0x42(0x22)	EEARH	-	-	-	-	EEPROM Address Register High Byte			
0x41(0x21)	EEARL	EEPROM Address Register Low Byte							
0x40(0x20)	EEDR	EEPROM Data Register							
0x3F(0x1F)	EECR	-	-	EEPM1	EEPM0	EERIE	EEMPE	EEPE	EERE
0x3E(0x1E)	GPIOR0	General Purpose I/O Register 0							
0x3D(0x1D)	EIMSK	INT7	INT6	INT5	INT4	INT3	INT2	INT1	INT0
0x3C(0x1C)	EIFR	INTF7	INTF6	INTF5	INTF4	INTF3	INTF2	INTF1	INTF0
0x3B(0x1B)	PCIFR	-	-	-	-	-	PCIF2	PCIF1	PCIF0
0x3A(0x1A)	TIFR5	-	-	ICF5	-	OCF5C	OCF5B	OCF5A	TOV5
0x39(0x19)	TIFR4	-	-	ICF4	-	OCF4C	OCF4B	OCF4A	TOV4
0x38(0x18)	TIFR3	-	-	ICF3	-	OCF3C	OCF3B	OCF3A	TOV3
0x37(0x17)	TIFR2	-	-	-	-	-	OCF2B	OCF2A	TOV2
0x36(0x16)	TIFR1	-	-	ICF1	-	OCF1C	OCF1B	OCF1A	TOV1
0x35(0x15)	TIFR0	-	-	-	-	-	OCF0B	OCF0A	TOV0
0x34(0x14)	PORTG	-	-	PORTG5	PORTG4	PORTG3	PORTG2	PORTG1	PORTG0
0x33(0x13)	DDRG	-	-	DDG5	DDG4	DDG3	DDG2	DDG1	DDG0
0x32(0x12)	PING	-	-	PING5	PING4	PING3	PING2	PING1	PING0
0x31(0x11)	PORTF	PORTF7	PORTF6	PORTF5	PORTF4	PORTF3	PORTF2	PORTF1	PORTF0
0x30(0x10)	DDRF	DDF7	DDF6	DDF5	DDF4	DDF3	DDF2	DDF1	DDF0
0x2F(0x0F)	PINF	PINF7	PINF6	PINF5	PINF4	PINF3	PINF2	PINF1	PINF0
0x2E(0x0E)	PORTE	PORTE7	PORTE6	PORTE5	PORTE4	PORTE3	PORTE2	PORTE1	PORTE0
0x2D(0x0D)	DDRE	DDE7	DDE6	DDE5	DDE4	DDE3	DDE2	DDE1	DDE0
0x2C(0x0C)	PINE	PINE7	PINE6	PINE5	PINE4	PINE3	PINE2	PINE1	PINE0
0x2B(0x0B)	PORTD	PORTD7	PORTD6	PORTD5	PORTD4	PORTD3	PORTD2	PORTD1	PORTD0
0x2A(0x0A)	DDRD	DDD7	DDD6	DDD5	DDD4	DDD3	DDD2	DDD1	DDD0
0x29(0x09)	PIND	PIND7	PIND6	PIND5	PIND4	PIND3	PIND2	PIND1	PIND0
0x28(0x08)	PORTC	PORTC7	PORTC6	PORTC5	PORTC4	PORTC3	PORTC2	PORTC1	PORTC0
0x27(0x07)	DDRC	DDC7	DDC6	DDC5	DDC4	DDC3	DDC2	DDC1	DDC0
0x26(0x06)	PINC	PINC7	PINC6	PINC5	PINC4	PINC3	PINC2	PINC1	PINC0
0x25(0x05)	PORTB	PORTB7	PORTB6	PORTB5	PORTB4	PORTB3	PORTB2	PORTB1	PORTB0
0x24(0x04)	DDRB	DDB7	DDB6	DDB5	DDB4	DDB3	DDB2	DDB1	DDB0
0x23(0x03)	PINB	PINB7	PINB6	PINB5	PINB4	PINB3	PINB2	PINB1	PINB0
0x22(0x02)	PORTA	PORTA7	PORTA6	PORTA5	PORTA4	PORTA3	PORTA2	PORTA1	PORTA0
0x21(0x01)	DDRA	DDA7	DDA6	DDA5	DDA4	DDA3	DDA2	DDA1	DDA0

0x20(0x00)	PINA	PINA7	PINA6	PINA5	PINA4	PINA3	PINA2	PINA1	PINA0

* SBI, CBI, SBIS, SBIC 명령어는 0x00~0x1F($00-$1F) 사이의 레지스터에만 적용 가능
* IN, OUT 명령어는 0x00~0x3f($00-$3F) 사이의 레지스터에만 적용 가능하고, 이들 레지스터는 LD, ST 명령어에 의해 0x20~0x5F($20-$5F) 레지스터로 접근 가능

MEMO

[부록 2] ATmega2560 기계 명령어 목록

연상코드	피연산자	내 용	연 산	관련 플래그
Arithmetic and Logic Instructions				
ADD	Rd,Rr	Add two Registers	Rd←Rd+Rr	Z,C,N,V,H
ADC	Rd,Rr	Add with Carry two Registers	Rd←Rd+Rr+C	Z,C,N,V,H
ADIW	Rdl,K	Add immediate to Word	Rdl:h←Rdl:h+K	Z,C,N,V,S
SUB	Rd,Rr	Subtract two Registers	Rd←Rd-Rr	Z,C,N,V,H
SUBI	Rd,K	Subtract Constant from Register	Rd←Rd-K	Z,C,N,V,H
SUBC	Rd,Rr	Subtract with Carry two Registers	Rd←Rd-Rr-C	Z,C,N,V,H
SUBCI	Rd,K	Subtract with Carry Constant from Reg.	Rd←Rd-K-C	Z,C,N,V,H
SUBIW	Rdl,K	Subtract Immediate from Word	Rdl:h←Rdl:h-K	Z,C,N,V,S
AND	Rd,Rr	Logical AND Registers	Rd←Rd&Rr	Z,N,V
ANDI	Rd,K	Logical AND Register and Constant	Rd←Rd&K	Z,N,V
OR	Rd,Rr	Logical OR Registers	Rd←Rd|Rr	Z,N,V
ORI	Rd,K	Logical OR Register and Constant	Rd←Rd|K	Z,N,V
EOR	Rd,Rr	Exclusive OR Registers	Rd←Rd^Rr	Z,N,V
COM	Rd	One's Complement	Rd←0xFF-Rd	Z,C,N,V
NEG	Rd	Two's Complement	Rd←0x00-Rd	Z,C,N,V,H
SBR	Rd,K	Set Bit(s) in Register	Rd←Rd|K	Z,N,V
CBR	Rd,K	Clear Bit(s) in Register	Rd←Rd&(0xFF-K)	Z,N,V
INC	Rd	Increment	Rd←Rd+1	Z,N,V
DEC	Rd	Decrement	Rd←Rd-1	Z,N,V
TST	Rd	Test for Zero or Minus	Rd←Rd&Rd	Z,N,V
CLR	Rd	Clear Register	Rd←Rd^Rd	Z,N,V
SER	Rd	Set Register	Rd←0xFF	
MUL	Rd,Rr	Multiply Unsigned	R0:1←RdxRr	Z,C
MULS	Rd,Rr	Multiply Signed	R0:1←RdxRr	Z,C
MULSU	Rd,Rr	Multiply Signed with Unsigned	R0:1←RdxRr	Z,C
FMUL	Rd,Rr	Fraction Multiply Unsigned	R0:1←RdxRr<<1	Z,C
FMULS	Rd,Rr	Fraction Multiply Signed	R0:1←RdxRr<<1	Z,C
FMULSU	Rd,Rr	Fraction Multiply Signed with Unsigned	R0:1←RdxRr<<1	Z,C
Branch Instructions				
RJMP	k	Relative Jump	PC←PC+k+1	
IJMP		Indirect Jump to (Z)	PC←Z	
EIJMP		EXtended Indirect Jump to (Z)	PC←(EIND:Z)	
JMP	k	Direct Jump	PC←k	
RCALL	k	Relative Subroutine Call	PC←PC+k+1	
ICALL		Indirect Call to (Z)	PC←Z	
EICALL		Extended Indirect Call to (Z)	PC←(EIND:Z)	
CALL	k	Direct Subroutine Call	PC←k	
RET		Subroutine Return	PC←Stack	
RETI		Indirect Return	PC←Stack	I
CPSE	Rd,Rr	Compare, Skip if Equal	PC←PC+2 or 3	

연상코드	피연산자	내 용	연 산	관련 플래그
CP	Rd,Rr	Compare	Rd-Rr	Z,N,V,C,H
CPC	Rd,Rr	Compare with Acarry	Rd-Rr-C	Z,N,V,C,H
CPI	Rd,K	Compare Register with Immediate	Rd-K	Z,N,V,C,H
SBRC	Rr,b	Skip if Bit in Register Cleared	if,PC←PC+2 or 3	
SBRS	Rr,b	Skip if Bit in Register Set	if,PC←PC+2 or 3	
SBIC	P,b	Skip if Bit in IO Register Cleared	if,PC←PC+2 or 3	
SBIS	P,b	Skip if Bit in IO Register Set	if,PC←PC+2 or 3	
BRBS	s,k	Branch if Status Flag Set	if,PC←PC+k+1	
BRBC	s,k	Branch if Status Flag Cleared	if,PC←PC+k+1	
BREQ	k	Branch if Equal	if Z,PC←PC+k+1	
BRNE	k	Branch if Not Equal	if Z',PC←PC+k+1	
BRCS	k	Branch if Carry Set	if C,PC←PC+k+1	
BRCC	k	Branch if Carry Cleared	if C',PC←PC+k+1	
BRSH	k	Branch if Same or Higher	if C',PC←PC+k+1	
BRLO	k	Branch if Lower	if C,PC←PC+k+1	
BRMI	k	Branch if Minus	if N,PC←PC+k+1	
BRPL	k	Branch if Plus	if N',PC←PC+k+1	
BRGE	k	Branch if Greater or Equal, Signed	if NV,PC←PC+k+1	
BRLT	k	Branch if Less Than Zero, Signed	if NV,PC←PC+k+1	
BRHS	k	Branch if Half Carry Set	if H,PC←PC+k+1	
BRHC	k	Branch if Half Carry Cleared	if H',PC←PC+k+1	
BRTS	k	Branch if T Set	if T,PC←PC+k+1	
BRTC	k	Branch if T Cleared	if T',PC←PC+k+1	
BRVS	k	Branch if Overflow Set	if V,PC←PC+k+1	
BRVC	k	Branch if Overflow CLeared	if V,PC←PC+k+1	
BRIE	k	Branch if Interrupt Enabled	if I,PC←PC+k+1	
BRID	k	Branch if Interrupt Disabled	if I',PC←PC+k+1	
Bit and Bit-test Instructions				
SBI	P,b	Set Bit in IO Register	IO(P,b)←1	
CBI	P,b	Clear Bit in IO Register	IO(P,b)←0	
LSL	Rd	Logical Shift Left	Rd←Rd<<1	Z,C,N,V
LSR	Rd	Logical Shift Right	Rd←Rd>>1	Z,C,N,V
ROL	Rd	Rotate Left Through Carry	Rd← <<	Z,C,N,V
ROR	Rd	Rotate Right Through Carry	Rd← >>	Z,C,N,V
ASR	Rd	Arithmetic Shift Right	Rd← >>	Z,C,N,V
SWAP	Rd	Swap Nibbles	Rd0:3←→Rd4:7	
BSET	s	Flag Set	SREG(s)←1	SREG(s)
BCLR	s	Flag Clear	SREG(s)←0	SREG(s)
BST	Rr,b	Bit Store from Register to T	T←Rr(b)	T
BLD	Rd,b	Bit Load from T to Register	Rd(b)←T	
SEC		Set Carry	C←1	C
CLC		Clear Carry	C←0	C
SEN		Set Negative	N←1	N

연상코드	피연산자	내 용	연 산	관련 플래그
CLN		Clear Negative	N←0	N
SEZ		Set Zero	Z←1	Z
CLZ		Clear Zero	Z←0	Z
SEZ		Set Interrupt	I←1	I
CLZ		Clear Interrupt	I←0	I
SES		Set Signed Test	S←1	S
CLS		Clear Signed Test	S←0	S
SEV		Set Two's Complement Overflow	V←1	V
CLV		Clear Two's Complement Overflow	V←0	V
SET		Set T in SREG	T←1	T
CLT		Clear T in SREG	T←0	T
SEH		Set Half Carry in SREG	H←1	H
CLH		Clear Half Carry in SREG	H←0	H
Data Transfer Instructions				
MOV	Rd,Rr	Move Between Registers	Rd←Rr	
MOVW	Rd,Rr	Copy Register Word	Rdl:h←Rrl:h	
LDI	Rd,K	Load Immediate	Rd←K	
LD	Rd,X	Load Indirect	Rd←(X)	
LD	Rd,X+	Load Indirect and Post-Inc.	Rd←(X), X++	
LD	Rd,-X	Load Indirect and Pre-Dec.	X--,Rd←(X)	
LD	Rd,Y	Load Indirect	Rd←(Y)	
LD	Rd,Y+	Load Indirect and Post-Inc.	Rd←(Y), Y++	
LD	Rd,-Y	Load Indirect and Pre-Dec.	Y--,Rd←(Y)	
LDD	Rd,Y+q	Load Indirect with Displacement	Rd←(Y+q)	
LD	Rd,Z	Load Indirect	Rd←(Z)	
LD	Rd,Z+	Load Indirect and Post-Inc.	Rd←(Z), Z++	
LD	Rd,-Z	Load Indirect and Pre-Dec.	Z--,Rd←(Z)	
LDD	Rd,Z+q	Load Indirect with Displacement	Rd←(Z+q)	
LDS	Rd,k	Load Direct from SRAM	Rd←(k)	
ST	X,Rr	Store Indirect	(X)←Rr	
ST	X+,Rr	Store Indirect and Post-Inc.	(X)←Rr, X++	
ST	-X,Rr	Store Indirect and Pre-Dec.	X--, (X)←Rr	
ST	Y,Rr	Store Indirect	(Y)←Rr	
ST	Y+,Rr	Store Indirect and Post-Inc.	(Y)←Rr, Y++	
ST	-Y,Rr	Store Indirect and Pre-Dec.	Y--, (Y)←Rr	
STD	Y+q,Rr	Store Indirect with Displacement	(Y+q)←Rr	
ST	Z,Rr	Store Indirect	(Z)←Rr	
ST	Z+,Rr	Store Indirect and Post-Inc.	(Z)←Rr, Z++	
ST	-Z,Rr	Store Indirect and Pre-Dec.	Z--, (Z)←Rr	
STD	Z+q,Rr	Store Indirect with Displacement	(Z+q)←Rr	
STS	k,Rr	Store Direct to SRAM	(k)←Rr	
LPM		Load Program	R0←(Z)	
LPM	Rd,Z	Load Program	Rd←(Z)	

연상코드	피연산자	내 용	연 산	관련 플래그
LPM	Rd,Z+	Load Program with Post-Inc.	Rd←(Z), Z++	
ELPM		Extened Load Program	R0←(RAMPZ:Z)	
ELPM	Rd,Z	Extened Load Program	Rd←(RAMPZ:Z)	
ELPM	Rd,Z+	Extened Load Program with Post-Inc.	Rd←(RAMPZ:Z),++	
SPM		Store Program Memory	(Z)←R0:1	
IN	Rd,P	In Port	Rd←P	
OUT	P,Rr	Out Port	P←Rr	
PUSH	Rr	Push Register on Stack	Stack←Rr	
POP	Rd	Pop Register from Stack	Rd←Stack	
MCU Control Instructions				
NOP		No Operation		
SLEEP		Sleep		
WDR		Watchdog Reset		
BREAK		Break	For Chip Debug	